COMMUNICATION

RÉDACTION CLAIRE

40 BONNES PRATIQUES POUR RENDRE VOS ÉCRITS PROFESSIONNELS CLAIRS ET CONVIVIAUX

Anne VERVIER

edipro

L'édition professionnelle

Éditeur responsable
Luca Venanzi
Edi.pro ©
Éditions des CCI SA
Esplanade de l'Europe, 2 Bte 5 à 4020 Liège
Belgique
(http://www.edipro.info),
Tél. : 00.32.(0)4.344.50.88
Fax : 00.32.(0).4.343.05.53

Imprimé en Belgique

ISBN : 978-2-87496-153-3
D/2011/8406/30

À mes fils, Érik et Marko, à eux - je le souhaite de tout mon cœur - le plaisir de lire, d'écrire, d'être lus et compris.

Table des matières

Remerciements

Ce livre est le fruit de vingt ans d'expérience comme formatrice et consultante en rédaction professionnelle. Cette expérience ne serait toutefois pas ce qu'elle est sans des rencontres, des échanges et des encouragements. Je souhaite donc remercier toutes les personnes qui, d'une manière ou d'une autre, ont contribué à la naissance de ce manuel : *Rédaction claire*.

- Mon père qui, le premier, m'a encouragée à structurer ma pensée et à l'exprimer clairement.
- Tous les participants passés, présents et futurs à mes formations : leurs interrogations, leurs réactions, leurs suggestions ont largement contribué au développement du contenu de ce livre.
- Mes consœurs et confrères, formateurs en rédaction, pour tous nos échanges enrichissants de connaissances et de bonnes pratiques de formation, et en particulier :
    - Francine Dugué, avec qui j'ai élaboré et animé nos premières formations en rédaction professionnelle : notre complicité pour rendre la rédaction professionnelle claire, actuelle et amusante, osons le dire, m'a toujours fort stimulée;
    - Greet De Baets, avec laquelle j'anime régulièrement des projets communs de formation en rédaction (elle en néerlandais ou anglais, moi en français), en veillant toujours à ce que ces formations soient pratiques, utiles et professionnelles.
- Les entreprises, administrations et bureaux de formation qui me font confiance en me demandant d'animer des formations en rédaction professionnelle. Je tiens à remercier particulièrement Pascale Etemad, Olivier Lambert et toute l'équipe Demos-Benelux, qui m'ont toujours soutenue dans l'élaboration de mes supports de formation, ébauches de ce livre.
- Mon éditeur, Luca Venanzi, pour sa patience et parce qu'il a fait que ce livre voie le jour.
- Ma directrice de collection, Christine Donjean, pour ses encouragements et tous les conseils qu'elle m'a prodigués pour ce livre.
- Martine Garsou, directrice générale adjointe au Service général des lettres et du livre à la Fédération Wallonie-Bruxelles : sa préface est non seulement une reconnaissance du travail que j'ai réalisé, mais surtout un superbe encouragement à propager la *Rédaction claire* dans les entreprises, tant publiques que privées.

- Frédéric Thiry qui a si joliment illustré ce livre de ses dessins didactiques.

- Mes relecteurs, pour leur lecture attentive et leurs conseils judicieux : Philippe Crêteur, Pierre-yves Debliquy, Alain De Munter, Francine Dugué et Philippe Schoepen.

Je les remercie toutes et tous très chaleureusement.

Anne Vervier

Préface

Parmi les enjeux essentiels pour toute démocratie, l'accessibilité des documents pour tous les citoyens se place dans les premières priorités.

La mondialisation des échanges et le développement de la société d'information n'ont fait que renforcer l'usage de l'écrit. Les documents, de plus en plus nombreux et complexes, exigent de vraies compétences en lecture. En regard de ces exigences, on ne peut que s'inquiéter lorsque l'on sait que 10% de la population au moins ne possède pas ces compétences et éprouve des difficultés avec l'écrit.

Les administrations publiques, confrontées à une exigence de transparence, se mobilisent pour simplifier les procédures à l'égard des usagers. Cette démarche s'accompagne nécessairement de la rédaction et de la diffusion de textes lisibles par tous. Comment, sans cela, réduire le fossé entre l'État et le citoyen et combattre l'exclusion sociale ?

Depuis sa création en 1985, le Service de la langue française de la Fédération Wallonie-Bruxelles a placé la lisibilité des textes administratifs au premier rang de ses priorités en matière de politique linguistique. Il a entrepris des études à ce sujet et des actions de sensibilisation par le biais, notamment, de la plaquette *Écrire pour être lu*.

À une échelle plus large, les organismes linguistiques de la francophonie du Nord (France-Québec-Suisse romande-Fédération Wallonie-Bruxelles) ont adopté ensemble des résolutions communes destinées à leurs gouvernements et visant à rendre plus accessibles les documents administratifs.

On doit se réjouir de l'attention que portent à l'écriture citoyenne les politiques liées à la langue française. Elles contribuent ainsi à éradiquer les préjugés, bien ancrés chez un certain nombre de rédacteurs francophones, selon lesquels la simplification d'un texte ne peut se réaliser sans en réduire la qualité.

Cette prétendue menace sur la qualité de la langue est plus souvent invoquée pour le français que pour les autres langues.

La question de l'accessibilité des textes ne relève pas que du secteur public. Elle se pose avec autant d'acuité dans le secteur privé. Une communication mal comprise peut entraîner de graves conséquences et créer de lourds préjudices à l'entreprise : perte de productivité, gaspillage, litiges commerciaux, mécontentement des clients, démotivation du personnel, voire accidents graves.

Il est donc essentiel de prendre en compte l'importance de la dimension langagière et de reconnaître que le travail rédactionnel nécessite une réelle expertise.

Les compétences en rédaction claire et accessible méritent d'être davantage légitimées et valorisées au sein des entreprises. Le travail rédactionnel doit être perçu comme une qualification professionnelle indispensable qui peut d'ailleurs engendrer un gain considérable de productivité.

Un monde de plus en plus complexe accentue le risque de fragiliser les liens entre le citoyen et la société. Il est du devoir des responsables d'organismes publics ou privés d'y prendre garde. Les organismes linguistiques de la francophonie réclamaient la création d'outils pour valoriser l'accessibilité de la communication. L'ouvrage dont cette préface invite à la lecture constitue à n'en pas douter un instrument particulièrement utile pour mettre en pratique les résolutions dont les politiques défendent la nécessité. Gageons que le livre d'Anne Vervier devienne bien vite un outil quotidien pour toutes celles et tous ceux qui ont dans leurs attributions la rédaction de documents au sein des entreprises tant privées que publiques.

Martine Garsou
Directrice générale adjointe
Service général des Lettres et du Livre de la Fédération Wallonie-Bruxelles

Introduction

A. Comment ce livre est-il né ?

Jeune romaniste, je détestais les écrits professionnels

Fraîchement diplômée en philologie romane, j'ai dû aborder mes premiers écrits professionnels : lettre de motivation pour une bourse d'études ou de candidature pour un premier poste, courrier au propriétaire de mon appartement, à la compagnie des téléphones, à la mutuelle, etc. À cette époque, je détestais presque autant lire ces documents professionnels que les écrire. Je reportais souvent à la dernière minute leur lecture et leur traitement, tellement ces textes me semblaient rébarbatifs et difficiles à comprendre. Et je demandais à mon père de m'aider à rédiger mes premiers courriers professionnels, impressionnée par la rapidité avec laquelle il s'acquittait de cette tâche : ce physicien nucléaire, fils de latiniste, avait à la fois l'esprit logique pour exprimer ses idées de manière structurée et la plume facile pour les formuler clairement et correctement. Tandis que moi, lectrice assidue depuis toute petite, poétesse amatrice me régalant du plaisir de jouer avec la sonorité des mots et la puissance des images qu'ils évoquaient, romaniste dont les cours préférés avaient été ceux de littérature, rédactrice d'un mémoire que j'avais adoré développer et rédiger sur *Fictions* de Borges, j'étais paralysée devant la rédaction d'une simple lettre utilitaire. N'ayant aucune méthode, je ne savais par où commencer. Je commençais mille phrases, peu inspirée par les formulations parfois lourdes auxquelles je devais répondre. Je bafouillais dans les morceaux de formules, me demandant bien par quel miracle la combinaison d'un *veuillez agréer* avec une *considération distinguée* ou autres *sentiments les meilleurs* me rendrait plus polie…

Animer un cours de rédaction administrative ? D'accord, mais en s'amusant !

J'ai commencé ma carrière de romaniste comme professeure de français langue étrangère. C'est dans ce cadre que, il y a presque vingt ans, un responsable de formations a demandé à l'équipe de professeurs de français dont je faisais partie qui était volontaire pour créer et animer une formation récurrente d'« Initiation à la rédaction administrative en français ». Cette formation était destinée aux nouveaux fonctionnaires non francophones des institutions européennes. Ma collègue et complice Francine Dugué et moi-même avons décidé de relever le gant. En nous donnant toutefois un défi : que nos apprenants et nous-mêmes nous amusions avec cette matière au premier abord rébarbative[1] ! Ce que nous avons réussi, je pense, puisqu'un commentaire fréquent de nos participants, après deux jours de formation, était : « On n'a pas vu le temps passer ! »

Ce défi, je continue à le relever tous les jours dans mes formations en rédaction professionnelle, tant dans les entreprises publiques que privées. Et il consiste en deux objectifs : que la matière soit agréable à traiter (écrire clairement, c'est plus amusant qu'écrire de manière compliquée) et que la méthode soit stimulante (avoir une méthode rend la tâche aisée : c'est donc aussi plus amusant).

Écrire un texte professionnel est devenu un plaisir

Entre-temps, écrire un texte professionnel est devenu pour moi un plaisir, car j'ai acquis une méthode et je maîtrise les règles stylistiques qui me permettent d'exprimer ma pensée avec précision et clarté. Et j'écris beaucoup :

- du courrier professionnel : le courrier lié à mes activités de formatrice et consultante, ainsi que mon courrier administratif familial;
- les pages de mon site www.redaction-claire.com et les billets de mon blogue[2] http://www.redaction-claire.com/blog/;
- les supports de mes formations en rédaction professionnelle (offres, programmes, manuels de formation et livrets d'exercices);
- un *Guide pour la rédaction de manuels de formation efficaces*[3];
- des articles scientifiques[4];
- les écrits des autres : conseils pour la réécriture lors des consultations en rédaction, réécriture de documents commerciaux[5].

---

1 Nous avons relaté cette expérience dans les deux articles suivants : « Communication écrite en français dans un milieu professionnel européen: une expérience », F. DUGUÉ et A. VERVIER, dans Le *Langage et l'Homme*, revue de l'Institut libre Marie Haps, volume XXXIII, n° 4, décembre 1998, pp. 415-436, et « Formations en rédaction administrative dans le cadre des institutions européennes », F. DUGUÉ et A. VERVIER, dans *Dialogues et cultures*, Actes du Xe congrès mondial des professeurs de français (juillet 2000); FIPF, n° 45, Tome 2, 2001.

2 Mot français pour *blog*.

3 Pour le bureau de formation DEMOS, document interne, 2010.

4 Voir ci-dessus, note 1.

5 Réécriture de 250 lettres standards pour LUMINUS en 2008, par exemple.

Aujourd'hui, l'envie de transmettre :

Par ce livre, j'ai envie de partager les techniques de *Rédaction claire* que j'ai acquises, tant comme formatrice et consultante que comme rédactrice, avec :

- tous ceux qui se rendent compte que leurs textes et ceux de leur entourage professionnel ne sont pas clairs ou manquent de convivialité, et qui voudraient des conseils concrets pour rendre ces textes plus efficaces auprès de leur public cible;
- tous ceux qui se disent « Je n'aime pas écrire » mais qui pourtant doivent le faire, et qui voudraient une méthode pour rendre cette tâche agréable;
- tous les participants à mes formations et *coaching* en rédaction qui souhaitent un aide-mémoire sur les techniques pratiquées.

Ce livre intitulé *Rédaction claire* a donc une double ambition :

- que vos textes et ceux de votre organisation deviennent **clairs** et conviviaux pour vos lecteurs,
- que les conseils et la méthode que je vous propose pour y parvenir soient **clairs** pour vous, rédacteur.

B. Quels sont les messages de ce livre ?

Économisez le temps de vos lecteurs : rédigez des textes clairs

Cela vous amuse-t-il de devoir relire une phrase, un paragraphe, voire un texte entier, deux ou trois fois pour le comprendre ? Non, sans doute. Et vous n'avez probablement pas envie non plus que votre lecteur doive relire vos textes professionnels deux ou trois fois pour vous comprendre.

Un texte clair vous fait gagner du temps : vous le lisez vite, vous pouvez y donner suite rapidement, sans devoir contacter l'auteur pour lui demander des explications sur ce qu'il a voulu dire dans son message. De la même manière, si vos textes sont clairs, vos correspondants vous répondront de manière complète et rapide.

> Souhaitez-vous économiser le temps de vos lecteurs et, par ricochet, le vôtre ? Si oui, rédigez des textes lisibles, c'est-à-dire qui seront compris sans effort par leur destinataire.

Mettez-vous dans la peau de vos clients

Vous est-il déjà arrivé de peiner devant des contrats d'assurance illisibles ? Ou de rester perplexe devant la comparaison de deux offres peu claires d'opérateurs téléphoniques ? Ou de très vite effacer ou jeter un publipostage[6] dont le début s'étend longuement sur les activités de l'entrepreneur émetteur du message, car vous n'y trouvez pas rapidement ce qu'il vous propose ?

> Et vous, entrepreneur, indépendant ou commercial, souhaitez-vous communiquer efficacement avec vos clients ? Si oui, dites-leur de manière claire et conviviale ce qu'ils veulent entendre : ils vous liront plus sûrement.

Rentabilisez le travail administratif

Parmi les textes professionnels abordés dans ce livre, figurent aussi les textes officiels adressés au grand public. La lisibilité de ces documents est une problématique sur laquelle se penchent de plus en plus d'États.

Les pays anglophones sont parmi les premiers à s'être souciés de rendre les documents publics plus clairs pour les citoyens. Ainsi, depuis 1979, la *Plain English Campaign*[7] aide les ministères et organisations officielles britanniques à simplifier leurs communications officielles.

[6] Mot français pour mailing.
[7] http://www.plainenglish.co.uk/

Ces préoccupations rejoignent celles des pays francophones. En novembre 2009, le Service de la langue française et le Conseil de la langue française et de la politique linguistique de la Communauté française de Belgique, en collaboration avec les organismes linguistiques homologues du Québec, de France et de Suisse romande, ont organisé un colloque intitulé *La communication avec le citoyen : efficace et accessible*[8] ?

Michel Leys[9], ancien directeur du Bureau de conseil en lisibilité de l'administration fédérale belge, a souligné, lors de ce colloque[10], l'économie financière que pouvait entraîner la simplification des documents administratifs.

1) Il cite un calcul qui a été fait pour des formulaires en néerlandais : Fons Maes, dans un article intitulé « Wilt u dit even invullen »[11], a évalué le coût (en heures de travail) que représentait pour une administration le traitement de formulaires qui n'avaient pas été complètement et correctement remplis par leurs destinataires, parce que ces formulaires manquaient de lisibilité. Sa conclusion est la suivante : pour un formulaire tiré à 35.000 exemplaires par an, le temps nécessaire pour les rectifications correspond à un emploi de fonctionnaire à temps plein pendant un an[12].

2) Michel Leys rapporte cette information qui lui a été donnée par l'administrateur général de l'ONAFTS (l'Office national d'allocations familiales pour travailleurs salariés, en Belgique) : après une refonte en profondeur de leurs lettres et formulaires, le nombre de formulaires à renvoyer parce qu'ils avaient été mal remplis a diminué de moitié, et le nombre de lettres de l'administration restées sans réponse a également diminué de moitié.

---

8 Les actes de ce colloque ont été publiés chez De Boeck-Duculot en 2011 sous le titre *La communication avec le citoyen : efficace et accessible ?* Dans leur intervention et leur article intitulé « La lisibilité dans tous ses états », Christiane BLONDIN et Casto GRANA-MONTEIRIN présentent une synthèse de ce qui se fait ailleurs en matière de lisibilité, en particulier au Royaume-Uni (la *Plain English Campaign*) et en Communauté flamande de Belgique (le *Wablieft*). Elles y mentionnent entre autres les retombées financières non négligeables qu'a eues l'aide de la *Plain English Campaign* sur la lisibilité de documents officiels.

9 Michel LEYS est l'auteur de la brochure *Écrire pour être lu*, publiée par le Ministère de la Communauté française de Belgique et le Ministère fédéral de la Fonction publique en 1998 (brochure disponible à l'adresse suivante : http://www.languefrancaise.cfwb.be/fileadmin/sites/sgll/upload/lf_super_editor/publicat/collection-guide/Ecrire_pour_etre_luOCR.pdf

10 Je remercie Michel Leys d'avoir bien voulu me confirmer et compléter ces informations présentées oralement lors de ce colloque.

11 Article paru dans *Taalbeheer in de praktijk*, 1992, n° 1.

12 Son calcul : en moyenne, 1 formulaire sur 5 doit être rectifié; une rectification (écrire, téléphoner) prend 15 minutes. 35.000 formulaires x 1/4 x 1/5 = 1.750 heures de travail.

L'Union européenne souhaite également rendre les textes communautaires plus lisibles et plus accessibles aux citoyens européens. Ainsi, la Commission européenne a lancé en 2010 la Clear *Writing campaign*[13]; dans ce cadre, la Commission a publié dans les vingt-sept langues communautaires[14] une brochure intitulée (en français) *Rédiger clairement*, destinée à tout le personnel de la Commission européenne chargé de la rédaction de textes, tant pour la communication interne qu'externe.

En conclusion : si vous souhaitez économiser vos heures de travail administratif, envoyez des documents clairs et accessibles à vos destinataires.

Osez un style clair et actuel

Souvent, dans mes formations, les participants me demandent : « Mais comment doit-on écrire telle chose dans une lettre ? »

Ce « on doit » m'interpelle : existerait-il un maître tout puissant qui nous dirait : « Tu dois écrire comme ceci, et pas comme cela » ? Certains le pensent. Ainsi, je me rappelle avoir lu dans un livre sur les écrits professionnels que (je cite de mémoire) « toute lettre administrative digne de ce nom doit comporter au moins une fois l'expression *J'ai l'honneur de...* ».

Les partisans de telles injonctions oublient-ils que la langue appartient aux usagers et que les usages font la langue ?

Les outils de référence de la langue mentionnent clairement qu'elle est faite d'usages :

- le *Petit Robert*, à l'entrée « dictionnaire », nous dit que le dictionnaire de langue donne « des renseignements sur les mots de la langue commune et leurs emplois »;
- Marc Lits, dans l'avant-propos de la grammaire *Le petit Grevisse*, nous rappelle qu'une grammaire est « un outil descriptif de la langue et de ses usages »[15].

[13] Une première campagne de ce type intitulée *Fight the fog* avait été lancée en 1998, à l'initiative de la direction générale de la traduction (DGT) de la Commission européenne. En effet, les traducteurs avaient été les premiers à se plaindre de la difficulté et du temps passé (et donc du coût en heures de travail) à traduire des textes peu clairs. La DGT a consacré en septembre 2010 un numéro de sa revue *Languages and translation* à *la Clear Writing campaign* (numéro accessible à l'adresse suivante : http://ec.europa.eu/dgs/translation/publications/magazines/languagestranslation/documents/issue_01_en.pdf), dans lequel j'ai eu l'occasion de publier un article intitulé « Des formations pour rédiger clairement en français ». Cet article est reproduit en annexe, aux pp. 292-294.

[14] Ces brochures sont accessibles sur le site de l'Union européenne à l'adresse suivante : http://ec.europa.eu/translation (sur l'onglet : « How to write clearly »)

[15] Maurice GREVISSE, *Le petit Grevisse*, 32e édition revue par Marc LITS, De Boeck-Duculot, 2010, p.7

Les usages linguistiques évoluent, comme tout autre usage. Ainsi, à l'époque de nos parents ou grands-parents, la plupart des hommes travaillant dans un bureau portaient le costume et la cravate. Aujourd'hui, les tenues décontractées sont beaucoup plus fréquentes au bureau. La communication interpersonnelle évolue également vers moins de formalisme. Il était fréquent d'appeler ses collègues *Madame Dubois, Monsieur Durant*, et ce, même après de nombreuses années, alors qu'aujourd'hui le tutoiement et l'usage du prénom sont fréquemment utilisés dès les premiers contacts.

Nous sommes les usagers de la langue, nous décidons donc des usages qui se répandront, ou pas : osons utiliser tel ou tel usage, s'il nous semble utile aujourd'hui. À condition bien sûr que cet usage respecte les règles purement linguistiques du français (lexique, orthographe, grammaire, syntaxe), pour que tout le monde nous comprenne. Ainsi, la formule finale de politesse *Cordiales salutations* étant linguistiquement aussi correcte que le *Je vous prie d'agréer, cher Monsieur, l'expression de mes sentiments distingués*, il nous appartient de choisir l'une ou l'autre formule dans un courrier précis, selon le degré de formalité et de modernité que nous, usagers du français, souhaitons donner à notre courrier.

> Si vous préférez un style clair et actuel, pratiquez-le dans vos textes professionnels.

Pratiquez une communication conviviale, au service du respect mutuel

En exprimant clairement vos souhaits par écrit, vous augmentez vos chances d'obtenir ce que vous demandez. Ce faisant, vous faites mieux respecter vos droits.

Mais en rédigeant clairement, vous respectez également mieux les droits de vos destinataires. En effet, en faisant preuve de plus de transparence sur votre fonctionnement et vos intentions, vous offrez à vos destinataires la possibilité de vous répondre en meilleure connaissance de cause. « La démocratie suppose pour chacun le droit de comprendre et de s'informer » disait Henry Ingberg, ancien secrétaire général du Ministère de la Communauté française Wallonie-Bruxelles[16].

16 Dans la préface de *Écrire pour être lu*, op.cit., p.9.

Toutefois, vous vous exposez ainsi à la critique voire au partage du pouvoir. Vous devez donc être prêt à en accepter les conséquences. Jean-Marie Klinkenberg[17] le dit très justement dans sa synthèse du colloque *La communication avec le citoyen : efficace et accessible ?* :

« Oui, que voulons-nous ? Simplement améliorer une communication unilatérale émise par les pouvoirs (publics ou privés)? Ou accepter les risques d'une communication qui, parce qu'elle est claire, peut du coup déboucher sur la discussion, voire la remise en cause ? »[18].

Je vous invite donc à partager cette valeur qui m'est chère : rédigez clairement, par respect pour vous-même et pour vos destinataires.

Écrivez clairement en français, pour que notre langue reste une langue de travail en milieu multiculturel

Nos milieux professionnels sont de plus en plus multiculturels et multilingues : lorsque j'anime des formations en entreprises en Belgique, je suis frappée de constater que les échanges tant oraux qu'écrits, inter- ou intra-entreprises, se font de plus en plus en trois langues : en français et en néerlandais bien sûr, mais aussi de plus en plus en anglais. Dans les institutions européennes, les trois langues de travail officielles sont l'anglais, le français et l'allemand. L'anglais s'impose toutefois de plus en plus comme langue de communication, dans toutes les institutions et tous les services.

Une des raisons données à l'utilisation grandissante de l'anglais à la place du français est une – fausse – croyance selon laquelle l'anglais serait plus simple à utiliser et permettrait de s'exprimer plus clairement[19]. Par ailleurs, nombreux sont encore les francophones qui croient que bien écrire en français, c'est éviter les répétitions, utiliser un maximum de synonymes, privilégier les nominalisations[20], jongler avec les subordonnées... Dès lors, aux yeux de beaucoup de rédacteurs, simplifier un texte pour le rendre plus lisible équivaut à en réduire la qualité : un langage simple est alors assimilé à un langage simpliste !

[17] Professeur de linguistique et de cultures francophones à l'Université de Liège, Jean-Marie Klinkenberg préside actuellement le Conseil de la langue française et de la politique linguistique de la Belgique francophone.

[18] Jean-Marie KLINKENBERG, « Synthèse », *dans La communication avec le citoyen : efficace et accessible ?* op. cit. , p.188.

[19] Je me souviens par exemple d'une directrice générale allemande qui me demandait, très sérieusement : « Is it really possible to make short sentences in French ? ».

[20] Utiliser un substantif plutôt qu'un verbe : *effectuer une modification plutôt que modifier*, par exemple.

Il faudrait donc que nous prenions conscience que rédiger des phrases longues n'est qu'une habitude culturelle et nullement une contrainte technique liée à la syntaxe du français. Et les habitudes, cela se change...

En 1543, le poète Joachim du Bellay rédigea sa *Défense et illustration de la langue française*, plaidoyer littéraire pour que le français soit considéré comme une langue aussi élégante que le latin et digne d'être utilisée dans tous les domaines de la vie : le social, le commercial, le scientifique et le juridique.

Ne serait-il pas temps que nous qui rédigeons en français, à la manière de Du Bellay et des poètes de la Pléiade[21], nous démontrions à nos collègues anglophiles que le français est une langue qui permet de s'exprimer de manière aussi claire et concise que l'anglais ? Ce faisant, nous ferions honneur à un autre écrivain français, Nicolas Boileau, et à sa célèbre citation : « Ce que l'on conçoit bien s'énonce clairement et les mots pour le dire arrivent aisément »[22].

L'enjeu est important :

- dans les milieux professionnels internationaux, garder le français comme langue de travail est une manière de lutter contre la suprématie d'une seule langue, l'anglais dans ce cas[23];
- dans les organisations uniquement francophones, les échanges avec des non francophones, que ce soit avec des collègues ou avec l'extérieur (administrés, clients ou fournisseurs), sont de plus en plus fréquents : il est important qu'ils nous comprennent bien en français.

Si l'on souhaite que le français reste une langue de communication dans nos environnements professionnels et privés, il est important que nous proposions aux non francophones une langue facile à comprendre et à utiliser.

[21] Leur objectif était d'enrichir le lexique français, le nôtre sera d'utiliser les ressources de la langue pour rédiger lisiblement.

[22] Nicolas BOILEAU (écrivain français du XVIIe siècle), *L'art poétique*.

[23] Je ne considère pas qu'il soit gênant qu'un groupe multilingue utilise une seule langue de communication, au contraire. Mais lorsque cette langue est la langue maternelle d'une partie de ce groupe, cela peut avantager ce groupe ; tandis que si tous doivent faire l'effort de s'exprimer dans une langue étrangère, cela met tout le monde sur un pied d'égalité.

C. À qui s'adresse ce livre ?

À vous qui rédigez parfois ou souvent des écrits professionnels

Étant donné la disparition des secrétariats d'une part, l'accès de – presque – tous à un ordinateur d'autre part, vous êtes de plus en plus nombreux à rédiger vous-mêmes vos documents professionnels. Ainsi, que vous soyez indépendant, employé dans une entreprise publique ou privée, responsable de communication, cadre, chef d'entreprise, étudiant..., tous, vous rédigez des documents professionnels tels que :

- du courrier (courriels[24], lettres, notes de service...);
- des écrits commerciaux (offres, publipostages[25], brochures, dépliants, prospectus, pages de site internet...);
- des documents de travail (comptes rendus de réunion, rapports, notes de synthèse, règlements, modes d'emploi, manuels...);
- des documents de communication (communiqués de presse, bulletins d'informations[26], journaux d'entreprise, articles, billets de blogues[27]...);
- et tout autre document qui a trait à votre activité professionnelle.

À titre privé, vous rédigez également des écrits professionnels : courriers liés à votre habitation, à vos télécommunications, à vos déplacements, à l'éducation de vos enfants, à vos loisirs, etc.

> Vous souhaitez que ces tâches de rédaction professionnelle soient plus faciles et plus efficaces ? Si oui, ce livre s'adresse à vous.

À vous qui êtes un rédacteur hésitant

Vous « séchez » régulièrement devant votre clavier, ne sachant comment ordonner vos arguments ou formuler vos phrases. La rédaction d'un document professionnel est pour vous une tâche longue, difficile et peu plaisante, ou tout simplement peu familière.

> Ce livre vous propose une méthode et des techniques qui vous permettront, petit à petit, d'acquérir de l'aisance dans la rédaction de vos documents professionnels.

24 Mot français pour *e-mail*.
25 Mot français pour *mailing*.
26 Mot français pour *newsletter*.
27 Mot français pour *blog*.

À vous qui êtes un rédacteur expérimenté

Vous avez la plume facile et l'habitude d'un style plus littéraire. Néanmoins, vous souhaitez augmenter l'impact de vos textes auprès de votre public. En effet, vous avez parfois constaté que votre public réagit peu à vos textes, que ce soit parce qu'il est à première vue moins intéressé par le sujet présenté, parce qu'il n'a pas voulu prendre le temps de lire votre texte ou parce qu'il n'a pas un niveau de formation ou de connaissance de la langue équivalant au vôtre (il n'est pas francophone, par exemple).

Vous trouverez dans cet ouvrage des conseils rédactionnels pour rendre vos textes plus attrayants et plus clairs pour votre lecteur, en particulier quand ce lecteur appartient au grand public.

À vous qui rédigez en français, mais ce n'est pas votre langue maternelle.

Vous êtes amené à rédiger en français et cette tâche vous semble difficile, car vous manquez de modèles efficaces : les textes en français que vous lisez utilisent parfois du vocabulaire et des formulations compliquées que vous ne maîtrisez pas.

Vous trouverez dans ce livre des techniques de rédaction et des propositions de formulations simples et faciles à utiliser dans vos documents en français.

À vous qui devez réviser les textes de vos collaborateurs

Vous êtes responsable de la bonne qualité de textes produits dans votre organisation. Vous souhaitez guider vos collaborateurs pour qu'ils produisent des textes plus clairs, afin d'améliorer la communication interne et externe de votre entreprise ou de votre administration.

Cet ouvrage vous propose une série de bonnes pratiques que vous pourrez recommander à vos collaborateurs pour rendre leurs textes plus clairs. Ce livre vous explique aussi quelques techniques didactiques pour guider efficacement vos collaborateurs vers la *Rédaction claire*, le but étant qu'ils deviennent plus autonomes et performants dans leur travail de rédaction.

D. Que contient ce livre ?

40 bonnes pratiques...

Ce livre rassemble quarante bonnes pratiques en rédaction, qui contribuent à rendre un texte professionnel efficace auprès de ses lecteurs.

Cet ouvrage est avant tout un outil didactique : il vous donne des conseils que vous pourrez appliquer au fur et à mesure que vous développerez votre compétence en rédaction professionnelle. Ces conseils sont aussi ceux que vous, manager, pourrez donner aux collaborateurs dont vous révisez les textes.

... pour rendre vos écrits professionnels...

Ces techniques rédactionnelles peuvent s'appliquer à la majorité des écrits professionnels.

J'entends par écrits professionnels les écrits qui servent une communication entre deux personnes dont au moins une de ces personnes écrit ou lit dans le cadre de son activité professionnelle. Mais dans cet ouvrage, je restreins cette définition à ce que les spécialistes québécois de la lisibilité appellent les écrits utilitaires, c'est-à-dire les écrits dont l'objectif est de communiquer au destinataire des renseignements utiles pour :

- combler un besoin;
- résoudre un problème;
- amener le destinataire à réaliser une action concrète[28] .

... clairs et conviviaux

Si votre destinataire comprend votre texte et est motivé pour réagir (vous répondre, passer à l'action, changer de comportement...), vous aurez atteint l'objectif de communication que vous vous étiez fixé.

Votre texte sera donc efficace s'il est clair (votre destinataire le comprend) et convivial (votre destinataire accepte bien votre message, y compris s'il transmet une mauvaise nouvelle, et il est motivé pour y répondre).

Tous les conseils rédactionnels donnés dans ce livre tendent vers ce double objectif : la clarté et la convivialité.

[28] Définition donnée par le groupe *Rédiger* de l'Université Laval de Québec : http://www.com.ulaval.ca/recherche/groupes-de-recherche/groupe-de-recherche-rediger/. Cette définition est importante, car on pourrait considérer un écrit littéraire comme un écrit professionnel pour son auteur, qui vit de sa plume. Ce livre ne traite donc que des écrits utilitaires (dont ne font pas partie les écrits littéraires).

La rédaction claire au service de la communication

Ce livre ne traite pas de ce que vous direz dans vos écrits, mais de comment vous l'écrirez[29].

Son objectif est donc de vous montrer comment jongler avec les mots, les formulations et les procédés stylistiques pour mieux communiquer avec les destinataires de vos messages écrits.

Une méthode : le processus de rédaction

Les bonnes pratiques sont présentées dans une chronologie qui suit celle du processus de rédaction. Ce processus de rédaction en sept étapes est en soi une méthode que je vous propose d'utiliser pour augmenter vos chances de rédiger un texte efficace. Le temps que vous consacrerez à chacune de ces étapes dépendra toutefois de votre niveau d'expérience, du type d'écrit que vous rédigez et de l'enjeu du texte à produire. C'est pourquoi vous trouverez également dans ce livre une version rapide de ce processus, en trois étapes.

Des techniques inspirées de la théorie et de la pratique

Les bonnes pratiques présentées ont deux sources :

- d'une part, mes nombreuses lectures[30] sur ce sujet depuis la vingtaine d'années que j'enseigne cette matière;
- d'autre part, mon expérience personnelle de rédactrice professionnelle ainsi que de formatrice[31] et consultante en entreprises et dans les administrations.

Formatrice, facilitatrice et *coach* (en rédaction) avant tout, j'ai voulu présenter ces techniques rédactionnelles dans un livre qui soit avant tout clair, pratique et facile à utiliser, tant pour les apprentis rédacteurs que pour les rédacteurs expérimentés qui souhaitent améliorer certains aspects de leur compétence rédactionnelle.

[29] Dans un esprit de complémentarité, vous trouverez toutefois dans la bibliographie quelques références incontournables sur la communication, qui m'ont été indiquées par la directrice de la collection Communication d'Edi.pro, Christine Donjean, spécialiste de la communication en entreprise.

[30] Voir bibliographie. Rendons toutefois à César ce qui lui appartient : mes sources de référence majeures ont été, pour les concepts théoriques, les recherches en « rédactologie » (étude théorique des pratiques en rédaction professionnelle) du groupe *Rédiger* de l'Université Laval de Québec et, pour les techniques de rédaction, la brochure *Écrire pour être lu*, op.cit. , ainsi que l'excellent *Écrire efficace* d'Isabelle HAMONIC-MULLER, publié aux éditions Demos, 2002.

[31] Ces techniques s'inspirent aussi des échanges pédagogiques que j'ai régulièrement avec mes consœurs et confrères, formateurs en rédaction professionnelle en français (Francine Dugué), en néerlandais (Greet De Baets, Jef Verheyen et Patrick Heremans) et en anglais (Alex McCafferty et Nic Oliver) : je les remercie pour ces échanges fructueux.

Des règles essentielles

Parmi tous les conseils linguistiques, stylistiques et méthodologiques que l'on peut donner pour améliorer la qualité de ses écrits professionnels, j'ai retenu ceux qui me semblaient essentiels en suivant deux critères :

- des conseils qui permettent d'avoir une méthode pour produire un texte rapidement et aisément;
- des conseils qui contribuent à rendre le texte clair et convivial pour le lecteur.

Ces règles de clarté sont d'autant plus importantes que de nombreux textes professionnels destinés a priori à être imprimés seront en fait lus sur écran, car ils sont envoyés par courrier électronique. Or, la lecture sur écran étant plus difficile que la lecture sur papier, ces textes doivent être particulièrement lisibles[32].

En outre, j'ai pris soin de rassembler des recommandations qui rendent un texte très clair pour un large public, y compris multiculturel.

Enfin, les bonnes pratiques présentées dans ce livre se veulent également une réponse aux difficultés et questions récurrentes posées par les participants de mes formations en rédaction. J'ai ainsi pensé tant aux rédacteurs expérimentés rencontrés en formation ou en consultation en rédaction qu'aux rédacteurs débutants ou non francophones.

L'essentiel de chaque règle

Le choix des informations présentées pour chaque bonne pratique a été fait dans une optique formative : suffisamment pour comprendre, pas trop pour mieux retenir et appliquer.

- La plupart des bonnes pratiques proposent des exemples, pour que vous compreniez clairement le message.
- Chaque bonne pratique se limite cependant à l'essentiel de ce qu'il faut retenir sur ce sujet, pour ne pas vous inonder sous une masse d'informations qui gênerait votre mémorisation du message essentiel.

Des références pour aller plus loin

Toutefois, vous pourriez souhaiter approfondir tel ou tel aspect de la rédaction professionnelle : des notes de bas de page et surtout de nombreuses références de livres, d'articles et de sites (voir bibliographie) vous donneront des pistes pour compléter vos connaissances.

---

32 Voir la partie du chapitre V consacrée à ce sujet, p. 263.

E. Comment utiliser ce livre ?

Aperçu général

Ce livre contient sept chapitres.

- Le **chapitre I** définit la *Rédaction claire* et les enjeux de textes clairs et conviviaux.
- Le **chapitre II**, le chapitre majeur de ce livre, propose une méthode pour rédiger efficacement, en sept étapes et trente-cinq bonnes pratiques.
- Le **chapitre III** recommande cinq bonnes pratiques supplémentaires à mettre en place pour améliorer les écrits d'une organisation.
- Le **chapitre IV** propose une version rapide, en trois étapes, du processus de rédaction.
- Le **chapitre V** indique quelles bonnes pratiques appliquer à quels écrits professionnels.
- Le **chapitre VI** vous invite à établir un plan d'action pour vous approprier les techniques vues dans ce livre et vous propose des grilles pour vous guider vers la *Rédaction claire*.
- Le **chapitre VII** propose des outils de référence pour aller plus loin.

Une mise en pages au service de vos besoins

Dans ce livre, j'ai utilisé une technique de mise en pages que j'appelle la rédaction modulaire[33].

Toute l'information présentée dans ce livre est découpée et organisée en unités (modules) facilement repérables.

- Chaque bonne pratique correspond à un module de maximum quelques pages.
- Ces modules sont autonomes : ils peuvent se lire indépendamment les uns des autres.
- Chaque module est lui-même subdivisé en plus petites unités, introduites par un intertitre en gras (colonne de gauche) et séparées les unes des autres par une ligne horizontale.

Quelle est la valeur ajoutée de cette technique de rédaction ?

---

[33] Cette technique de mise en pages s'inspire de l'*Information Mapping*®, une méthode de mise en pages présentée dans la bonne pratique 30. Voir aussi http://www.information-mapping.fr/.

- Cette manière de présenter l'information doit vous permettre de naviguer facilement dans ce livre au gré de vos centres d'intérêts, de vos attentes et de vos besoins.
- Votre lecture ne doit pas spécialement être exhaustive : vous pouvez facilement sauter un module sans que cela gêne votre compréhension.
- Cette répartition du contenu doit surtout faciliter votre consultation de l'ouvrage au fil de votre rédaction : vous pourrez ainsi facilement retrouver le chapitre ou le paragraphe dont vous avez besoin lorsque vous rédigez un écrit précis.

Parcours recommandé pour le rédacteur

Pour tirer un bénéfice maximum de cet ouvrage, je vous recommande l'itinéraire suivant.

- Lisez le **chapitre I** consacré à la définition d'un texte efficace : il est important que vous compreniez quel est l'objectif général vers lequel tendent chaque étape de la rédaction et chaque bonne pratique présentée.
- Lisez ensuite l'introduction de chacune des sept étapes présentées au **chapitre II** : vous aurez ainsi une idée précise de l'importance respective de chaque étape.
- Dans le **chapitre II**, pour chaque étape, choisissez de lire les bonnes pratiques qui vous intéressent particulièrement : parce qu'elles concernent les textes que vous rédigez, parce qu'elles répondent à vos besoins spécifiques, parce qu'elles vous semblent importantes.
- Il n'est pas indispensable que vous lisiez toutes les bonnes pratiques en entier : vous pouvez ne lire que le résumé de chaque bonne pratique (présenté à la dernière des pages qui y sont consacrées). Toutefois, je vous recommande de lire les bonnes pratiques retenues dans l'ordre chronologique du livre, car cet ordre correspond, jusqu'à un certain point, à la chronologie de la rédaction d'un texte.
- Lisez le **chapitre V** pour savoir comment appliquer les bonnes pratiques aux divers écrits professionnels.
- À la fin de votre lecture, au **chapitre VI**, complétez votre plan d'action et appropriez-vous les grilles qui vous guideront vers la *Rédaction claire*.
- Enfin, consultez le **chapitre VII** pour y trouver références et exemples de textes pour compléter vos connaissances.

Pour un rédacteur expérimenté

Vous êtes un rédacteur expérimenté ou vous estimez que le processus rapide de rédaction en trois étapes suffit à vos textes.

- Lisez le **chapitre I**.
- Lisez ensuite directement le **chapitre IV** sur la version rapide du processus de rédaction.
- Vous pourrez alors consulter le **chapitre II** et y lire les bonnes pratiques qui vous semblent particulièrement utiles pour les écrits que vous rédigez.
- Complétez enfin votre plan d'action, dans le **chapitre VI**.

Pour un manager chargé de la révision de textes

Vous êtes chargé de la révision des textes de vos collaborateurs.

- Lisez le **chapitre I**.
- Lisez ensuite le **chapitre III** sur les cinq bonnes pratiques pour guider un collaborateur vers la *Rédaction claire*.
- Lisez dans le **chapitre II** les bonnes pratiques que vous voudriez mieux comprendre.
- Découvrez les grilles du **chapitre VI** qui vous seront utiles dans votre travail de réviseur.

Organisation du chapitre II, partie principale du livre

La partie principale du livre, le **chapitre II**, est divisée en sept sous-chapitres qui correspondent aux **sept étapes** du processus de rédaction. En page d'introduction de chacune de ces sept étapes, vous trouverez le descriptif de la tâche à effectuer à cette étape, ainsi que le résumé des bonnes pratiques qui peuvent vous aider à accomplir cette tâche. En face de cette page d'introduction, vous verrez un dessin qui illustre cette tâche : vous retrouverez ces illustrations à divers endroits du livre, pour vous rappeler à quelle étape du processus vous vous trouvez.

Fonctionnement de chaque fiche de bonne pratique

Chacune des sous-parties consacrées à une étape du processus de rédaction est subdivisée en fiches d'une ou quelques pages, qui correspondent chacune à une **bonne pratique**. Ces fiches sont structurées de manière identique afin de faciliter la lecture, la compréhension et l'appropriation.

- Les bonnes pratiques sont numérotées de 1 à 40 (35 pour le processus de la *Rédaction claire*, 5 pour encourager la *Rédaction claire* dans votre organisation).

- Chaque titre de bonne pratique résume son contenu.
- Le titre et le numéro de la première page de chaque bonne pratique se trouvent clairement indiqués dans la table des matières.
- La première case de chaque bonne pratique présente l'intérêt de cette bonne pratique.
- La deuxième case indique quels sont les écrits professionnels pour lesquels cette bonne pratique peut être utile.
- Dans le bas de la dernière page de chaque fiche de bonne pratique, vous trouverez un cadre résumant ce en quoi consiste la bonne pratique et ce qu'il faut en retenir pour rédiger clairement.
- Sous ce cadre, vous trouvez une indication récurrente :

Cette bonne pratique vous sera utile	☆ ☆ ☆

Après avoir lu la bonne pratique, noircissez une, deux ou trois étoiles, selon vos besoins et compétences.

Cette bonne pratique ne vous sera pas utile	☆ ☆ ☆
Cette bonne pratique vous sera parfois utile	★ ☆ ☆
Cette bonne pratique vous sera souvent utile	★ ★ ☆
Cette bonne pratique vous sera toujours utile	★ ★ ★

Un conseil : noircissez ces étoiles au crayon, car votre appréciation de l'utilité de telle ou telle bonne pratique pourrait varier au fur et à mesure de votre expérimentation de la *Rédaction claire*.

Application des bonnes pratiques à votre rédaction quotidienne

Lorsque vous rédigez un document, il n'est certainement pas indispensable que vous appliquiez toutes les bonnes pratiques pour que votre texte soit efficace : vous ne choisirez que celles qui vous semblent pertinentes par rapport au texte précis que vous rédigez.

Prenons une comparaison. Si vous aimez cuisiner, vous souhaitez sans doute pouvoir disposer d'une belle batterie de cuisine. Pour la préparation d'un plat précis, vous n'utiliserez cependant que les ustensiles dont vous avez besoin.

Il en est de même pour la rédaction d'un texte professionnel : ayez à votre disposition une série d'outils dont vous connaissez l'utilité (les sept étapes et les quarante bonnes pratiques de ce manuel). Choisissez ensuite adéquatement ceux qui vous seront utiles pour le texte que vous devez rédiger.

Soyez toutefois attentif à suivre la chronologie du processus de rédaction. Comme vous lavez et épluchez vos légumes avant de les cuire, ayez les idées claires (étapes 1, 2 et 3 du processus de rédaction) avant de les formuler (étapes 4 et 5 du processus de rédaction).

Enfin, votre objectif final ne doit pas être un texte parfait, mais un texte suffisamment clair.

Pour terminer : le plan d'action et les grilles pour accompagner la rédaction

Au terme de votre lecture du livre, remplissez votre plan d'action qui se trouve aux pages 268 et 269 du chapitre VI.A.

Enfin, n'hésitez pas à photocopier la fiche aide-mémoire du processus de rédaction ainsi que les autres grilles du chapitre VI.B. : elles vous accompagneront utilement lors de la rédaction de tous vos écrits professionnels.

Des exemples pour mieux comprendre

De nombreux exemples illustrent les bonnes pratiques. Pour des raisons déontologiques, je n'ai montré aucun texte authentique émis par une tierce personne, sauf si cette personne m'en avait donné l'autorisation. Les textes proposés dans ce livre sont donc principalement des textes que j'ai imaginés en m'inspirant – parfois beaucoup – de divers textes authentiques ou de mes propres écrits. Les extraits de textes (mots, phrases, paragraphes) peuvent venir de documents authentiques, mais ont été transformés pour que leur source ne soit pas identifiable.

Signification des pictogrammes

De nombreuses bonnes pratiques proposent des exemples présentés dans un tableau à deux colonnes.

- Les exemples donnés dans la colonne de gauche sont illustrés par le dessin d'une flèche qui tourne sur elle-même, vers le bas. J'ai choisi ce symbole pour illustrer des formulations correctes, mais qui n'expriment pas très clairement le message ou qui ne sont pas conviviales pour le lecteur. Les exemples accompagnés de cette flèche sont donc de mauvais exemples, à éviter.

- Les exemples donnés dans la colonne de droite sont illustrés par le dessin d'une flèche droite qui monte vers le haut. Je propose ce symbole pour illustrer des formulations qui expriment clairement le message à transmettre ou qui encouragent le lecteur à (ré)agir. Les exemples accompagnés de cette flèche sont donc de bons exemples, à suivre.

Signification des 3 dessins de crayons habillés

À diverses reprises, les bonnes pratiques concernant le courrier (lettres, courriels[34] et notes) vous proposent plusieurs formulations possibles, appartenant à des registres[35] plus ou moins formels du courrier professionnel.

Ces registres sont illustrés par trois dessins de crayons habillés[36]. En formation, j'utilise souvent ce parallélisme entre la tenue vestimentaire et le registre de langue, car il est très parlant[37]. En effet, vous ne vous habillez pas de la même manière pour une réception officielle, pour un congrès ou une réunion formelle avec des personnes que vous ne connaissez pas du tout, ou pour l'exécution de vos tâches professionnelles quotidiennes. Tout comme dans votre courrier, vous n'utiliserez pas les mêmes formules dans une lettre diplomatique, dans une note à l'ensemble d'un service ou dans un courriel entre collègues.

- Le crayon habillé d'un smoking illustre le registre formel du **style traditionnel**. Ce registre s'utilise principalement dans des lettres à des destinataires occupant un poste hiérarchique élevé[38].

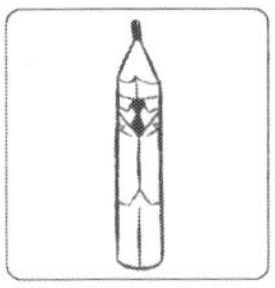

- Le crayon habillé d'un costume cravate illustre le registre standard du **style classique**. Ce registre s'utilise dans les lettres et notes à des destinataires que l'on ne connaît pas et avec lesquels on souhaite garder une certaine distance.

- Le crayon habillé d'une chemise sans cravate illustre le registre convivial du **style moderne**. Ce registre s'utilise dans les lettres et surtout les courriels à des destinataires que l'on connaît ou avec lesquels on souhaite se montrer accessible.

---

34 Mot français pour *e-mail*.

35 Signifie « niveau de langue » (voir glossaire, pp. 35-36).

36 Les lectrices de ce livre comprendront, j'espère, que j'ai utilisé des tenues vestimentaires masculines pour illustrer les registres de langue. Les tenues vestimentaires de nos collègues masculins sont en effet plus soumises à une norme socioprofessionnelle et, à ce titre, plus facilement reconnaissables (en dessin) que les nôtres.

37 Il évite en effet de placer les registres de langue sur une échelle verticale, qui considèrerait, à tort, le registre très formel comme « meilleur » que le registre moderne. Et j'adore ce moment de la formation où, lorsque les participants se donnent une évaluation mutuelle sur leurs textes, l'un suggère à l'autre que sa formule est peut-être « trop chic » pour la situation de communication donnée.

38 Ce registre est fréquent dans le courrier diplomatique.

L'adresse au lecteur

Chaque fois que je m'adresse à vous, lecteur, j'opte pour le masculin singulier. En effet,

- l'adresse au pluriel vous aurait noyé dans la masse des lecteurs de ce livre, alors que je souhaite que chacun d'entre vous s'approprie dans ce livre ce qui répond à ses besoins spécifiques;
- l'adresse au masculin et au féminin (tel que « vous serez attentif/attentive... ») aurait alourdi les formulations.

Je vous propose donc de considérer cette adresse au masculin singulier comme une forme de neutre désignant tout lecteur, quel que soit son sexe.

Écrivons français

Vous constaterez que j'utilise les termes français pour désigner des concepts ou objets que l'on nomme fréquemment en anglais, tels *e-mails*, *blog*, *SMS*, etc.

- La romaniste que je suis souhaite vous familiariser avec les mots français qui existent pour désigner ces nouvelles réalités.
- Pour ce faire, je me suis référée aux deux sources suivantes :
  - la brochure *Aguiche, 100 termes d'aujourd'hui*, éditée par Service de la langue française de la Communauté française de Belgique[39];
  - la banque de données de la Commission générale de terminologie et de néologie de la langue française[40].
- J'ai chaque fois précisé en note de bas de page quel était l'anglicisme souvent utilisé pour désigner cette réalité.
- Ma démarche est avant tout pédagogique (vous apprendre quelque chose), mais nullement directive (vous recommander de toujours utiliser ces termes français).
- Comme formatrice et consultante en rédaction professionnelle, je vous recommande d'utiliser, au cas par cas, le mot qui sera le mieux compris par votre destinataire, comme je le fais moi-même dans ma communication orale ou écrite.

---

[39] Cette brochure est consultable en ligne à l'adresse suivante : http://www.languefrancaise.cfwb.be/fileadmin/sites/sgll/upload/lf_super_editor/Images/Aguiche_en_pdf.pdf

[40] Accessible à l'adresse suivante : http://franceterme.culture.fr/FranceTerme/recherche.html

Soyez maître de vos écrits : choisissez en toute connaissance de cause

L'objectif didactique de ce livre est de vous proposer une série d'informations et de conseils en rédaction professionnelle dans lesquels vous puiserez selon vos centres d'intérêts et besoins.

Vous êtes toutefois maître de votre communication. L'ambition de ce livre est donc de vous informer pour qu'en meilleure connaissance de cause vous choisissiez le mot, la tournure, la phrase ou le style, qui vous semble le plus adéquat à l'écrit que vous rédigez.

Prenez votre communication écrite en main : vous vous donnerez ainsi toutes les chances d'atteindre vos objectifs de communication.

F. Que désignent les concepts de ce livre ? Glossaire

Glossaire[41]	Vous trouverez ci-dessous la définition[42] de certains termes et concepts fréquemment utilisés dans ce livre. Certains de ces termes peuvent sembler évidents : ce glossaire a comme objectif de préciser dans quel sens le terme est utilisé dans ce livre.
Bonne pratique	Procédé ou conduite ayant débouché sur des réussites. Dans ce livre, lorsque je renvoie à une bonne pratique précise, j'utilise l'abréviation BP. Par exemple : « Cet aspect est développé à la BP 4. »
Clair	Aisé, facile à comprendre.
Communiquer	1) Faire connaître quelque chose à quelqu'un. 2) Se mettre en relation avec quelqu'un.
Compétence rédactionnelle	Connaissance approfondie des règles linguistiques et stylistiques qui permettent de rédiger un texte conforme aux normes de la langue et de l'usage.
Convivialité	Rapports positifs entre personnes au sein de la société.
Destinataire	En linguistique : personne à qui s'adresse le message linguistique.
Document	Écrit, servant de preuve ou de renseignement.
Écrire	Tracer des signes d'écriture; noter par écrit.
Efficacité communicationnelle	Caractère de ce qui rend le message efficace pour atteindre l'objectif de communication fixé.
Émetteur	Personne qui émet le message.
Intelligibilité	Caractéristique de ce qui peut être compris par l'intelligence.
Lexique	Vocabulaire d'une langue.

41 Liste alphabétique des mots spécialisés utilisés dans un ouvrage ; cette liste est placée en début ou en fin d'ouvrage.
42 Ces définitions s'inspirent principalement du *Petit Robert*.

Lisibilité	Caractéristique de ce qui est facile à lire, c'est-à-dire à déchiffrer (lisibilité visuelle) et à comprendre (lisibilité textuelle.
Message	Élément matériel par lequel un ensemble d'informations, organisées selon un code, circule d'un émetteur à un récepteur.
Objectif de communication	Résultat qu'on se propose d'atteindre par sa communication.
Organisation	Association qui se propose des buts déterminés. Dans ce livre, j'utilise le terme « organisation » pour parler de l'ensemble des personnes avec lesquelles vous travaillez en association, votre entreprise publique ou privée par exemple.
Récepteur	La personne qui reçoit un message.
Rédiger	Écrire un texte d'une certaine manière; écrire sous la forme définitive, selon la formule prescrite.
Registre de langue	Ou niveau de langue. Désigne un mode d'expression adapté à une situation d'énonciation particulière, qui détermine, notamment, certains choix lexicaux et syntaxiques ainsi qu'un certain ton. Les registres les plus courants sont : le registre soutenu, le registre courant et le registre familier.
Situation de communication	La situation de communication se compose de : ▪ l'émetteur : celui qui émet le message; ▪ le message : ce qui est communiqué; ▪ le récepteur (celui qui reçoit le message) et le destinataire (celui à qui est destiné le message); ▪ les circonstances particulières de l'énonciation (où, quand, comment).
Syntaxe	Étude des règles qui président à l'ordre des mots et à la construction des phrases dans la langue.
Texte	Suite des mots et des phrases qui constitue un écrit.

1 Qu'est-ce qu'un texte professionnel efficace ? Définitions et enjeux

Objectif de ce chapitre

Vous souhaitez que vos textes soient mieux lus et compris par vos lecteurs. Cependant, avant de passer en revue une méthode et des techniques rédactionnelles qui amélioreront la lisibilité de vos textes, il est important que vous sachiez d'abord ce qu'est un texte clair et efficace.

L'objectif de ce premier chapitre est de :

a) vous faire observer deux textes professionnels pour que vous en mesuriez l'efficacité en tant que lecteur;

b) définir le but que vous, rédacteur, poursuivez en produisant un texte professionnel;

c) connaître les qualités d'un texte professionnel pour le lecteur;

d) identifier les paramètres qui permettent de mesurer l'efficacité d'un texte professionnel;

e) vous présenter une méthode qui permet de rédiger des textes efficaces.

À l'issue de ce premier chapitre, vous connaîtrez donc la finalité vers laquelle tendent toutes les étapes du processus de rédaction et toutes les bonnes pratiques présentées dans ce livre.

A. Comment un texte peut-il vous aider à travailler efficacement ?

Dans la peau de votre lecteur

Vous lisez ce manuel, car vous souhaitez améliorer la qualité de vos textes professionnels. Par où commencer ? Par vous mettre dans la peau du lecteur : vous mesurerez ainsi directement l'efficacité d'un texte !

Testez l'efficacité de deux textes

Vous trouverez dans les pages qui suivent (pages 42 à 44) deux exemples de lettres professionnelles.

Ces deux lettres ont été écrites pour les besoins de ce livre. Elles s'inspirent toutefois de divers exemples de lettres professionnelles standard que vous pourriez recevoir.

Lisez chacune d'elles une seule fois (et ne lisez qu'une seule fois chaque phrase). Répondez ensuite à la question posée pour chacune de ces lettres.

Première lettre

Mettez-vous dans la peau du lecteur : un employeur qui recevrait cette lettre standard de son organisme de sécurité sociale.

Question :

Vous êtes cet employeur : après avoir lu cette lettre une seule fois, savez-vous précisément ce que vous devez faire[43]?

Deuxième lettre

Mettez-vous dans la peau du lecteur : un citoyen qui recevrait cette lettre d'un organisme financier.

Question :

Vous êtes ce citoyen : après avoir lu cette lettre une seule fois, savez-vous ce que l'on attend de vous[44]?

Émettez vos premières hypothèses

Indépendamment de leur contenu, laquelle de ces deux lettres vous donne le plus envie de réagir ?

Pourquoi[45]?

---

[43] Voir ma réponse aux pp. 41-42.
[44] *Ibidem.*
[45] *Ibidem.*

Résumés et objectifs des deux lettres

La **première lettre** est une mise en garde : elle rappelle à un employeur (le destinataire) de payer les cotisations dues dans les délais, faute de quoi il se verra imposer une majoration et une indemnité forfaitaire sur ces cotisations.

Quel était **l'objectif** de l'organisme de sécurité sociale (l'émetteur de la lettre) ?

Que l'employeur paie dorénavant le montant prévu de cotisations, en respectant le délai fixé, sans que l'on doive le lui rappeler.

La **deuxième lettre** est une invitation à participation : elle annonce à un citoyen qu'il a été tiré au sort parmi d'autres pour participer à un sondage sur le comportement financier des ménages. La lettre lui précise qu'il sera bientôt contacté par un enquêteur et qu'il trouvera en annexe un dépliant d'informations complémentaires sur ce sondage.

Quel était **l'objectif** de l'organisme financier (l'émetteur) ?

Que le citoyen (destinataire de la lettre) participe volontiers au sondage, parce qu'il est informé de son déroulement, motivé par son enjeu et rassuré par le respect de sa vie privée.

Caractéristiques de la première lettre

Observons si les caractéristiques de la première lettre permettent d'atteindre son objectif.

- Elle est longue (deux pages), ce qui peut être décourageant pour le lecteur.
- L'objet de la lettre (« concerne : délais de paiement des cotisations ») en donne certes le thème, mais pas le message principal (le destinataire n'aurait pas respecté les délais de paiement et/ou les montants dus).
- Le lecteur se demande pendant les deux premiers tiers (huit paragraphes sur douze) ce qu'on lui veut exactement.
- Le lecteur se sent abruti par cette masse de données chiffrées.
- Le lecteur doit lui-même trouver quelle est son erreur : il devra vérifier s'il a respecté (ou pas) le délai et devra faire un savant calcul pour évaluer l'éventuel montant dû.

- Pour faire cette évaluation, le lecteur devra relire plusieurs fois certaines phrases des huit premiers paragraphes, car elles sont très longues.
- Ce fastidieux travail de relecture et de décodage n'encourage pas le lecteur à répondre volontiers à la demande.

L'efficacité de cette lettre n'est donc pas optimale.

- Le destinataire de la lettre (l'employeur) sera sans doute attentif à respecter les montants dus et les délais impartis, pour éviter une sanction financière dont il ne serait pas prévenu.
- Toutefois, le destinataire peut hésiter sur l'erreur qu'il a commise : non-respect du délai ou paiement d'un montant incorrect ?
- Le destinataire peut aussi se tromper dans le calcul des montants à payer, puisque les explications fournies dans les huit premiers paragraphes ne sont pas directement compréhensibles et mémorisables.
- L'émetteur prend donc le risque de devoir consacrer du temps à un éventuel appel à l'aide du destinataire, qui souhaiterait savoir précisément quelle est son erreur (délai ou montant) ou qui voudrait obtenir des explications orales sur le mode de calcul des cotisations.

Conclusion : une lettre peu claire coûte cher

Une lettre qui manque de clarté fera perdre inutilement du temps tant au destinataire qu'à l'émetteur, ce qui aura un coût en matière d'heures de travail.

Caractéristiques de la deuxième lettre

Observons si les caractéristiques de la deuxième lettre permettent d'atteindre son objectif.

- Elle a une longueur raisonnable (une seule page).
- Elle joue sur la typographie : la seule lecture des mots en gras donne une idée générale du contenu au lecteur, qui peut aisément deviner le message principal (dans le cadre d'une enquête **pour comprendre le comportement financier des ménages**, un **rendez-vous** lui sera proposé, en **totale confidentialité**; un **dépliant** est joint pour plus d'explications).

- L'ordre des paragraphes donne au lecteur les informations dont il a besoin, au fur et à mesure des questions qu'il pourrait se poser :
  - Qui le contacte ? Un organisme qui souhaite mieux comprendre le comportement financier des ménages.
  - En quoi et comment cela le concerne-t-il ? Il a été tiré au sort pour participer à ce sondage et il sera bientôt contacté.
  - Sa vie privée sera-t-elle respectée malgré la transmission d'informations financières personnelles ? Oui.
  - Souhaiterait-il en savoir plus ? Un dépliant, un numéro de téléphone et une adresse électronique de contact lui sont proposés.
- Les phrases sont courtes et ne nécessitent aucune relecture pour être comprises.

Cette lettre est donc efficace : une seule lecture suffit au destinataire pour savoir précisément ce que l'on attend de lui.

Conclusion : une lettre claire favorise une réponse positive

Une lettre claire met le lecteur dans des dispositions favorables pour répondre à ce qui lui a été demandé.

Résultat de l'évaluation de ces deux lettres

Au début de ce chapitre, je vous ai demandé de lire les deux lettres des pages 42-44 et vous ai posé des questions : voici ma réponse à ces deux questions.

Question 1 :

Après avoir lu cette lettre une seule fois, savez-vous précisément ce que l'on attend de vous ?

Ma réponse :

- Pour la première lettre : non, car la demande est perdue dans la masse d'informations données et n'est pas très claire (le destinataire n'a-t-il pas respecté les délais de paiement ou a-t-il payé un montant incorrect ?).

- Pour la deuxième lettre : oui, car la seule lecture des mots en gras et de la première phrase du deuxième paragraphe donne au lecteur l'essentiel du message.

Question 2 :
Indépendamment du contenu, laquelle de ces deux lettres vous donne-t-elle le plus envie de réagir ?

Ma réponse :
La deuxième lettre, car je la lis et la comprends très rapidement et je sais précisément ce que l'on attend de moi.

Première lettre

Émetteur : un organisme de sécurité sociale
Destinataire : un employeur

Concerne : délais de paiement des cotisations

Madame, Monsieur,

Nous vous rappelons que les cotisations de sécurité sociale doivent être payées au (compte bancaire) de (nom de l'organisme) au plus tard le dernier jour du mois qui suit la fin du trimestre concerné.

De plus, l'employeur qui, au cours d'un trimestre déterminé (T), a déclaré des cotisations dont le montant dépasse 6.197,34 € est tenu de verser des provisions au trimestre T+2.

Au plus tard le 5e jour des 2e et 3e mois du trimestre (T+2), la provision à verser doit être égale à 30 % du montant des cotisations dues pour le trimestre correspondant de l'année précédente; et, au plus tard le 5e jour du 1er mois qui suit ce trimestre (T+2), la provision à verser doit être égale à 25 % du montant des cotisations dues pour le trimestre correspondant de l'année précédente. Ces pourcentages sont d'application pour les 1er, 2e et 3e trimestres.

Les provisions à verser pour le 4e trimestre doivent parvenir au plus tard à (nom de l'organisme) les 5 novembre, 5 décembre et 5 janvier et s'élèvent respectivement à 30 %, 35 % et 15 % du montant des cotisations dues pour le 4e trimestre de l'année précédente.

Au cas où l'employeur n'était pas redevable de cotisations pour le trimestre correspondant de l'année précédente, le montant de la provision est fixé forfaitairement à 421,42 € par mois et par travailleur occupé au cours du mois précédent.

Lorsque le montant des pourcentages calculés par rapport aux cotisations dues pour le trimestre correspondant de l'année civile précédente excède le montant desdits pourcentages appliqués aux cotisations probables du trimestre en cours, l'employeur est autorisé à réduire la provision à ce dernier montant.

Par dérogation à l'article ci-dessus, l'employeur ressortissant à la Commission paritaire de la construction qui n'était pas redevable de cotisations aux trimestres T – 4 et/ou T – 2 est tenu de verser une provision de 700,00 €, au plus tard le 5 de chaque mois, à partir du 3e travailleur qu'il occupe à la fin du mois précédent et pour lequel la somme de 421,42 €, visée ci-dessus, n'est pas due.

L'employeur ressortissant à la Commission Paritaire de la Construction qui est redevable de provisions procentuelles en application de l'article 34, est tenu, en plus desdites provisions procentuelles, au paiement d'une provision mensuelle forfaitaire de 700,00 € par ouvrier supplémentaire à partir du 3e ouvrier lorsqu'il y a une augmentation du personnel ouvrier entre T–4 et T égale au moins à 3 ouvriers.

Lors de l'examen de votre compte, il est apparu que pour le (X)ème trimestre (année) vous n'avez pas respecté les délais et/ou les montants prévus par la loi pour le paiement des provisions mensuelles et/ou du solde des cotisations dont vous étiez redevable.

Nous attirons votre attention sur le fait que les dispositions du règlement du (date) prévoient que seuls les employeurs payant habituellement leurs cotisations dans les délais légaux peuvent bénéficier d'un délai supplémentaire de deux mois pour payer les cotisations d'un trimestre déterminé sans qu'il soit fait application des sanctions civiles.

Il est donc de votre intérêt que vous respectiez à l'avenir strictement ces principes, à défaut de quoi nous serons amenés à vous réclamer, sans nouvel avertissement préalable :

1) la majoration de 10 % et des intérêts calculés au taux de 7 % l'an pour le solde des cotisations impayé à l'échéance légale

et/ou

2) une indemnité forfaitaire fixée comme indiqué dans le tableau ci-dessous, s'il s'agit de provisions.

Convaincus que vous ferez le nécessaire pour éviter l'application de telles mesures, et vous en remerciant par avance, nous vous prions de croire, Madame, Monsieur, à l'assurance de nos sentiments distingués.

(signature)
(nom du signataire)
(titre du signataire)

Montant déclaré	*Sanctions*
0 -> (somme) EUR	*(somme) EUR*
(somme) EUR -> (somme) EUR	*(somme) EUR*
Etc.	

Deuxième lettre

Émetteur : un organisme financier

Destinataire : des citoyens tirés au hasard

Madame, Monsieur,

Le (nom de l'organisme) est une institution indépendante au service de l'intérêt général, chargée notamment de contribuer au maintien de la stabilité des prix dans les pays dont l'euro est la monnaie. Dans le cadre de ses missions, le (nom de l'organisme) cherche à mieux **comprendre le comportement financier des ménages***. Ce projet, mené parallèlement dans l'ensemble de la zone euro, nécessite la récolte, par sondage, d'informations portant sur des thèmes comme le crédit, l'épargne ou la consommation. Les résultats permettront d'améliorer la compréhension de nombreux phénomènes affectant la vie quotidienne des ménages.*

Votre ménage a été tiré au sort pour participer à ce sondage. Concrètement, un représentant de la société (nom de la société de sondage), mandatée pour réaliser plus de 2000 entretiens dans tout le pays, pourrait prochainement vous contacter. Cette personne vous proposera un **rendez-vous***, à la date et à l'heure qui vous conviennent le mieux, afin de vous soumettre un questionnaire relatif à la situation financière de votre ménage. Vous recevrez un cadeau de remerciement pour votre participation.*

Le (nom de l'organisme) accorde la plus haute importance à la protection de la vie privée des participants. Dans cette optique, les coordonnées des ménages interrogés seront dissociées de leurs réponses. En outre, les informations relatives aux situations personnelles ne seront en aucun cas diffusées. Vous pouvez dès lors être assuré(é) de participer à cette étude en **totale confidentialité***.*

Un **dépliant** *vous informant sur l'utilité et le déroulement de l'étude, ainsi que sur la garantie de protection de votre vie privée, est annexé à cette lettre. Pour toute autre question relative au contenu ou aux modalités de l'étude, je vous invite à contacter mes collaborateurs en charge du projet, soit par téléphone (numéro de téléphone), soit par courriel (adresse électronique).*

En vous remerciant par avance pour votre précieuse collaboration, je vous prie d'agréer Madame, Monsieur, l'expression de ma considération distinguée.

(signature)
(nom du signataire)
(titre du signataire)

Annexe : un dépliant

B. Quel est l'objectif d'un texte professionnel pour l'émetteur du message ?

Vos textes doivent servir votre objectif de communication

Vous souhaitez rédiger des textes professionnels efficaces. Mais qu'est-ce qu'un texte professionnel efficace pour vous, émetteur du message ? C'est un texte qui vous permet d'atteindre vos objectifs de communication auprès de votre lecteur/destinataire.

Votre objectif : transmettre un message et atteindre un but

L'objectif que vous poursuivez en rédigeant un texte professionnel est pragmatique. Vous souhaitez :

- transmettre un message à un destinataire (et vous souhaitez qu'il comprenne exactement ce que vous avez voulu lui dire);
- atteindre un but; par exemple, vous souhaitez que votre destinataire réagisse rapidement (dans les délais demandés), complètement (qu'il réponde à toutes vos demandes) et de manière constructive (qu'il fasse volontiers ce que vous lui demandez de faire).

L'objectif d'un texte professionnel est l'utilité

Les écrits professionnels sont divers : textes commerciaux, administratifs, scientifiques, techniques, journalistiques... Ces textes se différencient principalement des écrits littéraires par le fait que leur objectif majeur est de communiquer une information professionnelle utile à l'un des acteurs de votre métier.

L'objectif d'un texte littéraire est l'expression

Les écrits professionnels se différencient des écrits littéraires par le fait qu'ils ne poursuivent pas le même objectif. En effet, les écrits littéraires ont comme objectif essentiel d'exprimer des sentiments et des émotions d'une manière stylistiquement originale.

Le lecteur, quant à lui, lit de la littérature pour se distraire, s'évader, imaginer, goûter au plaisir des mots et des images suggérées. Lorsque l'écrivain argentin Jorge Luis Borges suggère qu'il y a autant de livres du Quichotte qu'il y a de lecteurs du Quichotte[46], il veut dire par là

[46] Notamment dans « Pierre Ménard, auteur du Quichotte », le troisième récit de son ouvrage *Fictions*. Jorge Luis BORGES est un écrivain argentin du XXe siècle.

que chaque lecteur se fait sa propre version du livre qu'il lit, renvoyant ainsi à ce très beau rôle de la littérature qui est d'ouvrir les portes de notre imaginaire.

Beauté de la langue, porte ouverte aux multiples interprétations : voilà bien deux caractéristiques (parmi d'autres) de l'écrit littéraire qui le différencient clairement de l'écrit professionnel.

La rédaction professionnelle et la rédaction littéraire : 2 arts bien distincts

Rappelez-vous donc, lorsque vous écrirez votre prochain texte professionnel, que votre message doit être très explicite, de manière à n'avoir qu'une interprétation possible. Pour atteindre cet objectif, écrivez clairement et privilégiez l'efficacité à l'élégance.

Nous mettons là le doigt sur un des travers que possèdent parfois les rédacteurs de textes professionnels, en particulier en français.

Certains aiment manier le lexique et la syntaxe avec brio. Certes, c'est un réel plaisir. Mais le premier objectif d'un texte professionnel est-il le plaisir de l'émetteur ?

D'autres rédacteurs se sentent parfois obligés d'utiliser des mots rares et des tournures sophistiquées : ils pensent qu'en montrant ainsi leur maîtrise de la langue française, ils font preuve d'un plus grand sérieux professionnel. Ce style peut bien sûr avoir une certaine élégance. Mais ne risquent-ils pas de rendre la lecture plus lente et la compréhension plus incertaine et difficile pour le lecteur ?

L'écrit professionnel sert à communiquer des informations utiles : si le destinataire n'a pas bien compris le message, la communication aura échoué. La première personne à prendre en considération dans la communication écrite professionnelle est donc le lecteur/destinataire, et non le rédacteur/émetteur.

Cela dit, écrire un texte professionnel de manière efficace est un art : celui de bien maîtriser les mots et les structures de phrases pour exprimer sa pensée de manière claire. Et faire ainsi en sorte que le lecteur comprenne aisément le message et réponde volontiers à la demande.

Débarrassez-vous de certaines habitudes scolaires

Loin de moi l'idée de dévaluer l'écrit littéraire, au contraire. Comme beaucoup d'entre vous, j'aime la littérature et déguste avec plaisir les pages écrites avec talent : celles d'auteurs qui me font découvrir des mots rares pour exprimer avec nuance leurs pensées, qui me font rêver avec des métaphores subtilement choisies, qui m'amènent à une conclusion par d'habiles enchaînements d'idées, qui me surprennent avec des images ou concepts nouveaux...

L'école nous a appris ces divers procédés stylistiques lors de rédaction de dissertations et autres écrits littéraires. Toutefois, dans la mesure où l'écrit professionnel ne poursuit pas les mêmes objectifs, nous devons oublier ces habitudes scolaires lorsque nous rédigeons nos textes professionnels, sous peine de nuire à leur efficacité.

Lire pour l'utilité du message et non pour le plaisir de la belle langue

Le lecteur lit un texte littéraire pour le plaisir : il a le temps, s'il le souhaite, de relire une phrase pour mieux la comprendre, pour y réfléchir, pour la mémoriser.

Tandis que le lecteur d'un texte professionnel le lit, généralement, parce qu'il doit le lire. Le texte professionnel a donc l'obligation d'être immédiatement efficace pour le lecteur, car celui-ci n'aimera pas devoir le relire pour le comprendre.

L'écrit professionnel est un outil de travail

Rappelez-vous que le texte professionnel que vous rédigez est, pour vous et vos correspondants, un outil de travail. La priorité doit y être donnée à l'information. S'il est complet, structuré, clair, et convivial, votre lecteur saura tout de suite ce que vous attendez de lui, sans devoir revenir vers vous pour des éclaircissements. Il sera également motivé pour vous répondre rapidement et complètement, sans que vous deviez le rappeler. Cet outil de travail doit donc être efficace, pour optimaliser vos performances professionnelles ainsi que celles de vos contacts.

Un texte clair = un gain de temps

Bref, l'investissement que vous ferez en rédigeant des textes clairs et conviviaux sera largement compensé par l'économie de temps réalisée, tant du côté de votre lecteur (réaction rapide et complète) que du vôtre (pas besoin de rappels ou d'explications complémentaires)[47].

[47] Voir à ce sujet les données chiffrées présentées dans l'introduction, p. 17.

C. Quelles sont les 7 qualités d'un texte professionnel pour le lecteur ?

Lecteur d'un texte professionnel, vous souhaitez :

Vous recevez et lisez tous les jours de nombreux écrits professionnels, dont un certain nombre sont pour vous des outils de travail. Quelles qualités souhaitez-vous trouver à ces textes pour vous aider à travailler efficacement ?

1. Savoir de quoi il s'agit

La première qualité que vous attendez d'un texte professionnel est de savoir tout de suite, en l'ouvrant, ce dont il s'agit, si vous êtes concerné ou si ce document peut vous être utile.

2. Saisir le message essentiel

La deuxième qualité d'un texte est que vous puissiez en saisir le message essentiel uniquement en le survolant.

3. Lire le texte avec fluidité

La troisième qualité est que la lecture de ce texte soit facile et fluide, pour que vous puissiez vous concentrer sur la compréhension du contenu.

4. Comprendre correctement

La quatrième qualité est que vous compreniez correctement et entièrement le message que l'auteur a voulu transmettre.

5. Mémoriser l'essentiel

La cinquième qualité est qu'après avoir lu le texte, vous vous souveniez aisément de l'essentiel du message.

6. Savoir que faire

La sixième qualité est que, si l'on vous demande de faire quelque chose, vous sachiez exactement ce que vous devez faire et de quelle manière.

7. Être motivé pour répondre

Enfin, la dernière qualité d'un texte est que, si l'on vous demande de répondre, vous soyez motivé pour le faire.

Rédigez pour votre lecteur

Comme lecteur, vous appréciez un texte qui répond à ces sept souhaits. À votre tour, comme rédacteur, de veiller à ce que vos textes possèdent ces sept qualités pour vos lecteurs.

Donnez 7 qualités à votre texte professionnel

Voici un tableau que je distribue dans toutes mes formations en rédaction, pour rappeler aux rédacteurs les sept qualités essentielles que doit présenter un texte pour être un outil de travail efficace pour le lecteur.

Votre texte est efficace si votre lecteur :

1) voit tout de suite ce dont il s'agit et en quoi il est concerné;
2) perçoit, en survolant le texte, l'essentiel de votre message;
3) peut lire aisément votre texte;
4) comprend immédiatement le sens correct de votre message;
5) se souvient de l'essentiel des informations présentées;
6) sait comment agir efficacement à la suite de votre message;
7) est motivé pour agir.

Évaluez un texte professionnel selon ces 7 qualités

Le tableau ci-dessus servira donc de base à la **Grille d'évaluation de l'efficacité d'un document pour le lecteur**, un des documents majeurs de ce livre, qui se trouve page 282.

D. Comment évaluer l'efficacité d'un texte professionnel ?

4 paramètres pour évaluer l'efficacité d'un texte

Vous savez maintenant quelles sont les qualités qui rendent un texte efficace pour le lecteur. Comment donner à votre texte ces qualités ? Voici quatre notions[48] qui vous y aideront.

1. La présentation visuelle

Comment aider votre lecteur à savoir rapidement si votre texte le concerne (première qualité) et quel est l'essentiel de votre message (deuxième qualité) ?

Votre lecteur voit votre texte avant de le lire et le balaie du regard pour en découvrir le contenu général ou pour trouver rapidement les informations dont il a besoin.

C'est grâce aux procédés de **mise en pages** que vous aiderez le lecteur lors de cette première lecture-survol[49] :

- le titre lui annoncera ce dont le texte traite et si cela le concerne;
- la répartition et la numérotation des diverses parties de votre texte lui indiqueront le contenu et la structure de votre discours;
- les intertitres lui donneront un aperçu des diverses idées générales;
- les énumérations visuelles et la mise en évidence des mots-clés (en caractères gras) faciliteront sa lecture rapide.

2. La lisibilité

Comment faire pour que votre lecteur, à la première lecture (troisième qualité), comprenne directement et correctement votre message (quatrième qualité) ?

---

48 Pour une présentation scientifique de ces concepts, voir l'article d'Isabelle CLERC, fondatrice du groupe Rédiger de l'Université Laval de Québec : « Langue française et écriture citoyenne : l'engagement du Québec en matière de simplification des communications écrites », dans *La communication avec le citoyen : efficace et accessible ?*, op. cit. pp. 32-34.

49 Tous ces procédés de mise en pages facilitent la lecture rapide : voir en annexe, p. 302.

Votre texte sera lisible[50], c'est-à-dire facile à lire et à comprendre grâce aux **formulations** que vous utiliserez :

- des mots connus des lecteurs ou expliqués;
- des mots concrets qui incitent à l'action;
- des phrases courtes ou clairement construites;
- des enchaînements de phrases et de paragraphes fluides (grâce aux articulateurs logiques et aux mots de liaison).

3. La convivialité

Comment donner envie au lecteur de vous répondre (septième qualité) ?

Vous disposerez favorablement votre lecteur grâce au **ton**[51] que vous utiliserez dans votre texte. Les éléments stylistiques suivants vous y aideront :

- une personnalisation de votre texte et des adresses au lecteur (utilisation du *vous*);
- des demandes exprimées courtoisement;
- des formulations positives;
- un langage et un style actuels;
- des formules de politesse adéquates (dans le courrier).

4. L'intelligibilité

Comment aider votre lecteur à comprendre votre message (quatrième qualité), à le mémoriser (cinquième qualité) et ensuite à agir efficacement (sixième qualité) ?

S'il comprend vos idées, il les mémorisera; s'il adhère à votre message, il agira. Vous l'y aiderez grâce au contenu de votre texte (le fond) :

- les éléments présentés doivent correspondre aux objectifs annoncés du texte et aux intérêts du lecteur;
- ces éléments doivent être présentés de manière structurée[52], dans l'ordre chronologique des questions que se pose le lecteur.

---

[50] Des formules pour calculer l'indice de lisibilité des textes ont été développées depuis plusieurs années, en particulier par les anglophones. Une des plus connues est celle de Rudolph Flesh. Cette formule est basée sur les deux paramètres suivants : la longueur moyenne des mots (nombre de syllabes par mots) et la longueur moyenne des phrases (nombre de mots par phrase). Cette formule est très intéressante, mais ne suffit pas à évaluer tout ce qui fait l'efficacité d'un texte professionnel. Je préfère l'outil suivant, accessible gratuitement en ligne, qui permet d'analyser la complexité d'un texte (notamment la longueur moyenne des phrases) : http://textalyser.net/ .

[51] C'est-à-dire la manière d'exprimer sa pensée à l'écrit.

[52] Cette structure sera déjà apparente dans la présentation visuelle du texte, grâce aux intertitres et à la numérotation des diverses parties.

40 bonnes pratiques pour développer ces 4 paramètres

Vous trouverez dans les chapitres II et III de ce livre quarante bonnes pratiques en rédaction qui vous permettront de développer l'intelligibilité, la lisibilité, la convivialité et la présentation visuelle de vos textes et de ceux de votre organisation. Vos textes vous permettront ainsi d'atteindre plus efficacement vos objectifs de communication auprès de vos lecteurs.

E. Comment rédiger efficacement ?

La chronologie adoptée par le lecteur

Votre lecteur apprécie d'abord l'efficacité de la **présentation visuelle** de votre texte, en le survolant et en ne lisant que ce qui ressort : titres, intertitres, début de paragraphes et mots-clés en gras (la mise en pages). Ensuite, votre lecteur mesure la **lisibilité** et la **convivialité** de votre document, en lisant les mots et les phrases (la formulation). Enfin, votre lecteur évalue l'**intelligibilité** de votre texte, c'est-à-dire l'intérêt et la structuration de vos idées (le fond) au fur et à mesure qu'il les comprend et les mémorise.

La chronologie adoptée par le rédacteur

Vous, rédacteur, procéderez en sens inverse.

Vous développerez d'abord l'**intelligibilité** de votre texte, en trois étapes.

1) Vous analyserez la demande qui vous est faite ou la situation qui vous amène à rédiger un texte professionnel (de quoi dois-je parler, à qui, dans quel objectif ?).

2) Vous définirez votre contenu (quelles sont les idées que je veux communiquer, qui servent mon objectif de communication d'une part, qui correspondent aux intérêts de mon lecteur d'autre part ?).

3) Vous structurerez vos idées en un plan adapté à votre objectif de communication.

Puis, vous travaillerez la **lisibilité** et la **convivialité** de votre texte lors des quatrième et cinquième étapes.

4) Vous écrirez (à la main[53]) le brouillon de votre texte, phase pendant laquelle vous vous concentrerez sur ce que vous voulez dire et à quel endroit de votre texte.

5) Vous rédigerez (au clavier) votre texte, en vous concentrant cette fois sur une formulation claire, concise, conviviale, contemporaine, courtoise et correcte.

[53] L'utilité du brouillon écrit à la main est expliquée dans la bonne pratique 13.

Vous donnerez alors à votre texte une **présentation visuelle** lors de la sixième étape.

6) Vous appliquerez à votre texte les procédés de mise en pages qui faciliteront la lecture, la compréhension et la mémorisation du lecteur.

Enfin, lors de la septième étape, vous vérifierez l'**efficacité** de votre texte selon ces quatre paramètres (intelligibilité, lisibilité, convivialité et présentation visuelle).

7) En vous mettant à la place de votre lecteur[54], vous relirez attentivement et corrigerez votre texte, pour qu'il soit tout à fait clair et convivial et qu'il vous aide ainsi à atteindre votre objectif de communication auprès de votre lecteur.

Le danger de rédiger trop vite

Pourquoi autant d'étapes, me direz-vous ? Êtes-vous de ces rédacteurs qui commencent immédiatement un texte en rédigeant ses phrases au clavier ?

Si c'est le cas, vous multipliez les difficultés puisque vous réfléchissez simultanément à :

- que dire;
- à quel endroit du texte le dire;
- comment l'articuler;
- quels mots choisir pour le dire;
- comment tourner ses phrases pour le dire;
- comment l'écrire;
- comment le mettre en évidence !

Les rédacteurs qui rédigent ainsi me diront que l'avantage du traitement de texte, c'est que l'on peut facilement et rapidement effacer, remplacer, déplacer, ajouter, corriger, etc.

54 Et grâce aux grilles d'évaluation présentées dans les bonnes pratiques 32 et 35.

Mon expérience de formatrice et de consultante en rédaction professionnelle m'a montré que les textes peu clairs avaient souvent pour cause une rédaction trop rapide et un manque de méthode. Les deux étapes qui sont en effet trop souvent négligées par le rédacteur pressé sont :

- la réflexion préalable à la rédaction proprement dite sur le contenu et son agencement (le plan);
- la relecture soigneuse qui consiste à faire l'effort mental de se mettre à la place du lecteur pour rendre le texte beaucoup plus lisible.

7 étapes pour répartir efficacement votre concentration

C'est pourquoi je vous propose cette méthode de rédaction en sept étapes : vous pourrez ainsi répartir plus efficacement votre énergie rédactionnelle. En effet, à chacune de ces étapes, vous vous concentrerez sur une seule tâche, de manière à être plus performant dans l'élaboration, la rédaction et la finalisation de votre texte.

Cette méthode en sept étapes vous permettra également de gagner du temps.

1) Le temps que vous consacrerez dorénavant à la rédaction d'un texte ne sera pas plus long que précédemment : il sera réparti différemment. En effet, un rédacteur qui néglige la tâche préparatoire de réflexion a besoin de consacrer plus de temps à la phase de relecture et de correction, surtout s'il doit ajouter, déplacer ou retirer des éléments et vérifier alors toute la cohérence de son texte. Il est alors souvent obligé de réécrire de longs passages de son texte, ce qui prend du temps. En revanche, en accordant plus de temps à la préparation de son texte, on rédige plus vite et la révision est également plus rapide.
2) En outre, au fur et à mesure que vous effectuerez ces sept tâches, elles deviendront faciles et rapides à accomplir.

Une version rapide du processus de rédaction en 3 étapes

Bien sûr, tous les rédacteurs n'ont pas besoin de passer scrupuleusement par ces sept étapes pour rédiger efficacement. Et tous les textes n'exigent pas le même investissement. Ainsi, pour les écrits dont l'enjeu n'est pas très important et pour les écrits courts (une page ou moins) que vous avez l'habitude de rédiger, vous pourrez suivre le processus rapide de la rédaction, en trois étapes, que j'appelle « les trois R ».

1) **Réflexion** : vous réfléchirez d'abord à ce qui justifie cet écrit, à l'objectif que vous voulez atteindre et aux attentes que pourrait avoir votre public cible. À ce stade, vous pourrez noter vos idées principales et l'ordre dans lequel vous les présenterez (condensé des étapes 1, 2 et 3).

2) **Rédaction** : vous rédigerez ensuite votre texte en lui donnant une mise en pages claire (condensé des étapes 4, 5 et 6).

3) **Révision** : vous relirez et corrigerez enfin votre texte, en vous mettant dans la peau de votre lecteur (étape 7).

Un conseil : aucun de nous n'oublie l'étape 2 (la rédaction), bien entendu. Mais n'oubliez jamais de consacrer un minimum de temps aux étapes 1 et 3, l'idéal étant de consacrer un tiers de votre temps à chacune de ces trois étapes.

Vous trouverez, dans le chapitre IV, les détails de cette version rapide du processus de rédaction.

35 bonnes pratiques pour rendre votre texte plus clair et convivial

Lors de chacune de ces sept étapes, vous pourrez utiliser l'une ou l'autre des bonnes pratiques qui vous sont présentées dans le chapitre II.

Les sept étapes et la plupart de ces trente-cinq bonnes pratiques peuvent convenir à tous les types d'écrits professionnels, soit :

- le courrier : lettres administratives, lettres commerciales, courriels[55], notes de service...;
- les documents de travail : comptes rendus de réunion, rapports, règlements, manuels...;

[55] Mot français pour *e-mail*.

- les écrits de communication interne et externe : bulletins d'information[56], journaux d'entreprise, communiqués de presse, articles, discours...;
- les écrits commerciaux : offres, publipostages[57], brochures, dépliants, prospectus...;
- les pages d'internet et d'intranet;
- les billets pour blogues[58] ou réseaux sociaux.

Ces trente-cinq bonnes pratiques ne sont évidemment pas toutes indispensables pour la rédaction d'un document particulier, au contraire. Pour chaque texte à produire, vous choisirez les quelques bonnes pratiques qui vous semblent utiles pour ce document-là. Vous les choisirez en fonction des paramètres de la communication (bonne pratique 1), c'est-à-dire :

- Qui est l'émetteur/rédacteur du message ?
- Qui est le récepteur/lecteur ?
- Quel est l'objectif de communication à atteindre ?
- Quel est le retour attendu ?
- Quel est le type d'écrit utilisé ?

À la première page de chaque bonne pratique, la deuxième case vous indique pour quels écrits elle convient.

Néanmoins, quelles que soient les bonnes pratiques retenues, je vous recommande de les utiliser dans l'ordre dans lequel elles sont présentées dans ce livre, car cet ordre correspond à la chronologie du processus de rédaction.

Vous trouverez dans les pages qui suivent (pages 61-63) un tableau qui vous donne une vue d'ensemble des sept étapes et des trente-cinq bonnes pratiques qui peuvent être utiles à chacune de ces étapes.

Enfin, vous trouverez dans les annexes (pages 287-294) un exemple concret d'application des sept étapes du processus à la rédaction d'un article : les notes préparatoires y sont reproduites ainsi que l'article sous sa forme finale.

56 Mot français pour *newsletter*.
57 Mot français pour *mailing*.
58 Mot français pour *blog*.

5
bonnes pratiques pour encourager la *Rédaction claire*

Le personnel d'une organisation sera d'autant plus stimulé pour rédiger clairement qu'il sera soutenu par les collègues et la hiérarchie.

C'est pourquoi vous trouverez dans le chapitre IV cinq bonnes pratiques supplémentaires pour vous encourager entre collègues, pour guider efficacement des collaborateurs vers la *Rédaction claire* et pour promouvoir les textes clairs au sein des entreprises privées et publiques.

2 Comment apprendre à rédiger clairement ? La *Rédaction claire*, en 7 étapes et 35 bonnes pratiques

Ce tableau résume les sept étapes du processus de *Rédaction claire* et les trente-cinq bonnes pratiques que vous pourrez utiliser à chacune de ces étapes, selon vos besoins.

1re étape : définir l'objectif du texte

Bonnes pratiques :

1) Évaluer les paramètres de la situation de communication.
2) Délimiter le sujet et son angle d'approche.
3) Définir le résultat à atteindre.
4) Adapter le contenu et la forme à son public cible.
5) Choisir le bon canal de communication.

2e étape : développer un contenu pertinent

Bonnes pratiques :

6) Collecter les idées et informations utiles à son objectif.
7) Sélectionner les idées et informations.

3e étape : structurer le contenu

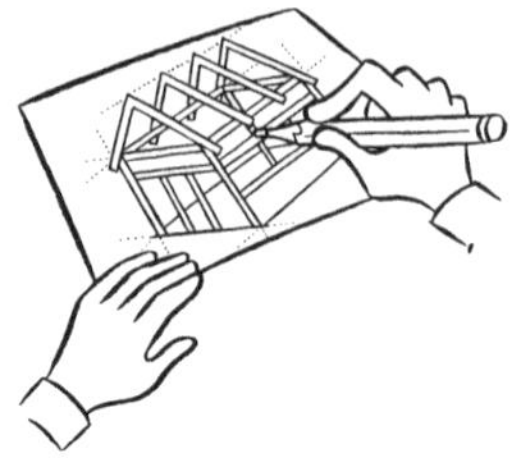

Bonnes pratiques :

8) Informer le destinataire avec un plan qui favorise la mémorisation.
9) Expliquer ou enseigner quelque chose au destinataire avec un plan qui l'aide à comprendre l'information.
10) Faire agir le destinataire avec un plan qui l'encourage à réagir.
11) Convaincre le destinataire avec un plan qui favorise l'adhésion.
12) Construire la charpente de son texte.

4e étape : préparer la rédaction

Bonnes pratiques :

13) Écrire un brouillon.
14) Préparer une introduction, des paragraphes, une conclusion.

5e étape : rédiger un texte clair et convivial

Bonnes pratiques :

15) Choisir des mots efficaces.
16) Construire des phrases claires.
17) Relier ses phrases et paragraphes logiquement.
18) Être concis.
19) Attirer l'attention du lecteur et l'inciter à réagir.
20) Adopter un style actuel pour donner une image dynamique.
21) Choisir le degré de formalisme correspondant à la situation de communication.
22) Maîtriser les formules de politesse de la lettre.
23) Connaître les formules conviviales du courriel.

24) S'adapter à la culture de son destinataire.

25) Écrire en français correct (orthographe, grammaire et ponctuation).

26) Respecter les règles de typographie et les majuscules.

6e étape : finaliser et valoriser le texte

Bonnes pratiques :

27) Donner un objet signifiant à son document

28) Proposer un aperçu général du contenu

29) Structurer visuellement son document

30) Faciliter la lecture rapide grâce à la rédaction modulaire

7e étape : vérifier l'efficacité du texte

Bonnes pratiques :

31) Se relire et se corriger

32) Autoévaluer et améliorer l'efficacité communicationnelle de son document

33) Vérifier et corriger la forme linguistique de son texte

34) Faire relire son texte

35) Mesurer l'efficacité du texte auprès du lecteur

A. 1re étape : comment définir l'objectif du texte ?

Tâche

Vous devez (ou vous souhaitez) rédiger un document professionnel. La première chose à faire est de réfléchir à la situation qui exige que vous rédigiez ce document, afin de définir clairement l'objectif que vous voulez atteindre grâce à votre texte.

Les bonnes pratiques (BP) suivantes vous aideront dans cette tâche.

BP 1

Évaluer les paramètres de la communication

Prenez en compte les cinq paramètres suivants :

1) Qui est l'émetteur ?
2) Quel est le message ?
3) Quel est le retour attendu ?
4) Qui est le destinataire ?
5) Quel est le canal utilisé ?

Les bonnes pratiques 2, 3, 4 et 5 développent ces quatre dernières questions.

BP 2

Délimiter le sujet et son angle d'approche

Pour éviter les digressions, délimitez votre sujet et définissez l'angle sous lequel vous l'aborderez.

BP 3

Définir le résultat à atteindre

Déterminez le résultat concret que vous voulez atteindre par votre texte.

BP 4

Adapter le contenu et la forme à son public cible

Cernez votre public cible et ses centres d'intérêts pour tenter de répondre au mieux à ses besoins présumés.

BP 5

Choisir le bon canal de communication

Choisissez le type d'écrit qui convient le mieux à votre message, en prenant en compte ses spécificités.

Citation

« Il n'est pas de vent favorable pour celui qui ne sait où il va.»[59]

[59] SÉNÈQUE, philosophe romain de l'Antiquité.

1. Évaluer les paramètres de la situation de communication

Intérêt de cette bonne pratique

La première chose à faire avant de vous lancer dans la rédaction de votre document est de réfléchir aux enjeux de la communication que vous devez produire.

Cette étape ne doit pas être très longue (parfois, quelques minutes de réflexion), mais elle est indispensable pour vous donner toutes les chances d'atteindre votre objectif de communication auprès de votre lecteur.

Les réponses que vous donnerez aux cinq questions ci-dessous auront une influence déterminante sur la structure de votre message (le fond) et sur le ton que vous utiliserez (la forme).

Écrits concernés

Tous[60]

60 C'est-à-dire tous les types d'écrits dont parle ce livre : voir la typologie présentée dans la BP 5.

Les paramètres de la situation de communication

Le schéma ci-dessous[61] présente les **cinq questions** à se poser pour identifier les paramètres de la situation de communication.

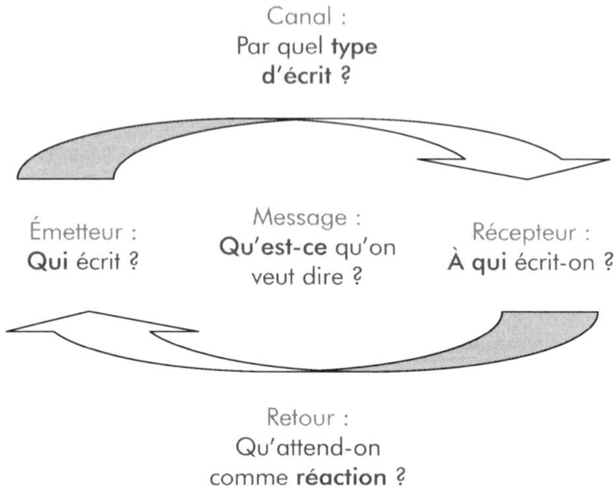

Ces cinq paramètres sont détaillés ci-dessous. En outre, les quatre derniers (message, retour, récepteur, canal) sont plus amplement développés dans les bonnes pratiques (BP) 2, 3, 4 et 5.

1) Identifiez l'émetteur de votre message

Vous êtes le **rédacteur** du document.

- Êtes-vous également son **émetteur**, c'est-à-dire la personne (ou l'organisation) qui envoie et signe officiellement le message ?
- Si vous ne l'êtes pas, qui est l'émetteur du message ? Quelle est sa position par rapport au(x) destinataire(s) ?

Vous devrez donc choisir le **ton** de votre message en fonction de l'émetteur (et du message) : plus directif si c'est un supérieur qui donne un ordre à des subordonnés, plus respectueux si c'est un subordonné qui s'adresse à un supérieur.

La BP 21 vous propose une variété de formules à choisir en fonction des paramètres de la situation de communication, en particulier en fonction de la relation émetteur – destinataire.

[61] Inspiré du célèbre schéma de la communication du linguiste JAKOBSON. JAKOBSON présente ce schéma dans *Linguistique et poétique*, Essais de linguistique générale, Editions de Minuit

2) Identifiez le récepteur de votre message

Le **récepteur** est la personne qui reçoit votre document.

Cette personne peut être le **destinataire** (la personne à qui est destiné votre message : votre public cible) et/ou le lecteur (la personne qui lit votre écrit). En effet, **le lecteur** peut ne pas être le destinataire : un ou une secrétaire qui dépouille et lit le courrier de son supérieur pour lui transmettre un message est lecteur, mais pas destinataire.

Votre message et le texte qui le transmet doivent donc être adaptés tant à votre destinataire qu'à votre lecteur :

- votre **destinataire** est plus concerné par votre contenu (ce que vous lui dites);
- votre **lecteur**, quant à lui, est plus concerné par la **forme** de votre message (comment vous le dites).

Lorsque les deux se confondent (dans la majorité des cas, votre destinataire lit votre document), vous adapterez tant le fond que la forme à votre destinataire/lecteur : la BP 4 développe cette problématique très importante si vous voulez atteindre votre objectif auprès de votre public cible.

3) Définissez votre objectif de communication

Votre texte étant un écrit utilitaire[62], son ou ses objectif(s) de communication appartiennent à une des catégories suivantes.

- **Informer** : votre message a pour objectif de combler un besoin/ une demande d'information pour votre lecteur.
- **Expliquer ou enseigner** : l'objectif de votre message est d'expliquer ou d'enseigner à votre destinataire comment faire quelque chose : lui expliquer une procédure, par exemple.
- **Faire agir** : votre objectif est d'amener votre destinataire à faire quelque chose : répondre à votre demande ou réaliser une action concrète.
- **Convaincre** : vous argumentez pour convaincre votre destinataire du bien-fondé de votre opinion ou de votre proposition.

[62] Voir définition donnée page 24.

Identifier votre objectif principal de communication est important pour choisir le plan (c'est-à-dire l'ordre dans lequel vous présenterez vos éléments d'information) qui rendra votre message efficace auprès de votre destinataire.

Vous choisirez ce plan lors de la 3e étape du processus de rédaction (les BP 8, 9, 10 et 11 vous présentent une série de plans, classés en fonction de votre objectif de communication).

En outre, les BP 2 et 3, qui consistent à délimiter votre thème (BP 2) et à formuler le résultat que vous voulez atteindre (BP 3), vous aideront à définir votre objectif de communication.

4) Déterminez le retour que vous attendez

Demandez-vous ce que vous attendez de votre destinataire.

- **Une réponse ?**
- **Une action ?**
- **Un changement de comportement ?**

La réponse à cette question aura un impact sur le **ton** que vous utiliserez dans votre texte : cordial si c'est une demande, affirmatif si c'est un ordre, encourageant si c'est une invitation à l'action.

La BP 3 vous indique comment définir le résultat que vous voulez obtenir.

5) Choisissez le canal approprié

Lorsque vous aurez répondu aux quatre premières questions, choisissez le canal de communication approprié à la situation de communication.

- L'écrit est-il le meilleur canal ? Ou devriez-vous plutôt rencontrer votre destinataire ou lui téléphoner ?
- Si vous choisissez de communiquer par écrit, **quel type d'écrit** allez-vous choisir ?
- Si l'écrit à produire vous est imposé, quelles sont ses spécificités ?

Vous trouverez lors de la BP 5 une typologie des écrits professionnels qui vous présente, dans les grandes lignes, les spécificités, atouts et contraintes de ces divers écrits. En effet, le type d'écrit que vous produirez aura des conséquences sur la **mise en pages** et le **style** de votre texte.

Exemple

En septembre 2010, j'ai rédigé un article pour la direction générale de la traduction (DGT) de la Commission européenne (CE)[63]. La demande qui m'avait été faite était de rédiger un article de deux pages sur les formations en rédaction que j'anime à la CE.

L'analyse des paramètres de la situation pour la rédaction de cet article a donné les éléments suivants :

Qui est l'émetteur ?
Moi-même, Anne Vervier, formatrice en rédaction professionnelle entre autres pour la CE.

Quel est le message ?
Informer sur les formations en rédaction à la CE et convaincre qu'il est préférable de rédiger des textes clairs.

Qui est mon public cible ?
Le personnel de la DGT de la CE.

Quel est le retour attendu ?
Que les personnes désirant améliorer la clarté de leurs textes suivent une des formations en rédaction claire.

Quel est le canal utilisé ?
Un article de deux pages dans la revue bilingue qui est distribuée au personnel de la DGT.

En résumé :

1re BONNE PRATIQUE Avant tout, demandez-vous :

Par quel CANAL ?

QUI écrit ? Pour dire QUOI ? À QUI ?

En espérant quel RETOUR ?

Cette bonne pratique vous sera utile :

63 Vous trouverez cet article ainsi que mes notes préparatoires, illustrant les sept étapes du processus de rédaction, dans les annexes, pp. 287-294.

2. Délimiter le sujet et son angle d'approche

Intérêt de cette bonne pratique

Si vous délimitez clairement, dès le début, non seulement le sujet (thème) dont vous allez traiter, mais également l'angle sous lequel vous allez l'aborder, cela vous permettra de garder le cap lors de votre rédaction et d'éviter les digressions inutiles par rapport à votre propos.

Écrits concernés

Tous les écrits plus longs ou plus denses, tels que : le rapport, la note de synthèse, le manuel, le livre, le communiqué de presse, le bulletin d'information, l'article, la brochure, le site internet.

Délimitez votre sujet

Fixez votre **sujet**, en identifiant les aspects dont vous parlerez, mais surtout jusqu'à quel degré de détails vous en parlerez.

Vous pourrez préciser votre sujet par des **mots-clés** ou des phrases averbales (c'est-à-dire sans verbe conjugué).

Exemple :

Le sujet de l'article que j'ai rédigé et que vous trouverez en annexe (pages 287-294) est :

Les formations en rédaction à la Commission européenne.

Définissez votre angle d'approche

Vous définirez l'**angle** sous lequel vous aborderez votre sujet par une **phrase** (qui contient donc un verbe conjugué).

Exemple (pour l'article p. 287-294) :

Pourquoi rédiger clairement à la Commission européenne et quelles formations peuvent aider à y arriver ?

Exemple

Vous souhaitez rédiger une note à votre supérieur hiérarchique pour lui proposer de revoir l'horaire hebdomadaire de la réunion de service afin que tous puissent y participer. En effet, jusqu'à présent, elle a lieu le mardi à 17 heures : certains collègues, entre autres ceux qui doivent aller chercher leurs enfants à la garderie de l'école qui ferme à 18 heures, la quittent donc avant la fin.

- *Le sujet de la note : l'horaire de la réunion de service.*
- *L'angle d'approche : que faire pour que tous puissent assister à la réunion de service ?*

En résumé :

2e BONNE PRATIQUE

Délimitez votre sujet et déterminez l'angle sous lequel vous l'aborderez

Cette bonne pratique vous sera utile :

3. Définir le résultat à atteindre

Intérêt de cette bonne pratique

Définir et formuler (pour vous-même) le but que vous voulez atteindre par votre texte est très utile[64]. Cela vous évitera de noyer votre message essentiel au milieu d'informations de moindre importance, ce qui ferait se demander à votre lecteur où vous voulez en venir ! Faire ressortir clairement le but de votre message dans votre texte sera très efficace pour atteindre votre objectif de communication auprès de votre lecteur.

Vous pourrez réutiliser cette bonne pratique à la fin de la 2e étape (avec la BP 7), en particulier si, après la recherche d'idées, vous sentez que vous avez trop d'idées qui partent dans toutes les directions.

Écrits concernés

Tous

Définissez le résultat que vous voulez atteindre

Pour que votre texte ait réellement un impact, **définissez le résultat** précis que vous voulez atteindre auprès de votre lecteur.

Exemple :

L'objectif que je m'étais fixé pour l'article en annexe (pages 287-294) est : convaincre les lecteurs de l'article (le personnel *de la Commission européenne) que rédiger des textes clairs fera gagner du temps à leurs lecteurs et les persuader qu'en suivant la formation qui leur convient, ils rendront leurs textes plus clairs.*

Formulez clairement votre objectif

Formuler à l'écrit ce résultat vous aidera à le définir. Pour cela :

- partez de ce sujet et de son angle d'approche (BP 2);
- délimitez votre objectif (ne « ratissez » pas trop large : vous perdriez en impact);

[64] Cet exercice est proposé par Isabelle HAMONIC-MULLER dans *Écrire efficace*, op.cit., pp.30-33. Je me suis permis de le reprendre, car je le trouve très utile.

- visez un résultat concret (ce que vous souhaitez que votre destinataire fasse);
- formulez ce résultat positivement (dans l'exemple ci-dessus : *des textes plus clairs font gagner du temps à tous* plutôt que *les textes ne sont pas très clairs et leur lecture gaspille le temps des lecteurs*);
- utilisez des verbes d'action (dans l'exemple ci-dessus : *rédiger, gagner, suivre, rendre*).

Exemple

Reprenons l'exemple de la note que vous devez rédiger pour réaménager l'horaire de la réunion de service (BP 2). La formulation de votre objectif pourrait être la suivante : convaincre le supérieur de modifier l'horaire des réunions de manière à ce que toute l'équipe y participe, pour augmenter ainsi la communication et l'efficacité du service.

Formulez votre objectif dans votre texte

Lors de la rédaction (5e étape), vous formulerez clairement votre objectif dans votre texte, pour que votre lecteur sache précisément ce que vous attendez de lui. Cet objectif sera mentionné au début de votre texte (introduction) ou à la fin (conclusion), car ce sont les deux moments où le lecteur est le plus attentif[65].

Exemple

Lisez l'introduction du texte en annexe (page 292, les deux premiers paragraphes). Vous y trouverez l'objectif du texte dans les deux phrases suivantes :

« (...) vous devriez augmenter la lisibilité de vos textes. Plusieurs types de formations pourront vous y aider. »

En résumé :

3e BONNE PRATIQUE

Formulez de manière positive et active le résultat concret que vous souhaitez atteindre auprès de votre destinataire

Cette bonne pratique vous sera utile : ✩ ✩ ✩

[65] La BP 14 vous explique que dire dans une introduction et une conclusion.

4. Adapter le contenu et la forme à son public cible

Intérêt de cette bonne pratique

Comme rédacteurs, nous sommes parfois tentés d'exposer en détail nos connaissances sur tel ou tel sujet. Ce faisant, reconnaissons que nous faisons plaisir à nous-mêmes avant tout ! Et nous prenons un risque : celui de lasser notre lecteur, voire de le perdre, car il ne trouvera pas rapidement ce qui l'intéresse dans le texte.

Ne dire dans notre texte que ce qui concerne le lecteur, dans un langage qu'il comprend, contribuera grandement à obtenir le résultat voulu.

Écrits concernés

Tous

Demandez-vous pour qui vous écrivez

Pour mieux cerner qui est votre lecteur et destinataire et ainsi adapter votre communication, tant dans la forme que dans le fond, posez-vous les cinq questions suivantes.

1) Qui est mon destinataire ?

Votre destinataire est-il une personne ou un groupe de personnes que vous identifiez : un client, un fournisseur, un groupe déterminé de collègues ?

Ou est-ce un groupe de personnes non identifiées : le grand public ou un département de votre entreprise, par exemple ?

Lorsque vous connaissez votre destinataire, il vous sera plus facile d'anticiper ses éventuels besoins; lorsque vous ne le connaissez pas, vous vous renseignerez sur ses centres d'intérêts ou le contacterez pour mieux le connaître.

Si votre message s'adresse à plusieurs destinataires ayant un profil différent, il est sans doute plus efficace de leur envoyer des textes différents.

2) Quelle est sa connaissance du sujet ?

Quelle connaissance du sujet dont vous traitez a votre destinataire : vous adressez-vous à des personnes de votre domaine de compétences ? À des non-spécialistes ? Au grand public ?

Vous développerez un contenu et vous utiliserez un vocabulaire qui correspondent aux connaissances de votre public cible.

3) Quel est son point de vue sur le sujet traité ?

Vous abordez votre sujet sous un certain angle en fonction du résultat que vous voulez obtenir (BP 2 et 3). Demandez-vous toutefois quelle est l'opinion de votre destinataire sur la problématique que vous abordez. Cela vous permettra de choisir des informations qui l'intéressent et des arguments auxquels il sera sensible.

En vous mettant dans la peau de votre destinataire et en adoptant son point de vue sur le sujet, vous atteindrez plus sûrement votre objectif de communication.

4) Quelle relation ai-je avec lui ?

Quelle relation a l'émetteur du message (la personne qui signe officiellement le document : ce n'est peut-être pas vous[66]) avec le destinataire : une relation hiérarchique ? Une relation d'égal à égal ?

Cette relation déterminera le ton[67] que vous choisirez pour votre texte : respectueux, autoritaire ou convivial.

5) Quelle est sa connaissance de la langue ?

Quelle connaissance de la langue a votre destinataire : est-il francophone ? Maîtrise-t-il les mêmes niveaux de langue que vous ?

Si vous voulez que votre lecteur vous comprenne, vous choisirez un vocabulaire, un style, un registre de langue[68] qu'il maîtrise.

Adaptez votre contenu et votre style à votre destinataire

Identifier clairement votre destinataire vous permettra d'adapter votre contenu à ses attentes présumées.

Vous sélectionnerez donc les informations que vous lui communiquerez.

- Soyez bref sur **ce qu'il sait déjà** : ne le lui rappelez que si c'est nécessaire.
- Dites-lui **ce qu'il doit savoir** pour que vous atteigniez votre objectif.

---

66 Voir BP 1.
67 La BP 21 aborde la question du registre de langue à préférer en fonction des paramètres de la communication.
68 Voir glossaire pp. 35-36.

- Dites-lui aussi **ce que vous pensez qu'il veut savoir**, afin qu'il se sente d'autant plus concerné par votre message.

En outre, vous présenterez les informations sous une forme susceptible de répondre aux attentes de votre lecteur.

- Structurez votre contenu de manière à ce qu'il voie tout de suite ce qui est le plus important pour lui[69].
- Utilisez un langage (mots et tournures) qu'il comprend[70].

Exemple

Reprenons l'exemple de la note que vous devez rédiger pour convaincre votre supérieur hiérarchique de réaménager l'horaire de la réunion de service (BP 2 et 3).

- *Le point de vue de votre supérieur par rapport à votre demande dépendra des facteurs suivants : accorde-t-il de l'importance à l'équilibre vie privée/vie professionnelle ? Ou est-il surtout sensible à la rentabilité de son équipe ?*
- *Ce que vous lui direz dépendra de son point de vue sur la question : dans le 1er cas (sensible à l'équilibre vie privée/vie professionnelle), vous pourrez évoquer les difficultés de certains collègues à assister à la fin de la réunion à cause des horaires de garderie; dans le 2e cas (souci de l'efficacité du travail d'équipe), vous soulignerez plutôt la perte de rentabilité d'une équipe que peut entraîner l'absence de certains collègues aux réunions.*

Utilisez régulièrement cette bonne pratique au cours de votre rédaction

Plus tard dans votre processus de rédaction, vous relirez vos notes préparatoires, votre brouillon et votre texte en vous mettant dans la peau de votre lecteur et en adoptant son point de vue. Vous sentirez ainsi beaucoup mieux si votre discours, tant dans la forme que dans le fond, touchera votre destinataire ou pas.

En résumé :

4e BONNE PRATIQUE

Ne dites au lecteur que ce qui l'intéresse et lui est utile

Cette bonne pratique vous sera utile : ✩ ✩ ✩

[69] Voir BP 8, 9, 10 et 11 sur les plans.

[70] L'objectif principal des BP présentées lors de la 5e étape est de rendre le texte plus lisible et convivial pour le lecteur.

5. Choisir le bon canal de communication (typologie des écrits professionnels)

Intérêt de cette bonne pratique

Le document que vous devez produire appartient à un type d'écrit qui a ses spécificités. Connaître ces spécificités (avantages et contraintes) vous permettra d'utiliser efficacement ce type d'écrit.

Écrits concernés

Tous

Identifiez à quel type d'écrit professionnel appartient votre texte

Les écrits professionnels sont nombreux et variés. Ils peuvent être regroupés selon la classification suivante, qui prend en compte :

- le contexte de leur production;
- le type de public cible et la relation émetteur-récepteur;
- leur objectif de communication;
- leur style;
- leurs caractéristiques formelles (normes de mise en pages);
- leur support (papier ou écran).

Je propose ainsi sept groupes.

1) Le courrier administratif : lettres et courriels[71], notes de service[72]...

2) Le courrier commercial : lettres et courriels commerciaux, offres...

3) Les documents de travail : rapports, comptes rendus de réunion[73], notes de synthèse[74]...

[71] Le mot courriel (*e-mail*) désigne deux réalités : le canal de transmission de nombreux documents (par exemple, on envoie un compte rendu de réunion en pièce jointe d'un courriel) d'une part, le type d'écrit (le message contenu dans le courriel) d'autre part. Lorsque je parle de courriel dans ce livre, j'entends par là le type d'écrit (de message). Lorsque je parlerai du canal de transmission, je le nommerai courrier électronique.

[72] On pourrait ajouter à cette catégorie les minimessages (SMS) professionnels.

[73] On pourrait y ajouter le procès-verbal. Je ne l'ai toutefois pas repris, car le procès-verbal étant la transcription littérale de ce qui s'est dit à l'oral, il ne pose guère de problèmes rédactionnels, si ce n'est la correction linguistique.

[74] On pourrait ajouter à cette catégorie les présentations Powerpoint. Voir à ce sujet *L'art de la présentation (Powerpoint)*, de Pierre-Yves DEBLIQUY, Edipro,2011.

4) Les documents techniques : règlements, modes d'emploi, manuels, livres...

5) Les documents de communication : communiqués de presse, journaux d'entreprise, bulletins d'information[75], articles[76]...

6) Les documents promotionnels : brochures, dépliants, prospectus, publipostages[77]...

7) Les textes de la toile[78] : pages de sites sur l'internet ou l'intranet, billets de blogue[79] ou commentaires sur les réseaux sociaux...

Cette liste n'est pas exhaustive : j'y ai repris principalement les documents professionnels auxquels peuvent s'appliquer les bonnes pratiques de *Rédaction claire* que propose ce livre[80].

Connaissez les spécificités de ces types d'écrits professionnels

Chacun de ces types d'écrits présente des spécificités : certaines sont des atouts, d'autres peuvent être des contraintes. Soyez attentif à ces spécificités pour rédiger un document efficace.

Vous trouverez ci-dessous les caractéristiques majeures[81] de ces types d'écrits professionnels et leurs conséquences en matière de style rédactionnel.

1. Le courrier administratif

Lettres et **courriels** ainsi que **notes de service** constituent le courrier échangé entre personnes d'une même organisation (une entreprise ou un ministère, par exemple) ou entre administrateurs et administrés (courrier de l'État aux citoyens, par exemple).

- Les lettres sont utilisées pour le courrier externe, les notes pour le courrier interne, les courriels pour le courrier externe et interne.
- L'objectif est utilitaire : informer, demander de faire quelque chose ou ordonner, expliquer une procédure ou convaincre.
- La relation entre émetteur et destinataire est soit égalitaire, soit hiérarchique (mais elle n'est pas commerciale).

---

75 Mot français pour *newsletter*.

76 On pourrait ajouter à cette catégorie les discours.

77 Mot français pour *mailing*.

78 Mot français pour *web*.

79 Mot français pour *blog*.

80 Voir chapitre V, *comment appliquer les bonnes pratiques aux écrits professionnels*.

81 Soit les caractéristiques qui concernent, d'une part, l'objectif de ce type d'écrits, d'autre part, les caractéristiques formelles de style et de mise en pages.

- Ce courrier sera lu soit sur papier (lettres et notes), soit sur écran (courriels).
- Ce courrier doit être court et ne traiter, en principe, que d'un seul sujet.
- Le ton de ce type de courrier doit être objectif.
- Le courrier administratif externe doit être particulièrement lisible, car le destinataire appartient au grand public.

2. Le courrier commercial

Offres, lettres et **courriels commerciaux** entre un fournisseur (une entreprise, un indépendant, une profession libérale) et ses clients constituent le courrier commercial.

- L'objectif du courrier commercial peut être d'informer, de faire agir, d'expliquer ou de convaincre.
- Ce courrier se lit sur papier (lettres) ou sur écran (courriels).
- Le ton pourra être subjectif, puisque la relation entre émetteur et destinataire est commerciale.
- Le style sera moins formel que celui du courrier administratif et plus convivial, afin d'établir une bonne relation commerciale entre les correspondants.
- Le courrier commercial doit être bref et ne traiter, de préférence, que d'un seul sujet.
- La lisibilité d'un courrier commercial doit être excellente, sous peine de faire échouer son objectif commercial.

3. Les documents de travail

Rapports, comptes rendus de réunion et notes de synthèse sont des outils de travail pour des personnes qui travaillent ensemble (en intra- ou interentreprises).

- Ils servent à transmettre de l'information sur le travail (avancement d'un projet, décisions...) accompli ou à accomplir.
- Le ton sera factuel et objectif.
- Ces documents sont en général plus longs, car exhaustifs sur un sujet donné.
- Leur structure peut être relativement figée.

4. Les documents techniques

Règlements, modes d'emploi, manuels, livres techniques sont ce que j'appelle les documents techniques du monde professionnel.

- Leur objectif est généralement d'informer (sur un règlement de travail ou une méthode, par exemple) ou d'enseigner (un fonctionnement, une procédure, une technique, le développement d'une compétence...).
- Ils sont généralement lus sur papier.
- Leur style est descriptif, leur contenu informatif et instructif.
- Ces documents sont généralement plus volumineux.
- Le lecteur les lira rarement dans l'ordre chronologique : leur structure doit donc être très rigoureuse et claire afin de faciliter la consultation au gré des besoins du lecteur.

5. Les documents de communication

Communiqués de presse, journaux d'entreprise, bulletins d'information[82], **articles** sont des écrits au service de la communication d'entreprise, tant interne qu'externe.

- Leur objectif est de communiquer sur un nouveau produit, une nouvelle orientation, une nouvelle politique ou une décision.
- Ces textes peuvent facilement être imprimés, mais seront souvent lus sur écran.
- Ces écrits doivent être courts et avoir un style clair et énergique pour attirer et garder l'attention du lecteur.

6. Les documents promotionnels

Brochures, dépliants[83], **prospectus**[84], **publipostages**[85] constituent ce que j'appelle les documents promotionnels.

- Les trois premiers sont des documents « volants[86] », qui ne sont pas nécessairement envoyés à des personnes précises, mais distribués sous format papier à des lecteurs potentiels.

---

82 Mot français pour *newsletter*.
83 Prospectus plié.
84 Imprimé diffusé gratuitement pour vanter un produit ou annoncer au public un événement.
85 Mot français pour *mailing*.
86 D'où le mot anglais « flyers » parfois utilisé pour désigner le prospectus.

- Le publipostage est envoyé par courrier électronique à des personnes précises. Dans certains cas, il sera utile d'adapter le publipostage (contenu et style) en fonction des divers profils des destinataires.
- Leur objectif est de faire connaître et/ou vendre un produit ou un service.
- Le ton sera donc promotionnel, voire accrocheur, tout en restant convivial.
- Ces documents doivent être extrêmement concis, très clairs et aller droit au but si l'on souhaite que les récepteurs les lisent et, le cas échéant, agissent.

7. Les textes de la toile

Les textes de la toile[87] sont : les **pages de sites** (sur l'internet ou l'intranet) ou de **blogues**, mais aussi les **billets** publiés sur les blogues ou les **commentaires** publiés sur les **réseaux sociaux**.

- Ces textes ont en commun d'être lus sur écran. Or, la lecture sur écran étant différente de la lecture sur papier, il est important que le rédacteur adopte des techniques rédactionnelles adaptées à ce type de lecture[88].
- Les pages de sites ou les billets de blogues sont des écrits professionnels préparés et rédigés avant d'être publiés : à ce titre, de nombreuses bonnes pratiques exposées dans ce livre peuvent s'appliquer à ces écrits.
- Les pages de la toile ont aussi comme objectif le référencement. Le vocabulaire sera donc choisi pour correspondre aux questions des internautes, les contenus seront denses et, de manière générale, ces textes seront écrits pour tenir compte du fonctionnement des moteurs de recherche[89].
- Les commentaires publiés sur des blogues ou des réseaux sociaux à caractère professionnel[90] sont, quant à eux, souvent publiés de manière spontanée et instantanée par leur émetteur, ce qui explique leur style particulier : expressions familières, voire argotiques,

87 Mot français pour le *web*.
88 Voir chapitre V, pp. 263-264, le paragraphe sur la manière dont les écrits sont lus sur écran et sur les caractéristiques rédactionnelles qui en découlent.
89 *Ibidem*.
90 Voir la définition d'écrits professionnels p. 24.

constructions de phrases appartenant à la langue orale spontanée, abréviations et rébus[91] empruntés au langage des minimessages[92] et parfois même fautes d'orthographe et de grammaire.

- Les textes publiés par les gestionnaires de ces blogues ou groupes de réseaux sociaux doivent toutefois être corrects et conviviaux[93].

Consultez la bibliographie pour approfondir vos connaissances

Les caractéristiques de tous ces écrits professionnels et leur impact sur la manière de structurer, rédiger et mettre en pages un document sont un sujet trop vaste pour être abordé plus largement dans ce livre. Vous trouverez dans le chapitre VII des références (livres, articles, sites) pour approfondir vos connaissances sur les divers écrits professionnels mentionnés ci-dessus.

En résumé :

5e BONNE PRATIQUE

Choisissez le type d'écrit qui convient le mieux à votre message, en exploitant ses spécificités

Cette bonne pratique vous sera utile : ✩ ✩ ✩

[91] Suite de mots, de dessins, de lettres ou de chiffres qui évoque par homophonie ce que l'on veut exprimer (d'après le *Petit Robert*).

[92] Terme français recommandé pour « SMS ».

[93] Voir les références bibliographiques à ce sujet p. 311.

B. 2e étape : comment développer un contenu pertinent ?

Tâche

Après avoir défini l'objectif que vous vouliez atteindre, rassemblez et notez les idées et les informations que vous pourriez inclure dans votre texte. Ensuite, triez et classez-les, de manière à ne garder que celles qui servent votre objectif de communication auprès de votre public cible.

Les bonnes pratiques (BP) 6 et 7 vous aideront dans ce travail d'analyse (BP 6) et de synthèse (BP 7).

BP 6

Collecter des idées et informations utiles à son objectif

Récoltez et rassemblez une série d'idées et d'informations susceptibles de correspondre à votre objectif de communication (phase d'analyse).

BP 7

Sélectionner les idées et informations

En fonction du résultat que vous voulez atteindre d'une part, des intérêts de votre public cible d'autre part, triez et classez les idées et informations récoltées (phase de synthèse).

Citation

« Je ne me fie quasi jamais aux premières pensées qui me viennent. »[94]

[94] René DESCARTES, philosophe français du XVIIe siècle, *Discours de la méthode*.

6. Collecter des idées et informations utiles à son objectif

Intérêt de cette bonne pratique

Pour certains textes (les textes courts en particulier), vous avez une idée précise des éléments d'informations que vous voulez y mettre. Pour d'autres, tels les rapports, les comptes rendus de réunion ou les notes de synthèse, vous disposez d'une masse d'informations, mais vous vous sentez démuni pour analyser efficacement toutes ces données.

Enfin, pour des textes qui traitent d'un sujet délicat ou relativement nouveau pour vous, vous « séchez », alors que vous aimeriez proposer des idées pertinentes à votre lecteur ou trouver des arguments percutants pour servir votre objectif.

Les trois techniques qui suivent vous aideront à analyser une masse d'informations, à avoir des idées nouvelles et à envisager une situation sous tous ses angles.

Écrits concernés

- Les textes longs pour lesquels il y a de nombreuses informations à traiter : rapports, comptes rendus, notes de synthèse, manuels, articles, pages de sites sur l'internet...
- Des textes courts que vous voulez aborder sous un angle nouveau : lettres, notes de service, communiqués de presse, publipostages[95], brochures, billets de blogues[96]...

[95] Mot français pour *mailing*.
[96] Mot français pour *blogue*.

Les cartes mentales pour analyser des données ou développer sa créativité

La méthode des cartes mentales[97] est utile pour **rassembler une série d'informations** de manière à en avoir une vue globale. Cette méthode est également productive pour **faire une recherche d'idées** : elle vous permettra en effet d'envisager des aspects auxquels vous n'auriez peut-être pas pensé avec une prise de notes linéaire. Le gros avantage de la carte mentale, que ce soit pour la collecte d'informations existantes ou la recherche d'idées nouvelles, est qu'elle vous permet d'organiser directement vos informations au fur et à mesure que vous les notez.

Comment l'utiliser ?

- Notez votre sujet au centre d'une feuille A3 en format paysage.
- Notez ensuite toutes les idées ou informations qui s'y rapportent et que vous pourriez aborder autour de ce sujet, en les reliant à votre sujet principal par des branches et sous-branches.
- Regroupez sur les mêmes branches les idées et informations qui sont associées.
- Acceptez et notez[98] toutes les idées qui vous viennent à l'esprit : lors d'une étape ultérieure (BP 7), vous trierez ces informations et ne garderez que celles qui sont pertinentes par rapport à votre objectif de communication.

Exemple :

Pour la rédaction d'un article sur les formations en rédaction (voir BP précédentes et en annexe), j'ai utilisé une carte mentale. En effet, connaissant bien le sujet, j'avais énormément d'idées : la carte mentale m'a donc permis de noter efficacement toutes les idées qui me venaient à l'esprit, tout en les organisant déjà. Vous verrez une reproduction de cette carte mentale à la page 289.

[97] Appelées aussi Mind Mapping® ou cartes heuristiques. Tony BUZAN est un des premiers à avoir décrit la méthode du Mind Mapping : voir *Dessine-moi l'intelligence*, de T. et B. BUZAN, éd. D'organisation, 1996. Vous trouverez aussi une très bonne présentation de cette méthode dans *Organisez vos idées avec le Mind Mapping*, de J-L. DELADRIÈRE, F. LE BIHAN, P. MONGIN et D. REBAUD, éd. Dunod, 2006.

[98] Un truc : j'aime faire mes cartes mentales au crayon car cela me permet d'y modifier librement certains éléments lorsque je relis ma carte après quelques heures et cela m'encourage aussi à mieux préciser mes idées.

Les 7 questions pour faire le tour d'une problématique

La méthode des sept questions[99] vous aidera à **envisager tous les aspects d'une problématique donnée**. Si vous devez rédiger une note concernant l'organisation d'un événement par exemple, elle vous permettra de vérifier que vous avez pensé à tout.

Elle consiste à répondre aux sept questions suivantes à propos de votre sujet[100] :

- Quoi ?
- Qui ?
- Quand ?
- Où ?
- Pourquoi ?
- Comment ?
- Combien ?

Exemple :

En formation, les participants utilisent fréquemment cette technique des sept questions lorsque leur écrit concerne l'organisation d'un événement.

Les questions posées pour l'organisation de cet événement sont alors :

- ***Quoi*** *: quel est l'événement à organiser ?*
- ***Qui*** *: quelles sont les personnes concernées ?*
- ***Quand*** *: quand l'événement aura-t-il lieu ? Combien de temps durera-t-il ?*
- ***Où*** *: où aura-t-il lieu ?*
- ***Pourquoi*** *: pourquoi est-il organisé ?*
- ***Comment*** *: comment est-il organisé ?*
- ***Combien*** *: combien coûtera-t-il ?*

99 Cette méthode très ancienne (d'aucuns l'appellent « les sept questions de Quintilien » telle Mireille BRAHIC dans *Mieux rédiger ses écrits professionnels*, Eyrolles, 2009, p.20) est très connue des spécialistes de la communication, qui l'appellent les cinq W (What, Who, When, Where, Why) et qui considèrent qu'une information n'est valable comme telle que si elle répond à ces cinq questions.

100 Selon le sujet que vous abordez, il est possible que l'une ou l'autre de ces questions ne soient pas appropriées.

Les papillons pour gagner du temps

La méthode des papillons[101] est **facile et rapide** : elle convient bien pour un écrit relativement court (maximum deux pages) et lorsque l'on ne souhaite pas passer trop de temps à la recherche des idées.

Comment l'utiliser ?

- Prenez un paquet de papillons standard[102].
- Notez-y les idées que vous voulez exprimer dans votre texte.
- Ne notez qu'une idée précise par papillon.
- N'hésitez pas à y formuler vos phrases (en style télégraphique) si une bonne tournure vous vient à l'esprit.
- Collez vos papillons sur une table ou une feuille, en regroupant les idées/phrases qui seront probablement dans le même paragraphe de votre texte final.

La méthode des papillons est rapide, car il suffira ensuite de les déplacer lorsque vous trierez vos idées et construirez votre plan (3e étape) : votre brouillon sera ainsi déjà fait (4e étape) et il ne vous restera qu'à formuler votre texte (5e étape).

Exemple :

J'ai utilisé cette méthode avec une dame que je conseillais pour la rédaction des quelques pages de son site internet (un site très sobre, destiné à présenter les activités d'une agence de voyages familiale).

- *Nous avons fait un remue-méninges[103] sur les informations qu'elle voulait présenter sur son site.*
- *Elle a noté chaque idée sur un papillon.*
- *Nous avons regroupé ses idées selon les pages de sites où elles apparaîtraient.*
- *Nous les avons ensuite triées pour ne garder que celles susceptibles d'intéresser vraiment les visiteurs de son site.*
- *Pour chaque future page du site, nous avons fixé l'ordre dans lequel ces informations apparaîtraient.*
- *En reprenant ce qui était noté sur ses papillons, cette dame a rédigé chacune des pages de son site, dans un style clair et convivial[104].*

[101] Nom commun pour désigner les petits papiers adhésifs amovibles, que l'on appelle souvent du nom d'une marque : les *Post-it*.
[102] 76mm X 76mm, par exemple, pour que vous ayez la place pour noter une phrase entière si vous êtes inspiré.
[103] Mot français pour *brainstorming*.
[104] Elle les a ensuite bien sûr soumises au spécialiste qui a créé son site et mis ses textes en ligne, en les retravaillant pour qu'ils répondent aux contraintes du référencement.

En résumé :

6e BONNE PRATIQUE

Grâce aux cartes mentales, aux 7 questions ou aux papillons, faites le tour de la question, sans vous censurer

Cette bonne pratique vous sera utile : ✩ ✩ ✩

7. Sélectionner les idées et informations

Intérêt de cette bonne pratique

Vous disposez d'une série d'idées que vous pourriez aborder dans votre texte; vous craignez toutefois d'inonder ou de lasser votre lecteur avec trop d'informations, ce qui noierait le message essentiel. Comment faire le tri et ne garder que les informations utiles à votre lecteur et à votre objectif de communication ? Cette bonne pratique vous y aidera.

Écrits concernés

Tous les textes pour lesquels vous disposez, à ce stade, de trop d'informations.

Analysez et classez vos informations

Parcourez toutes les idées que vous avez notées.

Regroupez celles qui appartiennent à la même famille.

Triez et synthétisez vos idées

Pensez au résultat à atteindre d'une part (BP 3), à votre public cible d'autre part (BP 4).

- **Éliminez** de vos notes tout élément qui ne servirait pas votre objectif auprès de votre public.
- **Complétez** les informations qui répondraient ainsi mieux aux attentes de votre public.

Visualisez votre synthèse

Deux petits trucs pratiques.

- Si vous avez rassemblé vos idées sur une carte mentale (BP 6), entourez avec des marqueurs ou crayons de même couleur les idées qui seront regroupées dans votre texte.
- Si vous avez utilisé des papillons (BP 7), il est très facile de les déplacer, d'en éliminer ou d'en ajouter.

Exemple :

J'ai appliqué cette technique de sélection d'idées à la carte mentale que j'avais faite pour mon article (voir BP 6).

- *J'ai d'abord relu mes notes sur mon objectif (BP 3) et sur mon public cible (BP 4).*
- *Sur cette base, j'ai trié mes idées, éliminant celles qui ne serviraient ni mon objectif ni les attentes présumées de mon public.*
- *J'ai regroupé (voir reproduction page 290) celles qui appartenaient à une même famille d'idées et j'ai ainsi obtenu trois groupes :*
  1) *les idées et informations concernant les formations : organisation, contenu, méthodologie... (à gauche de la carte mentale, groupe intitulé « que faire »);*
  2) *les « moins » : les « freins » à la rédaction de textes clairs (image négative de la langue française et de ses longues phrases, difficultés de changer ses habitudes, plusieurs rédacteurs pour un même texte, managers peu sensibles à la clarté des textes...);*
  3) *les « plus » : les raisons pour lesquelles les textes devraient être plus clairs (les textes clairs sont plus faciles à lire, à comprendre et à mémoriser; les textes clairs sont une nécessité dans un milieu multilingue).*

J'ai ajouté sur cette carte mentale des idées pour mon introduction (en haut à droite) et pour ma conclusion (en haut à gauche).

Faites le bon choix

Si vous avez des difficultés à sélectionner les idées pertinentes, voici une technique utile[105].

- Cotez[106] vos idées en fonction de leur intérêt par rapport à la cible et au message à faire passer.
- Attribuez cinq points aux idées maîtresses, trois points aux arguments et un point aux exemples.
- Choisissez les idées qui rapportent le plus de points (avec leurs arguments et exemples).
- Chacune des idées retenues fera l'objet d'un paragraphe dans votre texte.

[105] Je remercie le journaliste Philippe CRÊTEUR pour cette excellente technique.

[106] Demandez l'aide d'une personne extérieure pour augmenter l'objectivité de la sélection.

Prenez du recul

Si l'enjeu de votre texte est important, je vous recommande de **laisser reposer** vos notes à cette étape-ci et de les relire après quelques jours : le recul vous rendra plus sensible à la pertinence de vos idées par rapport à votre objectif et à votre public cible.

En résumé :

7e BONNE PRATIQUE

Triez et classez vos idées, en fonction de votre objectif d'une part, de votre public cible d'autre part

Cette bonne pratique vous sera utile : ✩ ✩ ✩

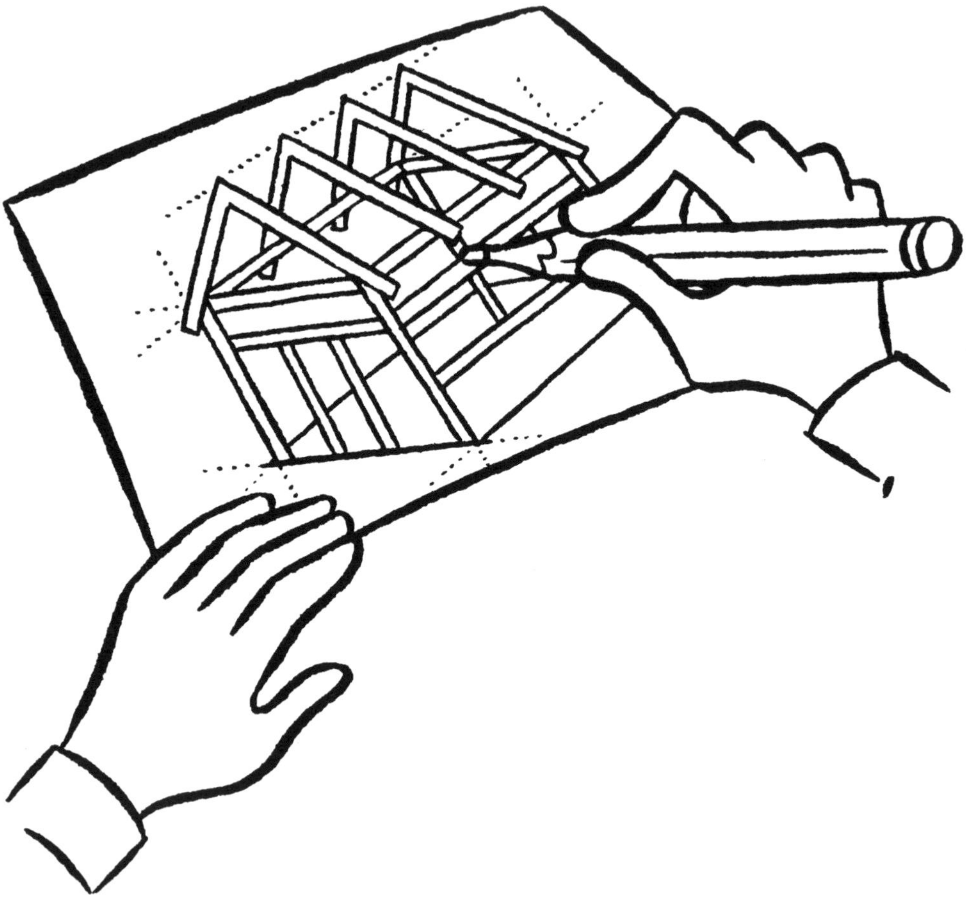

C. 3e étape : comment structurer le contenu ?

Tâche

Vous disposez de toutes les informations que contiendra votre texte : il s'agit maintenant d'organiser l'ordre dans lequel vous les présenterez. Construisez un plan qui vous permettra de guider votre lecteur pour atteindre votre objectif de communication auprès de celui-ci.

Vous trouverez dans les bonnes pratiques (BP) 8, 9, 10 et 11 divers types de plans, classés selon leur objectif de communication (informer, expliquer/enseigner, faire agir ou convaincre). Ces plans sont destinés à vous inspirer. En effet, la tâche essentielle de cette 3e étape est que vous construisiez votre propre plan (BP 12), c'est-à-dire celui qui vous semblera le plus approprié à votre contenu, à votre public cible et au résultat que vous voulez atteindre.

Ces plans sont-ils utiles pour les textes en ligne ? Oui, s'il s'agit d'un texte qui forme un tout, tel un billet ou un article que vous publierez sur un blogue. Mais en ce qui concerne la structure d'un site, je vous invite à consulter les ouvrages spécialisés en la matière[107].

BP 8

Informer le destinataire avec un plan qui favorise la mémorisation

Si votre objectif est d'informer, votre plan doit aider votre lecteur à lire et à comprendre facilement votre texte : il en retiendra ainsi aisément le message-clé.

BP 9

Expliquer ou enseigner quelque chose au destinataire avec un plan qui l'aide à comprendre l'information

Si votre objectif est d'expliquer ou d'enseigner quelque chose à votre destinataire (expliquer une procédure ou un fonctionnement, par exemple), votre plan doit contribuer à ce qu'il comprenne et mémorise suffisamment le contenu enseigné pour l'appliquer efficacement.

[107] Voir bibliographie.

BP 10

Faire agir le destinataire avec un plan qui l'encourage à réagir

Si votre objectif est de faire agir votre destinataire (lui demander une réponse ou lui ordonner de faire quelque chose, par exemple), votre plan doit l'amener à accepter votre demande et à y répondre de manière constructive.

BP 11

Convaincre le destinataire avec un plan qui favorise l'adhésion

Si votre objectif est de convaincre votre destinataire, votre plan doit organiser vos arguments de manière à ce qu'il comprenne la logique de votre argumentation et adhère à votre propos.

BP 12

Construire la charpente de son texte

Développez votre plan (dans les grandes lignes) et vérifiez sa cohérence par rapport au résultat à obtenir.

Citation

« Avant donc que d'écrire, apprenez à penser. »[108]

[108] Nicolas BOILEAU, poète, écrivain et critique français du XVIIe siècle, *L'Art poétique*.

8. Informer le destinataire avec un plan qui favorise la mémorisation

Intérêt de cette bonne pratique

Lorsque vous souhaitez informer votre lecteur de quelque chose, l'essentiel est qu'il lise et comprenne très rapidement l'essentiel de votre message, pour s'en souvenir.

Les plans proposés ci-dessous vous y aideront.

Écrits concernés

Tous les écrits dont l'objectif principal est de transmettre une information au destinataire.

Commencez par le plus important (pyramide inversée)

Commencez votre texte par votre **information principale**, puis présentez vos **autres informations**, par ordre décroissant d'importance. Pourquoi ? Parce que le début d'un texte est la partie du texte qui est la plus lue par les lecteurs.

Ce plan, appelé **pyramide inversée**, est particulièrement efficace pour un courriel qui a comme objectif de communiquer une information à plusieurs personnes. En effet, nous recevons tous de nombreux courriels. Et quand ceux-ci concernent une information adressée à plusieurs destinataires, nous les survolons très rapidement, sans les lire en entier la plupart du temps. En utilisant la pyramide inversée, vous vous assurez que vos lecteurs liront en tout cas votre message principal, qui est contenu dans la première phrase.

Exemple :

Voici un bon exemple de pyramide inversée utilisée dans un courriel qui transmet une information à un très grand nombre de personnes (tout le personnel d'une organisation).

De : *service e-mail*
À : *tous*
Objet : *INFO : 29/11/2011 : E-mail indisponible*

Mesdames, Messieurs,

Pour des raisons d'entretien de votre serveur de courrier électronique, le service sera interrompu à plusieurs reprises dans la journée du 29/11/2011 entre 8 h et 20 h.

Durant les interruptions, votre boîte aux lettres ne sera pas disponible. Néanmoins, tous les courriers qui vous sont adressés seront mis en attente et délivrés dès la remise en service des serveurs de boîtes aux lettres. Il n'y aura donc pas de perte de messages. En cas de problèmes ou de questions complémentaires, veuillez contacter l'équipe informatique de votre direction générale.

En vous priant de nous excuser pour ces inconvénients.

Le service E-mail

- *L'information principale pour le destinataire*[109] *est dans le premier paragraphe : le courrier électronique ne sera pas disponible le 29/11/2011.*
- *Le deuxième paragraphe présente les informations complémentaires, présentées par ordre décroissant d'importance pour le destinataire : vous n'aurez pas accès à votre boîte de réception, mais les courriers seront mis en attente, donc vous ne perdrez aucun message; contactez-nous si vous avez des questions.*
- *Le troisième paragraphe présente ce que l'on s'attend à y trouver (formule finale et signature) : il n'est donc pas nécessaire de le lire.*

[109] Cette information se trouve aussi, et heureusement, dans l'objet du courriel : voir la BP 27 sur la rédaction d'objets efficaces pour vos courriels.

Exemple :

Voici un autre exemple de texte utilisant la pyramide inversée comme plan. Ce plan est tout à fait approprié pour ce document, dont l'objectif est d'informer.

INVITATION

Conférence de presse de [société X]
dans les plus brefs délais
Société X – société Y : rapprochement

LOUVAIN-LA-NEUVE, BELGIUM – 14 MAI 2008 *– Ce mercredi à 15 heures, le rapprochement entre les entreprises Internet XXX et YYY fera l'objet d'une conférence de presse. Celle-ci aura lieu à l'AGOR 12, place Agora de Louvain-la-Neuve où les patrons de XXX, M. JD et Mme EW, recevront la presse.*

XXX détient actuellement le leadership belge du nouveau business sur le web. Cette société cotée en bourse suscite l'intérêt de nombreux concurrents internationaux. YYY est active dans le développement de nouveaux projets web. Cette société luxembourgeoise est le leader européen dans l'analyse du comportement des utilisateurs.

Le rapprochement entre ces deux sociétés permettra à la nouvelle entité de jouer un rôle de premier plan sur la scène mondiale. Elle se développera dans les nouveaux États membres de l'Union européenne. Cela entraînera la création de nouveaux emplois. Une participation au programme de recherche de Shanghai est également prévue.

Lors de la conférence de ce 14 mai, davantage d'informations vous seront présentées. Une séance de questions – réponses est également prévue.

Infos pratiques :
Quand : 15h, ce mercredi 14 mai 2008
Où : AGOR12, place Agora à Louvain-la-Neuve
Parking : Grand place

La cellule de communication marketing

- *L'information principale, le thème de la conférence de presse, le lieu, la date et l'heure sont donnés en partie dans le titre puis dans le premier paragraphe.*
- *Les deuxième, troisième et quatrième paragraphes donnent les informations complémentaires.*
- *Petit plus : les informations pratiques sont reprises en bas, à gauche.*

Changez vos habitudes culturelles

Vous éprouverez peut-être certaines réticences à commencer par l'information principale, car ce plan ne correspond pas à ce que nous, francophones[110], avons appris à l'école. Ainsi, dans nos dissertations, nous terminions par notre message principal. Rappelons-nous toutefois que ces écrits littéraires avaient pour objectif de convaincre (argumenter sur une question littéraire ou philosophique).

L'écrit professionnel ayant avant tout une fonction utilitaire, il est primordial que votre destinataire lise et retienne votre message principal. Pour cela, vous privilégierez la pyramide inversée chaque fois que cela vous semblera approprié.

Pour des écrits plus longs, combinez

Certains écrits informatifs ne se prêtent pas à une organisation des informations selon une stricte pyramide inversée, car ils contiennent trop d'informations de nature différente. Dans ce cas, vous pourrez utiliser l'un des plans présentés ci-dessus, mais vous veillerez alors à présenter votre **message principal** dès votre **introduction**.

Le plan thématique

Ce plan convient pour exposer des faits : les différentes idées sont regroupées par catégories thématiques ou par aspects, sous un angle objectif.

Exemple :

La rénovation des bureaux sera présentée par aspects :

- *le moment où elle aura lieu;*
- *la manière dont elle se déroulera;*
- *la raison pour laquelle elle a été décidée.*

Ces différents aspects sont toutefois présentés dans un ordre décroissant d'importance pour le destinataire, rejoignant ainsi la pyramide inversée.

[110] Les personnes imprégnées de cultures anglo-saxonne et scandinave sont beaucoup plus familières de cette pratique. Voir BP 24, *S'adapter à la culture de son destinataire*.

Le plan d'opposition

Ce plan[111] présente :

- les avantages d'une option;
- ses inconvénients;
- la synthèse : pourquoi les avantages l'emportent-ils.

Exemple :

L'instauration de l'horaire flexible dans une organisation :

- *l'introduction annonce le passage à l'horaire flexible;*
- *le premier paragraphe présente ses avantages;*
- *le second ses inconvénients;*
- *la conclusion explique pourquoi les avantages l'emportent sur les inconvénients.*

En résumé :

8e BONNE PRATIQUE

Commencez par votre information principale pour que votre lecteur la lise et s'en souvienne

Cette bonne pratique vous sera utile : ✩ ✩ ✩

[111] Proche du plan dialectique : thèse, antithèse, synthèse : voir BP11.

9. Expliquer ou enseigner quelque chose au destinataire avec un plan qui l'aide à comprendre l'information

Intérêt de cette bonne pratique

Lorsque votre objectif est d'expliquer à votre destinataire le fonctionnement de quelque chose, il est important que l'ordre dans lequel vous lui présentez les informations soit logique : il comprendra ainsi vos explications et pourra efficacement les mettre en pratique.

Grâce au plan présenté ci-dessous, le lecteur vous suivra aisément.

Écrits concernés

Tous les écrits dont l'objectif est d'expliquer un fonctionnement ou d'enseigner une procédure au destinataire.

Présentez vos explications dans un ordre chronologique

Pour que votre destinataire puisse appliquer la procédure enseignée, décrivez-lui les différentes actions à réaliser par ordre chronologique, pour ainsi atteindre votre objectif.

Exemple : *L'exemple ci-dessous est une parfaite illustration du plan chronologique*[112].

De : *Fred Colantonio*
À : *Anne Vervier*
Objet : *Re : Facebook : comment être invisible ?*

Bonjour Anne,

Merci de ta demande. Généralement, j'aide plutôt les individus et entreprises à être visibles (et non invisibles) sur les médias et réseaux sociaux ☺

Plus sérieusement, c'est très facile :

1) *clique sur la fenêtre « discussion » (en bas à droite de ton écran);*
2) *lorsque tu cliques sur la fenêtre « discussion instantanée », tu vois apparaître, à droite, une case avec une sorte de roue à droite de laquelle il est écrit « options »;*
3) *clique sur cette case « options »;*
4) *clique ensuite sur « passer hors ligne »;*
5) *voilà, ainsi, plus personne ne voit que tu es connectée ☺*

Au plaisir,
Fred.

De : *Anne Vervier*
À : *Fred Colantonio*
Objet : *Facebook : comment être invisible ?*

Bonjour Fred,

J'aimerais ne pas être « visible » lorsque je suis connectée sur Facebook. Pourrais-tu m'expliquer comment je dois faire ?

Merci,
Anne

[112] Ce message, très clair, m'a été vraiment utile, car j'avais « chipoté » (belgicisme sympathique pour *fouiller*; voir *Dictionnaire de belgicismes*, M. FRANCARD, G. GERON, R. WILMET et A. WIRTH, De Boeck-Duculot, 2010) longtemps sans trouver cette fonctionnalité. Je remercie Fred COLANTONIO, spécialiste, entre autres, des réseaux sociaux et auteur de *Communication professionnelle en ligne, Comprendre et exploiter les médias et réseaux sociaux*, Edi.pro, 2011 (www.reseauxsociaux-lelivre.com) pour ce message.

En résumé :

9e BONNE PRATIQUE

Pour expliquer une procédure ou un fonctionnement à votre lecteur, présentez les étapes à suivre en ordre chronologique

Cette bonne pratique vous sera utile : ☆ ☆ ☆

10. Faire agir le destinataire avec un plan qui l'encourage à réagir

Intérêt de cette bonne pratique

Vous arrive-t-il de demander un renseignement ou une information par courriel, et de ne pas recevoir de réponse ? Votre correspondant a peut-être une bonne raison de ne pas vous avoir répondu (manque de temps, manque d'informations...). Mais que pourriez-vous faire pour augmenter vos chances d'obtenir une réaction à vos demandes ?

Un plan approprié peut certainement contribuer à faire réagir votre destinataire[113].

Écrits concernés

Tous les écrits dont l'objectif est de faire agir le destinataire : lui demander de vous répondre ou lui demander/ordonner de faire quelque chose.

Suivez la logique du lecteur (plan semi-chronologique)

Imaginez :

Il est 18 h, votre conjoint revient avec un énorme sourire et deux billets d'avion en main. Quelles sont les questions que vous lui posez, et dans quel ordre ?

1) *Que se passe-t-il ?*
   Il vous répond : nous partons deux semaines aux Caraïbes.
2) *Comment as-tu eu ces billets ?*
   Il vous dit : j'ai participé à un concours et j'ai gagné ces deux billets d'avion.
3) *Quand partons-nous ?*
   Il vous répond : quand on veut, entre le 15 décembre et le 15 janvier.

L'ordre dans lequel sont posées ces trois questions est tout à fait naturel au spectateur confronté à un événement nouveau. Il s'appelle **semi-chronologique** puisque :

[113] Ce n'est toutefois pas la seule technique qui y contribue : un style clair (BP 15, 16, 17 et 18), convivial (BP 19), courtois (BP 23) et une mise en pages qui met l'accent sur votre demande (BP 29) sont des pratiques qui encouragent également le destinataire à réagir.

1) « Que se passe-t-il ? » se situe dans le **présent**;

2) « Comment est-ce arrivé ? » se situe dans le **passé**;

3) « Qu'allons-nous faire ? » se situe dans le **futur**.

C'est pourquoi il sera très efficace pour faire agir quelqu'un.

Ses trois parties sont les suivantes.

PRÉSENT	Quel est le **problème** ?
PASSÉ	Quelles sont les **causes** du problème ?
FUTUR	Quelles sont les **solutions** à mettre en place ?

Le texte se termine donc par l'information principale pour le lecteur (la demande qui lui est faite), à l'inverse de la pyramide inversée (BP 8). Sachez toutefois que **la fin d'un texte** est la **deuxième meilleure place** dans un texte : en effet, le lecteur est particulièrement attentif au début et à la fin d'un texte.

Exemple :

De : *François Desmond*
À : *Pierre Gabriel*
Objet : *Office Life Meeting: peux-tu me renvoyer invitation réunion 10/05 avant 17 h?*

Bonjour Pierre,

Je n'arrive plus à me connecter à notre réunion Microsoft Office Life Meeting, dont la conférence téléphonique débutera à 17 h.

Je suis allé sur le site dont j'avais noté le lien. Mais je n'ai pas pu compléter les champs « Meeting ID » et « Password », car j'ai par mégarde effacé l'e-mail dans lequel tu nous donnais ces informations.

Pourrais-tu donc me renvoyer d'urgence une invitation, pour que je puisse me connecter avant 17 h ?

Merci d'avance.
François Desmond.

L'exemple ci-dessus est une bonne illustration du plan semi-chronologique.

1) Quel est le problème (présent) ? François Desmond n'a plus de connexion à « Office Life Meeting ».

2) Quelles sont les causes du problème (passé) ? Il a effacé le courriel qui contenait le mot de passe et le nom de la conférence.

3) Quelle est la solution à mettre en place (futur) ? François Desmond demande à son correspondant de lui renvoyer les données nécessaires à la connexion.

Dans ce courriel, le rédacteur attire l'attention du lecteur sur son information principale (sa demande) par les deux techniques suivantes :

- *visuellement : la demande est mise en caractères gras*[114] *;*
- *stylistiquement : la demande est formulée par une question qui s'adresse au lecteur*[115]*.*

Adaptez-vous à la culture de votre destinataire

Le plan semi-chronologique convient bien à la mentalité latine, qui a tendance à d'abord expliquer une situation pour justifier une demande qui est présentée comme une conséquence naturelle de cette situation initiale. Toutefois, avec un destinataire habitué à une communication plus directe (par influence des cultures anglo-saxonne ou scandinave[116] ou dans un courriel pour un proche collaborateur), vous pourrez vous permettre d'aller droit au but et de suivre alors un plan proche de la pyramide inversée. Voici (ci-dessous) ce que cela donnerait pour le message présenté ci-dessus.

Exemple :

De : *François Desmond*
À : *Pierre Gabriel*
Objet : *Office Life Meeting: peux-tu me renvoyer invitation réunion 10/05 avant 17 h?*

Bonjour Pierre,

Pourrais-tu me renvoyer d'urgence une invitation à notre réunion Microsoft Office Life Meeting de ce 10/05, pour que je puisse me connecter avant 17 h ?

En effet, je n'arrive plus à me connecter à cette réunion. Je suis allé sur le site dont j'avais noté le lien. Mais je n'ai pas pu compléter les champs « Meeting ID » et « Password », car j'ai par mégarde effacé l'e-mail dans lequel tu nous donnais ces informations.

Merci d'avance.
François Desmond.

[114] Technique détaillée dans la BP 29.
[115] Technique détaillée dans la BP 19.
[116] Voir BP 24, *S'adapter à la culture de son destinataire.*

Inspirez-vous de la communication non violente pour résoudre un conflit

Que faire pour rappeler diplomatiquement à un destinataire qu'il n'a toujours pas répondu à une demande que vous lui aviez déjà faite ?

Utiliser un plan inspiré de la communication non violente (CNV)[117] peut être très utile, car il évite de reprocher directement au destinataire son manquement. Pour résoudre un conflit, dénoncer un problème ou demander à l'autre un changement de comportement, la CNV vous propose de vous adresser à votre destinataire en suivant les quatre étapes suivantes[118].

Observation	Décrivez objectivement la situation ou le comportement que vous avez observé, en termes précis
Sentiment	Exprimez les sentiments que cette situation ou ce comportement provoque en vous
Besoin	Spécifiez quels seraient vos besoins par rapport à cette situation ou ce comportement
Demande	Demandez les changements de comportement ou de situation que vous souhaitez

Toutefois, pour un écrit professionnel, vous préférerez sans doute, avec raison, sauter l'étape « expression des sentiments ».

Exemple

L'exemple ci-dessous illustre un plan inspiré de la CNV (sans l'étape « sentiments »).

[117] M.B. ROSENBERG, *Les mots sont des fenêtres (ou bien des murs), Initiation à la communication non violente*, éd. La découverte, 2002 ; T. D'ANSEMBOURG, *Cessez d'être gentil soyez vrai, Être avec les autres en restant soi-même*, Les éditions de l'homme, 2011.

[118] Ce schéma est aussi connu sous le nom de DESC : Description des faits, Expression du ressenti, Suggestion d'une solution, Conséquences positives de cette solution.

De : Jeanne Dumoulin
À : Clément Boiteau
Objet : vos PPT réunion projet X 21/03 - à envoyer - pour 10/04

Bonjour Monsieur,

Lors de la réunion du projet X du 21/03, nous avons convenu que vous m'enverriez pour le 30/03 la présentation PPT que vous y avez montrée, afin que je l'intègre au compte rendu dont j'étais chargée.

Ce 07/04, votre présentation ne m'est pas encore parvenue. Or, j'en ai besoin pour envoyer le compte rendu à tous les participants avant le 15/04.

Pourriez-vous dès lors m'envoyer votre présentation pour ce 10/04 ?

Je vous en remercie d'avance.

Cordialement,
Jeanne

1) Observation : la présentation n'est pas arrivée comme il avait été convenu avec le destinataire.

2) Besoin : l'émettrice du message en a besoin pour terminer son compte rendu.

3) Demande : l'émettrice demande au destinataire de la lui envoyer pour une date précise.

En résumé :

10e BONNE PRATIQUE

Pour inciter votre destinataire à l'action, présentez votre demande comme le résultat d'une suite logique : problème / cause / solution

Cette bonne pratique vous sera utile : ✩ ✩ ✩

11. Convaincre le destinataire avec un plan qui favorise l'adhésion

Intérêt de cette bonne pratique

Lorsque vous écrivez pour convaincre, l'enjeu de votre texte est forcément important pour vous. Comment faire en sorte que votre lecteur adhère à votre propos ? En lui présentant vos arguments selon une logique qui lui semble évidente et qui augmente ainsi la possibilité qu'il soit convaincu par votre proposition. En effet, s'il est convaincu, il sera disposé à agir à la suite de votre message.

Les plans présentés ci-dessous vous aideront à organiser vos arguments selon un ordre qui servira votre objectif de communication auprès de votre lecteur.

Écrits concernés

Tous les écrits dont l'objectif est de convaincre le destinataire du bien-fondé de votre proposition.

Convaincre pour faire agir : le FOR

Dans le monde professionnel, vous serez souvent amené à convaincre votre destinataire afin qu'il agisse à la suite de votre proposition. Le plan FOR, proposé par un des premiers auteurs en rédaction professionnelle, Louis Timbal-Duclaux[119], sera très utile pour cet objectif.

F	Présentation des **F**aits Vous présentez d'abord les faits (une situation problématique) que vous avez constatés
O	Expression d'une **O**pinion Vous exprimez ensuite votre opinion sur cette situation
R	Exposé des **R**ecommandations Vous faites alors vos recommandations pour que cette situation problématique évolue

[119] Louis TIMBAL-DUCLAUX : *Savoir écrire dans l'entreprise, Le livre de poche*, 1992, pp. 57-68 (actuellement épuisé).

L'efficacité de ce plan vient de ce qu'il correspond à la réaction du spectateur devant une situation problématique :

1) il constate les faits;
2) il juge la situation;
3) il préconise une réaction.

Il rejoint, bien sûr, le plan chronologique classique :

1) passé : j'ai constaté la situation;
2) présent : (maintenant), j'écris ce que j'en pense;
3) futur : je recommande, je suggère, j'ordonne que le destinataire fasse une chose précise pour résoudre cette situation problématique.

Exemple

Le plan FOR est celui que j'ai choisi pour l'article sur les formations en rédaction à la Commission européenne (CE), article qui se trouve en annexe (pages 292-294).

Après avoir regroupé mes idées sur la carte mentale que j'avais faite (voir BP 6 et 7), je me suis dit que le FOR était un plan qui conviendrait bien à cet article dont l'objectif était de convaincre le lecteur de rédiger des textes clairs, pour ensuite l'encourager à suivre une formation qui l'y aiderait.

1) Les faits que j'ai observés : de nombreux textes de la CE ne sont pas clairs : il y a diverses raisons à cela (les « moins » entourés sur ma carte mentale).
2) L'opinion que j'exprime : les textes doivent être plus clairs, pour plusieurs raisons (les « plus » entourés sur ma carte mentale).
3) La recommandation que je ferai : suivez une formation qui vous convient pour apprendre à rédiger plus clairement (tous les éléments entourés sous le « comment faire » de ma carte mentale).

Ces trois parties se retrouvent dans les intertitres du texte (pages 292-294).

*1) La partie consacrée aux **faits** est intitulée « des barrières à faire sauter ».*

*2) La partie consacrée à l'**opinion** est intitulée « des bénéfices à en retirer ».*

*3) La partie consacrée à la **recommandation** est intitulée « une formation qui vous convient ».*

Exposer un problème et proposer sa résolution : le SPRI

Le plan FOR pourrait sembler trop directif ou trop rapide dans certaines situations de communication. Pour un texte plus long ou un texte dans lequel vous souhaitez argumenter avant de proposer votre recommandation, vous préférerez sans doute cette variante du FOR, également proposée par Timbal-Duclaux : le SPRI[120] .

S	La Situation Vous présentez la situation, dans son contexte
P	Le Problème Vous décrivez ensuite le problème qui découle de cette situation
R	La Résolution Vous présentez alors la résolution à adopter pour résoudre ce problème
I	Les Informations/implications Vous terminez en donnant des informations détaillées sur comment cette résolution sera appliquée et, éventuellement, sur les implications (conséquences) positives de cette résolution

Exemple

Voici un exemple de texte (vous aurez sans doute reconnu ce sujet, déjà abordé dans les BP 2, 3 et 4) qui reprend le plan SPRI.

1) Introduction du sujet[121].
2) Situation : la réunion planifiée à 17 h et la non - participation d'un tiers des collègues.
3) Problème : l'absence d'un tiers des collègues nuit à l'efficacité du travail d'équipe.
4) Résolution : planifier la réunion à 8 h 30.
5) Informations et implications : la résolution est approuvée par sept collègues sur dix, qui seront présents à la réunion avec ce nouvel horaire.
6) Conclusion de l'écrit[122].

[120] Louis TIMBAL-DUCLAUX. *La méthode SPRI, Pour organiser ses idées et bien rédiger*, Retz Eds,1994
[121] Voir la BP 14 au sujet de l'introduction.
[122] Voir la BP 14 au sujet de la conclusion.

De : *Yvonne Dumoulin, assistante*
À : *Hélène Desmond, chef de service*
Objet : *réunion hebdo. équipe : nouvelle planification ?*

Bonjour Hélène,

Je voudrais te soumettre la proposition suivante concernant la planification de notre réunion hebdomadaire de service.

Cette réunion est actuellement planifiée tous les mardis à 17 h et ne se termine jamais avant 18 h. Tu l'auras constaté : un tiers de l'équipe n'y assiste pas ou la quitte avant la fin, pour diverses raisons d'ordre privé (enfants à récupérer à la garderie de l'école, activités extra-professionnelles, etc.).

Cette absence de l'équipe à l'entièreté[123] *de la réunion nuit, je pense, à la communication au sein de l'équipe, à la bonne collaboration entre nos collègues et, finalement, à l'efficacité de notre service.*

Je me permets donc de te proposer de planifier cette réunion à une heure où la plupart d'entre nous serons présents : par exemple le mardi matin à 8 h 30.

Bien sûr, certains collègues ayant de jeunes enfants risquent d'avoir un horaire un peu serré, à cause de l'heure de début d'école. Toutefois, un rapide tour de l'équipe a démontré que pour dix collègues ayant des enfants, sept d'entre eux préféraient la seconde solution (8 h 30), contre trois pour la première (17 h).

Qu'en penses-tu ?

N'hésite bien sûr pas à m'en parler de vive voix si tu le souhaites.

Cordialement,
Yvonne

Utiliser les plans classiques de l'argumentation

Il existe, bien sûr, d'autres plans pour argumenter. Je vous ai présenté (ci-dessus) mes préférés, car je les trouve dynamiques. Voici toutefois, brièvement, d'autres modèles de plans connus pour l'argumentation[124].

[123] Belgicisme dit « de bon aloi », qui était employé en France jusqu'à la fin du XVIIe siècle (voir *Dictionnaire des belgicismes*, op.cit.). Il signifie ici l'intégralité de la réunion.
[124] La bibliographie vous propose quelques références d'ouvrages sur l'argumentation.

Le plan dialectique

Le plan dialectique permet d'argumenter et de faire adhérer en douceur le destinataire.

Thèse	Vous présentez votre proposition
Antithèse	Vous présentez les contre-arguments que pourrait invoquer le destinataire
Synthèse	Vous proposez une solution qui réconcilie les opposés

Le plan analytique

Le plan analytique est utile pour expliquer. Il repose sur l'examen des causes et conséquences d'un fait.

Pour expliquer une action :

Cause	Vous expliquez la cause de votre action
Conséquence	Vous exposez les résultats qui ont pu être constatés à la suite de votre action

Le plan discursif

Le plan discursif est utile pour convaincre. Il est toutefois susceptible d'aménagements, selon le sujet et les circonstances.

Situation	Vous exposez les besoins qui ont été constatés
Proposition	Vous présentez et décrivez votre solution
Réfutation	Vous réfutez les objections possibles
Avantages	Vous présentez les avantages de la solution proposée

En résumé :

11e BONNE PRATIQUE

Pour convaincre votre destinataire, présentez-lui vos arguments dans une logique qui prend en compte l'intérêt du lecteur ou du groupe cible

Cette bonne pratique vous sera utile : ☆ ☆ ☆

12. Construire la charpente de son texte

Intérêt de cette bonne pratique

Vous avez choisi un des plans proposés dans les bonnes pratiques précédentes (BP 8, 9, 10 et 11). Vous vous demandez toutefois s'il sera tout à fait efficace auprès de votre lecteur. Comment vous en assurer ?

Voici une bonne pratique qui vous aidera à tester l'efficacité de votre plan. Elle vous permettra aussi de développer votre table des matières.

Écrits concernés

Cette bonne pratique est utile :

- **pour les écrits dont l'enjeu est très important;**
- **pour les écrits longs tels les rapports et les manuels.**

Trouvez le plan qui vous servira le mieux

Les modèles de plans proposés dans les pages précédentes ne doivent pas vous contraindre, mais plutôt vous inspirer pour trouver le plan qui servira le mieux votre objectif auprès de votre lecteur.

Comment trouver le bon plan pour votre texte ?

À l'issue de la deuxième étape, parcourez vos notes et essayez d'organiser vos éléments selon l'un ou l'autre modèle de plans, comme vous le feriez avec un puzzle. Essayez plusieurs modèles de plans. Vous verrez alors qu'un de ces plans vous semblera approprié pour atteindre votre objectif de communication. Mais n'hésitez pas à aménager le plan choisi pour qu'il soit plus cohérent avec votre objectif de communication.

Notez votre plan schématique

Lorsque vous aurez choisi votre plan, notez-en les grandes lignes :

- les titres et intertitres de vos diverses parties;
- une ou deux phrases en style télégraphique ou quelques mots-clés, pour indiquer ce que contiendront ces parties.

Testez l'impact de votre plan

Si vous vous demandez si votre plan est efficace pour atteindre votre objectif auprès de votre lecteur, faites le test suivant[125] :

- exposez (oralement) la trame de votre texte à une tierce personne[126];
- demandez-lui ensuite de vous résumer ce que vous avez dit;
- vous testerez ainsi si elle a compris l'essentiel de votre message, si elle adhère à votre demande ou si elle est convaincue par votre argumentation et s'elle a reçu toutes les informations dont elle avait besoin.

Combinez les plans pour un écrit long

Pour des rapports volumineux, par exemple, vous insérerez des plans simples (pyramide inversée (BP 8), semi-chronologique (BP 10) ou thématique (BP 8)) à l'intérieur des parties plus développées telles qu'un FOR (BP11) ou un SPRI (BP 11).

Insérez votre plan dans un plan d'ensemble

Le plan que vous aurez choisi s'insèrera dans le plan d'ensemble de votre texte :

- introduction;
- développement (le plan choisi);
- conclusion.

La bonne pratique 14 vous indique ce que doivent contenir votre introduction et votre conclusion.

[125] Je fais faire régulièrement cet exercice en formation : il est très efficace pour les participants, qui vérifient ainsi si leur contenu est suffisant et cohérent et qui se sentent ensuite beaucoup plus à l'aise pour rédiger leur texte.

[126] Comme si vous disiez votre message à votre destinataire, qui serait en face de vous.

Développez votre table des matières

Pour un texte long, tel qu'un rapport ou un manuel, les notes que vous aurez prises pour fixer chaque partie et sous-partie vous serviront à établir votre table des matières. Je vous suggère donc, à cette étape-ci du processus, d'encoder votre table des matières dans votre traitement de texte.

En résumé :

12e BONNE PRATIQUE

Élaborez et testez oralement votre plan schématique (introduction / développement / conclusion) pour en vérifier l'impact sur votre destinataire

Cette bonne pratique vous sera utile : ☆ ☆ ☆

D. 4e étape : comment préparer la rédaction ?

Tâche

Vous avez le plan de votre texte : à partir de ce plan, écrivez votre brouillon[127], en vous concentrant sur ce que vous dites et où vous le dites dans votre texte. L'objectif à atteindre à l'issue de cette 4e étape est que vous puissiez dire, à la manière de Racine (voir citation ci-dessous) : « mon texte est fait (c'est-à-dire : j'ai noté dans le détail et dans l'ordre définitif tout ce que je vais écrire dans mon texte), il ne me reste plus qu'à le rédiger (c'est-à-dire à le formuler clairement). »

Pour un rédacteur expérimenté ou pour un contenu que vous maîtrisez bien, cette étape peut se confondre avec la 5e (la rédaction). Je pense toutefois que, pour un document stratégique, cette 4e étape favorise un texte très clair, car elle permet une concentration exclusive sur la formulation lors de la 5e étape.

Les deux bonnes pratiques ci-dessous vous expliquent en détail comment réaliser cette tâche.

BP 13

Écrire un brouillon
Développez votre plan en écrivant votre brouillon. Puis vérifiez et complétez-le, de manière à avoir le contenu détaillé de tout ce que vous rédigerez lors de l'étape suivante.

BP 14

Préparer une introduction, des paragraphes, une conclusion
Notez sur votre brouillon les parties qui correspondront à vos divers paragraphes. Puis ajoutez les éléments qui constitueront votre introduction et votre conclusion.

Citation

***« Ma tragédie est faite; il ne me reste plus qu'à l'écrire.*[128]»**

[127] Le dictionnaire définit « brouillon » comme la première rédaction d'un écrit avant sa remise au net. Je l'entends ici plus comme une esquisse, une ébauche, un premier jet. Je lui donne surtout un rôle pédagogique : celui de noter ses idées en se concentrant sur le fond, et pas (encore) sur la forme.

[128] Jean RACINE, dramaturge français du XVIIe siècle (Racine se serait toutefois inspiré de Plutarque qui attribue cette phrase au dramaturge grec Ménandre, d'après Alain BLANCHARD, *La comédie de Ménandre : politique, éthique et esthétique*).

13. Écrire un brouillon

Intérêt de cette bonne pratique

Écrire un brouillon vous permet de répartir votre concentration en deux phases distinctes :

- celle où vous vous concentrez uniquement sur **ce que vous allez dire**, dans quelle partie de votre texte et selon quel enchaînement d'idées (4e étape);
- celle où vous vous concentrez sur **comment vous allez le dire** (5e étape).

Lors de la première phase, conscient que vous ne rédigez « que votre brouillon », vous pourrez libérer votre créativité rédactionnelle plutôt que d'être paralysé par l'angoisse de ne pas trouver la bonne formule.

Lors de la seconde phase, il vous sera plus facile de trouver la formulation qui exprime le plus clairement votre pensée, puisque vous ne devrez plus vous concentrer sur les idées que vous exprimez. Vous devriez d'ailleurs constater que, lors de cette phase de rédaction proprement dite, votre travail sera plus rapide que vous ne l'auriez imaginé.

Ce faisant, vous aurez soigné autant le fond que la forme de votre texte, ce qui augmentera vos chances d'atteindre votre objectif de communication auprès de votre lecteur.

Écrits concernés

Le brouillon est utile pour un texte dont l'enjeu est important : cela peut donc aussi bien être un courriel[129] qu'une lettre, un communiqué de presse, un article ou une page de site internet.

[129] Mot français pour *e-mail*.

Écrivez comme vous le diriez

Partez du plan schématique que vous avez noté (3e étape).

- Pour chaque point, écrivez tout ce que vous voulez dire, comme si vous le disiez à voix haute à votre destinataire.
- À ce stade, ne vous préoccupez ni d'écrire « de belles phrases » ni même de la correction orthographique ou syntaxique de vos phrases[130].
- Si les mots ou les formulations qui vous viennent à l'esprit ne vous satisfont pas entièrement, mais que vous n'en trouvez pas d'autres pour le moment, écrivez-les, tels quels.
- Si vous hésitez entre deux mots pour exprimer clairement votre pensée, écrivez les deux sur votre brouillon.
- N'hésitez pas à écrire votre brouillon en style télégraphique, mais écrivez toutes vos idées, en détail.

Écrivez à la main et au crayon

En écrivant votre brouillon à la main sur papier, vous devrez forcément retravailler votre formulation lorsque vous dactylographierez votre texte : cela encouragera une *Rédaction claire*. En outre, écrire au crayon renforce votre sentiment d'être dans les formulations préparatoires, que vous pouvez facilement corriger immédiatement.

Par ailleurs, des études scientifiques récentes[131] ont démontré qu'écrire à la main renforce l'activité du cerveau et aide par conséquent à mieux structurer ses idées. En effet, le lien entre le mouvement de la main et le processus nécessaire pour imaginer le mot à venir stimule plus de zones du cerveau que le simple mouvement à exécuter pour frapper une touche sur un clavier.

Relisez, vérifiez, et complétez

Relisez votre brouillon et complétez-le :

- un élément inutile ou redondant ? Supprimez-le;
- une précision qui manque ? Ajoutez-la;
- une articulation qui ne vous semble pas logique ? Modifiez son déroulement.

[130] En revanche, vous serez bien sûr soucieux de vérifier scrupuleusement la correction linguistique de votre texte lors des étapes suivantes : la rédaction (5e étape) et surtout la relecture-correction (7e étape).

[131] "How Handwriting Trains the Brain", *The Wall Street Journal*, Gwendolyn BOUNDS, 5/10/2010. Article accessible à l'adresse suivante : http://online.wsj.com/article/SB10001424052748704631504575531932754922518.html.

C'est également à ce moment-là que vous vérifierez l'exactitude de toutes les informations que vous présentez (références, chiffres...).

Enfin, laissez « reposer » votre brouillon : votre relecture sera d'autant plus efficace, car vous mesurerez mieux la pertinence de vos idées et l'adéquation de vos enchaînements.

Appliquez le même procédé au clavier

Pour un texte long, il peut vous sembler fastidieux d'écrire un brouillon entier à la main. Vous pouvez alors appliquer le principe du brouillon à l'écriture au clavier.

C'est ce que j'ai fait pour la rédaction de ce livre.

1) *À l'issue de la 3e étape (le plan), j'avais une table des matières détaillée.*
2) *J'ai tapé ma table des matières dans un document Word, en réservant une page à chacun de mes titres (au 3e niveau de mes titres, par exemple « 13. Écrire un brouillon »).*
3) *J'ai imprimé ce document et, sur chaque page, j'ai noté au crayon, en style télégraphique ou avec des mots-clés, toutes les idées que je voulais y mettre.*
4) *J'ai écrit (au clavier dans un document Word) le brouillon de tout mon tapuscrit « d'une traite », c'est-à-dire sans trop m'arrêter à telle ou telle formulation, car je savais que j'y reviendrais longuement lors de la phase de rédaction (5e étape) et de relecture/correction (6e étape).*
5) *Lors de l'écriture de mon brouillon, j'ai surligné en jaune les passages dont je n'étais pas du tout satisfaite et que je devrais absolument réécrire ou compléter.*
6) *Lors de la phase de rédaction (5e étape), j'ai réécrit plus clairement et plus précisément de très nombreuses phrases. Lorsqu'une idée plus subtile était formulée d'une manière tout à fait insatisfaisante dans mon brouillon, je l'ai reformulée à la main, sur papier, avant de la dactylographier dans mon document.*

Cette technique m'a permis d'avancer efficacement dans la rédaction de mon livre, en dépassant « l'angoisse de la page blanche » que connaissent de nombreux rédacteurs.

En résumé :

13e BONNE PRATIQUE

Faites un brouillon : vous pourrez ainsi vous concentrer sur **ce que** vous allez dire (fond), avant de vous concentrer sur **comment** vous allez le dire (formulation)

Cette bonne pratique vous sera utile : ✩ ✩ ✩

14. Préparer une introduction, des paragraphes, une conclusion

Intérêt de cette bonne pratique

Comme pour un discours oral, votre message atteindra plus sûrement son objectif auprès de votre lecteur si vous le répétez trois fois :

- vous l'annoncez dans votre introduction;
- vous l'expliquez dans votre développement;
- vous le résumez dans votre conclusion.

En outre, le début et la fin d'un discours oral ou écrit sont les deux moments où le public (votre lecteur) est le plus attentif.

Cette bonne pratique vous explique comment préparer une introduction et une conclusion efficaces pour votre lecteur, et comment structurer votre texte en paragraphes.

Écrits concernés

L'introduction et la conclusion sont facultatives dans un texte court (un courriel[132] d'une demi-page, par exemple) et dans des écrits tels que le dépliant, le prospectus ou la page d'un site internet. Elles sont utiles dans tous les autres textes.

Complétez et organisez votre brouillon

Vous avez terminé votre brouillon : ajoutez-y les éléments que contiendront votre introduction et votre conclusion.

- Dans un texte court (courriel[133], billet de blogue[134]), l'introduction et la conclusion ne font qu'une phrase chacune.
- Dans un texte plus long, elles consisteront en un ou plusieurs paragraphe(s) (pour un rapport par exemple), voire en quelques pages (pour un manuel).

[132] Mot français pour *e-mail*.
[133] *Idem*.
[134] Mot français pour *blogue*.

Indiquez dans le corps de votre futur texte (votre brouillon) les endroits où vous rédigerez un nouveau paragraphe. Si votre texte est long, identifiez ces diverses parties et donnez-leur un intertitre provisoire.

Annoncez votre message dans l'introduction

Soignez votre introduction : c'est le moment où vous accrocherez – ou pas – l'attention de votre lecteur.

Qu'y dire ?

- Pour les textes qui s'y prêtent (un article, un billet de blogue[135] ou un communiqué de presse par exemple), commencez par une accroche percutante : une question, une anecdote, une citation…
- Dans tous les cas, vous annoncerez votre sujet, l'angle sous lequel vous le traiterez, puis le plan de votre texte.
- Vous pouvez aussi y affirmer votre message. Un truc de journaliste : l'introduction, c'est la conclusion, en plus « vendeur »[136].
- Dans une lettre administrative, l'introduction (soit le premier paragraphe après la formule d'appel) rappelle la situation (le contact écrit ou oral qui a précédé) et annonce l'objet de la lettre.

Lors de cette étape, notez dans votre brouillon ce que vous direz dans votre introduction. Mais vous rédigerez votre introduction en dernier lieu, soit après avoir rédigé le corps de votre texte et la conclusion.

Répartissez vos idées principales en paragraphes

Respectez ce principe de base : faites un paragraphe pour chaque nouvelle idée principale.

- L'idée générale de chaque paragraphe est présentée dans la phrase de base du paragraphe, soit, de préférence, la première.
- Le reste du paragraphe illustre l'idée générale par une démonstration, des exemples, une anecdote, des précisions ou une explication.
- Le paragraphe, de sept à dix lignes, contiendra trois à cinq phrases.

Sur votre brouillon, regroupez les éléments qui constitueront un paragraphe.

[135] Mot français pour *blog*.

[136] Je cite Philippe Crêteur, journaliste et conseiller en communication à Innovatech.

Résumez votre message dans la conclusion en paragraphes

La conclusion est importante, car c'est (avec l'introduction) une des parties dont se souvient le mieux le lecteur.

Qu'y écrire ?

- Vous résumerez l'essentiel de votre message.
- Si l'objectif du texte est d'obtenir une réaction du lecteur, vous terminerez par une invitation à l'action afin d'augmenter l'impact de votre texte.
- Dans une lettre, la conclusion explique la suite attendue (un rendez-vous, une réponse écrite) et salue le destinataire (formule de politesse[137]).

Comme pour l'introduction, à ce stade du processus de rédaction, vous noterez sur votre brouillon ce que vous direz dans votre conclusion. Mais vous la rédigerez plus tard, après avoir rédigé le corps de votre texte.

Exemple

Retournons à l'article sur les formations en Rédaction claire présenté en annexe (pages 292-294). Avant la rédaction proprement dite, j'ai ajouté à mon brouillon le contenu de mon introduction et de ma conclusion. Vous verrez dans le texte final une illustration de ce que peuvent contenir une introduction et une conclusion.

L'introduction :

- *accroche l'attention (citation de Diana Wallis et interpellation du lecteur sur la clarté des textes qu'il lit et qu'il rédige);*
- *annonce le propos (« ... augmenter la lisibilité de vos textes... »);*
- *annonce les trois parties du texte :*
  - *la première, les faits : « ... avant tout... vous débarrasser des quelques préjugés relatifs à la langue française... »;*
  - *la deuxième, l'opinion : « ... ensuite, mesurer les bénéfices d'une rédaction claire... »;*
  - *la troisième, la recommandation : « ... enfin... choisir la formule d'apprentissage la mieux adaptée à vos besoins ».*

La conclusion :

- *résume le propos : « Avoir le souci de rédiger des textes clairs... »;*
- *invite le lecteur à l'action : « ... encouragez-vous entre collègues... Bonne rédaction ! »*

[137] Voir BP 22 sur les formules de politesse.

En résumé :

14e BONNE PRATIQUE

Structurez votre texte :

- annoncez votre propos dans votre introduction
- ne développez qu'une idée par paragraphe
- résumez votre message dans votre conclusion, en terminant par un appel à l'action

Cette bonne pratique vous sera utile : ☆ ☆ ☆

E. 5e étape : comment rédiger un texte clair et convivial ?

Tâche

Sur la base de votre brouillon, rédigez votre texte en vous concentrant sur une formulation claire, concise, conviviale, contemporaine, courtoise et correcte.

Les douze bonnes pratiques (BP) qui suivent contribueront à rendre votre document clair et convivial pour votre lecteur.

BP 15

Choisir des mots efficaces

Utilisez un vocabulaire clair et précis qui sera vite compris par votre lecteur.

BP 16

Construire des phrases claires

Construisez des phrases faciles à lire et à comprendre.

Cette bonne pratique est une des plus importantes à mes yeux. En effet, c'est souvent à cause de phrases trop longues et mal construites que le lecteur doit relire un texte pour le comprendre.

BP 17

Relier ses phrases et paragraphes logiquement

Utilisez des mots de liaison pour indiquer au lecteur les liens logiques entre vos idées et rendre sa lecture plus fluide.

BP 18

Être concis

Exprimez ce que vous voulez dire en un minimum de mots.

BP 19

Attirer l'attention du lecteur et l'inciter à réagir

Adressez-vous à votre lecteur et posez-lui des questions pour le rendre plus attentif à votre propos.

BP 20

Adopter un style actuel pour donner une image dynamique

Évitez les archaïsmes de la langue administrative et préférez un langage courant, compris aisément par tous.

BP 21

Choisir le degré de formalisme correspondant à la situation de communication

Dans le corps de votre courrier, choisissez le registre adéquat en fonction de la situation plus ou moins formelle de communication.

BP 22

Maîtriser les formules de politesse de la lettre

Utilisez les formules de politesse adéquates en fonction des paramètres de la situation de communication.

BP 23

Connaître les formules conviviales du courriel

Pour saluer et prendre congé des destinataires de vos courriels, employez des formules conviviales adaptées à ce type de courrier.

BP 24

S'adapter à la culture de son destinataire

Adaptez-vous au mode de communication de destinataires d'une culture autre que la vôtre : votre message aura plus de chances d'être bien reçu.

BP 25

Écrire en français correct (orthographe, grammaire et ponctuation)

Utilisez les outils de correction linguistique qui rendront votre texte correct.

BP 26

Respecter les règles de typographie et les majuscules

Employez correctement les majuscules et utilisez les ressources qui feront que votre document final respectera les règles typographiques.

Citations

« Un langage clair, ça simplifie la vie ! » [138]

---

[138] Devise du COSLA, *Comité d'orientation pour la simplification du langage administratif*. Je vous recommande la lecture de leur brochure, accessible à l'adresse suivante : http://www.fonctionpublique. gouv.fr/IMG/pdf/cosla_05mars02.pdf

15. Choisir des mots efficaces

Intérêt de cette bonne pratique

Des mots clairs et concrets donneront plus d'impact à votre texte.

Cette bonne pratique contribuera à ce que votre lecteur vous comprenne vite et bien.

Écrits concernés

Tous, mais surtout les textes qui s'adressent au grand public.

Privilégiez les mots courts

Entre deux synonymes, choisissez le mot le plus court : il est plus rapidement lu, compris et mémorisé par le lecteur.

Postérieurement	*Après*
Approximativement	*Environ*
Suffisamment	*Assez*

Choisissez des mots courants

Votre lecteur doit comprendre tout de suite ce que vous lui dites; pour cela, préférez des mots courants, connus de tous[139], surtout quand vous vous adressez au grand public[140].

[139] Comme le dit très justement ma consoeur Pascaline OURY : « En restant simple, on ne risque rien. Personne ne critiquera, et tout le monde comprendra. » dans *Rédiger en entreprise*, De Boeck Université, 2006, p.50.

[140] Pour cela, vous consulterez le *Lexique administratif* publié par le Ministère de la fonction publique de la réforme de l'État, accessible en ligne à l'adresse suivante : http://www.tradulex.org/seattle/LEXIQUE.pdf. Ce lexique a été réalisé par le Comité d'orientation pour la simplification du langage administratif (COSLA).

Émoluments	*Rémunération, honoraires, salaire*[141]
Éluder[142]	*Éviter*
Corollaire	*Conséquence inévitable*
Obsolète	*Démodé, périmé, dépassé*
Abroger	*Supprimer*
Éradiquer	*Éliminer*

Adaptez votre vocabulaire à votre public cible

Bien sûr, lorsque vous vous adressez à un public qui a une bonne de connaissance du lexique français, ne vous interdisez pas d'utiliser un terme plus rare, qui sera plus court et précis qu'une périphrase.

Revenons par exemple au terme « éluder », cité ci-dessus : les termes « éluder » et « esquiver » ont évidemment une nuance qu'« éviter » n'aura pas. Ils seront donc tout à fait utiles pour exprimer votre message avec précision, à un destinataire qui est susceptible d'en connaître le sens.

Exemples :

- *Vous éludez ma question…*
- *Il a pu esquiver le coup…*

Lorsque vous souhaitez utiliser un terme rare, mais précis, avec un public plus large, donnez-en la définition en note de bas de page.

L'essentiel est d'utiliser ces mots plus rares pour une bonne raison (exprimer précisément sa pensée, en donnant au lecteur les clés pour la comprendre) et non pour une mauvaise (faire étalage de ses connaissances lexicales).

[141] Ces trois termes ont bien sûr un sens différent : vous choisirez celui qui convient le mieux au contexte de votre communication.

[142] Voir ci-dessous.

Rendez le langage juridique accessible

N'utilisez de termes juridiques que s'ils sont indispensables à votre message et au type de texte à écrire. Dans un document juridique, veillez à être compris.

L'Association syndicale des magistrats, en collaboration avec le Bureau de conseil en lisibilité du Ministère de la fonction publique belge, a édité une brochure intitulée *Dire le droit et être compris* qui a comme objectif de rendre le langage judiciaire plus accessible. Les quelques exemples ci-dessous sont extraits de cette brochure.

À l'instar de	*Comme*
Nonobstant	*Malgré*
Sis	*Situé*
Le mode opératoire	*La manière d'agir, le procédé utilisé*
Les griefs	*Les reproches*

Employez des mots corrects et précis

Prenez l'habitude de vérifier dans un dictionnaire le sens précis des mots que vous utilisez : vous exprimerez ainsi correctement votre pensée et vous serez mieux compris.

En termes de	*En matière de*
Implémenter	*Implanter, mettre en œuvre*
Initier un processus	*Engager un processus*

[143] *Dire le droit et être compris*, tome 1, Bruylant, 2003 ; Droit pénal, tome 2, Bruylant, 2010. Michel LEYS, l'ancien directeur du Bureau de conseil en lisibilité du Ministère de la fonction publique, a collaboré à ces deux brochures. J'en recommande vivement la lecture à tous les rédacteurs de textes juridiques.

Préférez les mots français aux anglicismes

Méfiez-vous des faux amis et évitez les anglicismes : ils pourraient ne pas être ou être mal compris de vos destinataires.

Emprunter un livre à la librairie	*Emprunter un livre à la bibliothèque*
L'agenda de la réunion	*L'ordre du jour*
Avoir des opportunités	*Avoir des possibilités*
Des mesures soutenables	*Des mesures à long terme, viables, durables*
Un argument relevant	*Un argument pertinent*
Les issues d'une décision	*Les enjeux d'une décision*
Un challenge	*Un défi*
Forwarder	*Transmettre*
Manager sa communication	*Gérer sa communication*
Le timing	*Le minutage, l'emploi du temps*
Le planning	*Le calendrier, le programme, la planification*
L'inbox	*La boîte de réception*
Les délivrables pédagogiques	*Les supports pédagogiques*
L'audience	*Le public, l'assistance, la salle, les spectateurs*
Le copywriting, le copywriter	*La rédaction publicitaire, le rédacteur publicitaire*

Adaptez-vous toutefois à votre public : l'essentiel est qu'il comprenne votre message. Ainsi, lorsque je parle du courriel à un public multilingue, je n'hésite pas à utiliser le mot e-mail[144], pour être sûre d'être comprise par tous.

[144] Surtout depuis que j'ai appris que le terme *mail* (qui signifie courrier en anglais) venait du mot français malle, au temps où le courrier arrivait par la malle-poste ; Xavier DEUTSCH raconte très joliment l'histoire de la malle-poste française qui passa l'Atlantique pour le Nouveau Monde, emportant avec elle ce mot qui donna l'*e-mail*, dans son roman savoureux : *Une belle histoire d'amour qui finit bien*, Robert Laffont, 2010.

Choisissez des mots connus de vos destinataires

En communication externe, évitez absolument un jargon professionnel qui pourrait ne pas être compris par des lecteurs externes à votre milieu professionnel.

Les élèves seront licenciés[145] à partir du 20 juin à 12 heures.	*Les élèves seront libérés/en congé à partir du 20 juin à 12 heures.*
Un géniteur d'apprenant[146]	*Un parent d'élève*
Les États membres	*Les pays de l'Union européenne*
La comitologie	*La procédure par laquelle la Commission européenne consulte des comités d'experts*

Le jargon « des autres » nous semble toujours ridicule, mais prenons garde à ne pas tomber dans le même travers.

Donnez la définition des mots techniques

Lorsque vous utilisez un terme technique ou un mot spécialisé avec un public non spécialiste, expliquez ce mot.

Des intérêts moratoires	*Des intérêts moratoires, c'est-à-dire des intérêts de retard*

Dans un texte long, proposez un glossaire, c'est-à-dire une liste alphabétique des termes spécialisés utilisés dans un livre[147].

[145] *Licencier*, dans le sens « faire quitter l'établissement scolaire à un élève en dehors des périodes habituellement prévues », est un belgicisme principalement utilisé dans certains documents d'écoles secondaires bruxelloises et brabançonnes (d'après le *Dictionnaire des belgicismes*, op.cit.). Son emploi est toutefois tellement limité qu'il peut être associé à un terme du jargon d'un milieu professionnel spécifique.

[146] Expression utilisée dans certains documents de l'Éducation nationale française.

[147] Dans ce livre, le glossaire se trouve aux pp. 35-36.

Expliquez les sigles et acronymes

N'utilisez les sigles et les acronymes[148] que si vous êtes absolument sûr que votre lecteur les comprend. Sinon, écrivez-les en toutes lettres la première fois que vous les utilisez et proposez l'abréviation entre parenthèses. Dans un texte long, n'hésitez pas à réécrire en toutes lettres une abréviation au début de chaque chapitre, par exemple.

La F.W.B.	*La Fédération Wallonie-Bruxelles (FWB)*
La BP 15	*La bonne pratique (BP) 15*
La CE	*La Commission européenne (CE)*
Le C.P.A.S.	*Le Centre public d'action sociale*

Associez les mots adéquatement

Vérifiez que les mots que vous associez dans une phrase vont ensemble.

Notre projet a été un succès à cause de l'investissement de toute l'équipe.	*Notre projet a été un succès grâce à l'investissement de toute l'équipe.*
Le gain occasionné par la réduction	*Le gain obtenu grâce à la réduction*
Tirer les conséquences	*Subir les conséquences, Tirer les conclusions*

Utilisez le même mot pour la même notion

Nous nous souvenons tous de notre professeur de français qui nous disait de trouver des synonymes plutôt que de répéter le même mot : ce principe est tout à fait pertinent pour un texte d'un niveau de langue soutenu, à plus forte raison pour un texte littéraire.

[148] Sigle qui se prononce comme un mot ordinaire. Par exemple : *sida* ou *laser*.

Mais le lecteur ne lit un texte professionnel qu'une seule fois : il comprendra alors plus rapidement le message si une notion est toujours désignée par le même mot. Dans vos textes professionnels à caractère utilitaire, n'hésitez pas à sacrifier l'élégance au profit de l'efficacité.

Les riverains doivent introduire leur ***demande*** *de carte de stationnement auprès de leur administration communale. Leur* ***requête*** *doit être accompagnée d'une photocopie du certificat d'immatriculation du véhicule.*	*Les riverains doivent introduire leur* ***demande*** *de carte de stationnement auprès de leur administration communale. Leur* ***demande*** *doit être accompagnée d'une photocopie du certificat d'immatriculation du véhicule.*

En outre, lorsque vous remplacez un nom par un pronom, placez celui-ci suffisamment près du nom qu'il remplace pour qu'il n'y ait aucun risque de mauvaise compréhension pour votre lecteur. Sinon, répétez le nom.

Privilégiez les mots concrets et les verbes d'action

Préférez les mots concrets et verbes d'action aux substantifs qui désignent des concepts abstraits. En effet, le lecteur comprend mieux les verbes (car ils lui permettent de visualiser l'action) que les substantifs (surtout si ceux-ci désignent des concepts abstraits, tels tous les mots en -ion, -ment ou -isme).

Évolution positive	*Hausse*
Procéder au nettoyage	*Nettoyer*
Effectuer le renouvellement	*Renouveler*
Procéder à un examen	*Examiner*
La publication de la nouvelle directive se fera sur le site.	*La nouvelle directive sera publiée sur le site.*

Son élaboration est le résultat des travaux du groupe X.	*Son élaboration résulte des travaux du groupe X.*
Mes propositions pour le projet d'agrandissement de la cafétéria sont : le changement de disposition du bar, le rafraîchissement des peintures murales et l'augmentation des tables et des chaises.	*Pour agrandir la cafétéria, je propose de changer la disposition du bar, de rafraîchir les peintures murales[149] et d'augmenter le nombre de tables et de chaises.*

Développez votre maîtrise du vocabulaire

Enrichissez vos connaissances lexicales[150] de manière à utiliser les mots justes et dans un sens correct.

Quelques outils.

- Pour trouver un synonyme qui serait plus courant pour votre lecteur ou qui exprimerait plus clairement votre pensée, surlignez le mot lorsque vous êtes dans Word, cliquez sur le bouton droit de votre souris puis sélectionnez « synonymes ».
- Pour vérifier si deux mots vont ensemble, consultez un dictionnaire tel *Le Petit Robert*, qui vous propose, pour un même mot, plusieurs exemples de combinaison de ce mot avec d'autres (un verbe avec ses prépositions, par exemple). Un logiciel tel *Antidote*[151] vous présente une longue liste de « cooccurrences » (associations du mot interrogé avec d'autres mots) que je trouve très précieuse en rédaction professionnelle.
- Pour mieux connaître le sens et l'utilisation des mots que vous lisez ou souhaitez employer, faites des exercices de vocabulaire, tels que ceux proposés dans l'ouvrage *1000 mots pour réussir*[152].

149 On pourrait même dire « de repeindre les murs ».
150 C'est-à-dire qui concernent les mots d'une langue.
151 Logiciel d'aide à la rédaction du français : http://www.druide.com/antidote.html
152 Claude LEBRUN, *1000 mots pour réussir*, Belin, Guides plus. Je recommande souvent ce livre aux participants de mes formations : les mots y sont regroupés par champs lexicaux (c'est-à-dire les mots reliés à un même thème) et les exercices y sont présentés sous forme de jeux instructifs et très amusants à faire. Voir bibliographie pour d'autres références.

En résumé :

15e BONNE PRATIQUE

Choisissez des mots courants, connus et positifs, que votre lecteur comprendra et appréciera

Cette bonne pratique vous sera utile : ✩ ✩ ✩

16. Construire des phrases claires

Intérêt de cette bonne pratique

Cette bonne pratique est très importante pour rendre un texte lisible, c'est-à-dire compris sans effort particulier par le lecteur. En effet, rien de plus désagréable pour ce dernier que de devoir relire une phrase plusieurs fois pour la comprendre. En outre, le lecteur risque de ne plus lire la suite du texte s'il ne le comprend pas tout de suite.

Grâce à cette bonne pratique, vous saurez où placer les mots pour construire des phases claires. Ainsi, votre lecteur vous comprendra immédiatement, vous lira jusqu'au bout et entendra votre message.

Écrits concernés

Absolument tous : à mes yeux de rédactrice professionnelle, de formatrice et de consultante, cette bonne pratique est la plus importante pour rédiger clairement.

Testez la lisibilité de vos phrases

Voici un truc très efficace pour tester la lisibilité de vos phrases.

- Lisez l'extrait de texte ci-dessous, une seule fois.
- Après l'avoir lu, déposez ce livre et résumez ce que vous avez lu.
- Vous pouvez aussi lire cet extrait à voix haute à une tierce personne et lui demander de le résumer.
- Vérifiez ensuite si ce que vous en avez retenu (ou ce que votre auditeur en a retenu) correspond au texte écrit.
- Je doute fort que vous ayez retenu l'essentiel de cet extrait; en ce qui me concerne, la première fois que j'ai lu cet extrait de rapport, je n'y ai rien compris et je n'en ai donc rien retenu…

- Or, un texte est lisible s'il est compris tout de suite (après une seule lecture) et si l'essentiel de son message est retenu sans difficulté par le lecteur[153].
- La raison pour laquelle cet extrait n'est pas lisible est qu'il est constitué d'une seule phrase de quatre-vingt-huit mots !
- Vous trouverez à la fin de ce chapitre la réécriture de cet extrait.

Exemple

Sur la base des statistiques nationales disponibles, il y a lieu de fixer cette période de référence, en ce qui concerne la production agricole, aux années 97-98-99, exception faite du secteur du lait de vache et du secteur bovin pour lesquels l'année 98, utilisée tant pour la fixation du quota laitier que du troupeau de référence de ce pays, constitue la base la plus appropriée et du secteur de l'horticulture pour lequel l'année 99 est celle pour laquelle les statistiques sont les plus fiables.

Faites des phrases courtes

Les études en lisibilité l'ont montré[154] : le lecteur lit, comprend et mémorise mieux les phrases courtes.

- Coupez une phrase longue en **plusieurs phrases courtes** : pour cela :
  - recherchez les idées[155] qui composent la phrase,
  - pour chaque idée, faites une phrase distincte.
- Limitez-vous à un **maximum de deux idées par phrase** : une proposition[156] principale et une subordonnée[157] ou deux propositions coordonnées[158].
- **Séparez** deux propositions par un **deux-points**, lorsque la deuxième proposition est un exemple, une explication ou une énumération (voir premier exemple ci-dessous, colonne de droite).
- Ne dépassez pas **15-20 mots par phrase**, surtout pour les textes destinés à être lus sur écran.

[153] Voir chapitre I, point C. *Les sept qualités d'un texte professionnel.*

[154] Voir chapitre I, partie D. *Comment évaluer l'efficacité d'un texte professionnel.*

[155] Une phrase ne doit contenir, de préférence, qu'une seule idée. Un ensemble de phrases (entre trois et cinq phrases) constitue un paragraphe qui développe, lui, une idée générale. Les phrases d'un paragraphe expriment donc chacune une sous idée de l'idée principale qui est développée dans le paragraphe.

[156] Une proposition est une phrase simple qui comprend un seul verbe.

[157] Une proposition principale est une proposition qui a sous sa dépendance une ou plusieurs proposition(s) subordonnée(s). Exemple : « Rédigez clairement afin que votre lecteur vous comprenne. »

[158] Les propositions coordonnées sont des propositions de même nature, liées par une conjonction de coordination telle que *et, mais, ou*... Exemple : « Utilisez des mots connus de votre lecteur et faites des phrases courtes. »

Exemples[159]

La démence est une maladie neurologique qui a pour conséquence d'affecter les facultés intellectuelles, telles que la mémoire, la réflexion, le jugement, voire même de détériorer la personnalité du malade.	*La démence est une maladie neurologique. Elle détériore les facultés intellectuelles : la mémoire, la réflexion, le jugement et même la personnalité du malade.*
Cette communication propose la création d'un espace de transport maritime sans barrières au sein de l'Union européenne (UE) afin d'améliorer l'efficacité et la compétitivité du transport maritime intracommunautaire et de rendre les procédures aussi simples que les autres modes de transport.	*Cette communication propose de créer un espace de transport maritime sans barrières au sein de l'Union européenne (UE). Cet espace améliorera l'efficacité et la compétitivité du transport maritime entre les pays de l'UE et simplifiera les procédures.*
Le nouveau règlement remplace les 21 organisations communes distinctes des marchés et les regroupe en un règlement unique, ramenant ainsi le nombre d'articles de près de 920 à 230 environ et abrogeant quelque 78 actes du Conseil au total.	*Le nouveau règlement regroupe en un seul les 21 organisations communes des marchés. Il réduit ainsi le nombre d'articles (de 920 à 230 environ) et supprime plusieurs actes du Conseil.*

159 Ces exemples sont extraits du site *Synthèses de la législation européenne* (*http://europa.eu/legislation_summaries/index_fr.htm*), qui a pour objectif de fournir une présentation rapide et facile à lire de la législation de l'Union européenne. Les rédacteurs juridiques de ce site, lors d'une formation en *Rédaction claire*, ont eux-mêmes réécrit plus lisiblement les extraits de textes présentés ci-dessus.

Construisez vos phrases logiquement

Vous ne pourrez pas toujours éviter les phrases de moins de vingt mots. Dans ce cas, soyez attentif à donner un ordre logique à votre phrase. L'ordre logique d'une phrase en français est :

Qui	**Fait**	**Quoi**	**À qui**	**Où** **Quand** **Comment** **Pourquoi**
Sujet	Verbe	Complément d'objet direct	Complément d'objet indirect	(un ou deux) Compléments circonstanciels

Vous pouvez également commencer par un complément circonstanciel (de lieu ou de temps, par exemple) et suivre ensuite l'ordre de ce tableau.

Exemples

La phrase ci-dessous est une longue phrase (soixante-trois mots !), mais elle est claire, car elle suit la structure :

Quand, qui fait quoi à qui pourquoi.

En décembre 2011, le roi Carl Gustav de Suède a remis le prix Nobel de la paix à Ellen Johnson-Sirleaf, présidente du Liberia, à Leymah Gbowee, militante pacifiste libérienne, ainsi qu'à Tawakkul Karmanla, journaliste yéménite et figure emblématique du « Printemps arabe », pour leur lutte non violente en faveur de la sécurité des femmes et de leurs droits à participer au processus de paix.

Voici d'autres exemples de phrases bien construites :

Le mardi 4 octobre, le comité de rédaction a examiné les textes du rapport annuel avec les rédacteurs afin de les harmoniser.

(quand, qui a fait quoi avec qui et pourquoi)

Le secrétariat organisera la réunion mensuelle de service dans la salle B le 30 novembre de 14 h à 15 h.

(qui fait quoi où quand)

L'exemple suivant est une phrase réécrite deux fois, en allant chaque fois vers plus de lisibilité.

- *La première version n'est pas claire : la phrase est longue (quarante-huit mots) et mal construite.*

- *La deuxième reste longue, mais est un peu plus claire grâce à « d'une part, d'autre part ».*
- *La troisième est très claire :*
  - *la phrase initiale a été subdivisée en deux phrases;*
  - *la seconde phrase est présentée sous forme d'énumération visuelle (liste à puces).*

Le forum du marché unique vise à rassembler des citoyens, entreprises et autorités publiques venant de toute l'Europe pour faire un bilan du fonctionnement du marché unique européen et discuter de nouvelles initiatives à prendre et de la meilleure façon de mettre en œuvre l'Acte unique.

Le forum du marché unique vise à rassembler des citoyens, entreprises et autorités publiques venant de toute l'Europe pour faire un bilan du fonctionnement du marché unique européen et discuter, d'une part, de nouvelles initiatives à prendre et, d'autre part, de la meilleure façon de mettre en œuvre l'Acte unique.

Le forum du marché unique vise à rassembler des citoyens, entreprises et autorités publiques venant de toute l'Europe. Ce forum a comme objectif de :

- faire un bilan du fonctionnement du marché unique européen;
- discuter de nouvelles initiatives à prendre;
- débattre de la meilleure façon de mettre en œuvre l'Acte unique.

Privilégiez les phrases affirmatives

Le lecteur enregistre mieux un message positif qu'un message négatif. C'est pourquoi vous serez attentif à faire des **phrases affirmatives**.

Ne faites pas de phrases longues.	*Faites des phrases courtes.*
N'oubliez pas d'inscrire cette réunion dans votre agenda électronique.	*Pensez à inscrire cette réunion dans votre agenda électronique.*
Vous n'êtes pas sans savoir…	*Vous savez que…*

Préférez les phrases actives

Le lecteur lit plus vite une phrase active qu'une phrase passive : privilégiez alors les **phrases actives.**

La société BBB a été avertie que, passé ce délai, la désignation de M. Dubois en qualité de responsable de la distribution serait supprimée de son dossier.	*L'agence XXX a averti la société BBB qu'elle supprimerait la désignation de M. Dubois en qualité de responsable de la distribution le 01/12/2011.*
Les collaborateurs ont été priés de faire part de leurs observations.	*Les collaborateurs feront part de leurs observations.*
Le projet de texte est soumis à l'approbation du comité de direction.	*Le comité de direction doit approuver le projet de texte.*
Le comité de direction est invité à se prononcer.	*Le comité de direction se prononcera.*

Utilisez les tournures passives pour une bonne raison

Toutefois, les formules passives seront utiles dans les cas suivants :

- lorsque l'auteur de l'action est inconnu;
- lorsque, par diplomatie, vous préférez ne pas nommer l'auteur de l'action (premier exemple ci-dessous);
- lorsque l'objet est plus important pour le lecteur que le sujet qui a fait l'action (deuxième exemple ci-dessous).

Votre (ou notre) service du personnel a commis une erreur.	*Une erreur a été commise.*
J'ai validé votre inscription.	*Votre inscription a été validée.*

Faites des énumérations cohérentes

L'énumération visuelle (liste à puces) rend une phrase longue très lisible, surtout lue sur écran. Mais elle sera **claire** si elle est **cohérente**.

La phrase ci-dessous vous explique ce qu'est une énumération cohérente, tout en étant un exemple de phrase énumérée correctement.

Pour être cohérente, une énumération doit :

- commencer par une phrase d'introduction (ici : « pour être cohérente, une énumération doit... »);
- introduire des éléments d'un même contenu du point de vue du sens (ici : tous les éléments énumérés dans cet exemple définissent ce qu'est une énumération cohérente);
- se composer d'éléments qui grammaticalement concordent tous avec la phrase d'introduction (ici : tous les éléments énumérés s'accordent avec le sujet : « une énumération doit... »);
- se composer d'éléments uniformes (ici : des infinitifs);
- se terminer au dernier élément énuméré (ici : la phrase se termine par ce cinquième point d'énumération).

En outre, vous ponctuerez correctement votre énumération[160], c'est-à-dire :

- vous utiliserez un deux-points après la phrase d'introduction;
- vous commencerez chaque élément énuméré par un tiret et par une lettre minuscule;
- vous terminerez chaque élément énuméré par une virgule ou un point-virgule;
- vous terminerez le dernier élément de l'énumération par un point.

Exemple

L'énumération ci-dessous n'est pas cohérente parce que :

- *les substantifs inventaire et budget ne peuvent formellement être mis sur le même pied que le verbe contacter;*
- *les substantifs inventaire et budget ne peuvent être comparés, car le premier désigne une action et le second l'objet sur lequel porte une action.*

[160] Sauf dans les énumérations dans un tableau ou sur une dia Powerpoint : dans ce cas-là, on ne met aucune marque de ponctuation à la fin des éléments énumérés.

La phrase a été retravaillée pour être plus cohérente et donc plus claire :

- *elle a été scindée en deux phrases;*
- *les éléments énumérés commencent tous par un verbe à l'infinitif;*
- *les éléments énumérés désignent tous les actions à entreprendre pour obtenir les renseignements recherchés.*

Il faut définir dès à présent les objectifs de la prochaine réunion et les renseignements à avoir pour celle-ci :

- *inventaire des postes et connexions existantes;*
- *contacter les chefs de service afin d'évaluer leurs besoins (renseignements dans les 10 jours ouvrables);*
- *budget ordinaire et extraordinaire suite à ces renseignements.*

Il faut définir les objectifs de la prochaine réunion. Pour cela, il est nécessaire de :

- *répertorier les postes et connexions existants;*
- *connaître les besoins des chefs de service;*
- *évaluer les budgets ordinaire et extraordinaire.*

Exemple récapitulatif

Vous trouverez ci-dessous l'extrait de texte proposé au début de cette bonne pratique, complètement réécrit.

Comment a-t-il été rendu plus clair ?

- *La longue phrase initiale a été scindée en deux phrases.*
- *La deuxième phrase est une énumération de deux propositions.*
- *Ces deux propositions équivalentes ont une structure syntaxique identique (« dans le secteur… l'année… est/constitue… »).*
- *Une information secondaire a été mise entre parenthèses.*

Sur la base des statistiques nationales disponibles, il y a lieu de fixer cette période de référence, pour la production agricole, aux années 97-98-99. Il y a cependant deux exceptions :

- *dans le secteur du lait de vache et dans le secteur bovin, l'année 98 (utilisée tant pour la fixation du quota laitier que du troupeau de référence de ce pays) constitue la base la plus appropriée;*
- *dans le secteur de l'horticulture, 99 est l'année pour laquelle les statistiques sont les plus fiables.*

En résumé :

16e BONNE PRATIQUE

Pour que vos phrases soient claires, elles doivent être :

- courtes
- bien construites : sujet + verbe + compléments

Qui Fait Quoi À qui Où/Quand/Comment/Pourquoi

Cette bonne pratique vous sera utile : ✩ ✩ ✩

17. Relier ses phrases et paragraphes logiquement

Intérêt de cette bonne pratique

Vous arrive-t-il de lire un texte, de comprendre les mots et les phrases, mais de ne pas voir où l'auteur veut en venir ?

Cette impression peut venir de ce que les liens logiques entre les idées ne sont pas clairement exprimés; le lecteur est alors freiné dans sa lecture, car il doit relire pour créer lui-même ces liens.

Cette bonne pratique vous indiquera comment enchaîner clairement vos phrases et vos paragraphes, afin de rendre la lecture de votre texte plus fluide pour le lecteur.

Écrits concernés

Cette bonne pratique n'est pas indispensable pour les textes très courts ou les textes dans lesquels vous utilisez de nombreux procédés de mise en pages (intertitres, paragraphes courts, listes à puces…). Elle est utile pour tous les autres textes.

Indiquez les liens logiques entre vos idées grâce aux articulateurs

Utilisez les articulateurs logiques[161] qui indiquent les **rapports logiques** entre vos idées. Votre lecteur comprendra ainsi plus vite votre message.

Je vous recommande la première solution, qui convient mieux à votre demande.	*Je vous recommande la première solution,* ***parce qu****'elle convient mieux à votre demande.*

[161] Mot établissant un lien logique entre deux parties d'un texte.

Les frais médicaux non couverts par la mutuelle sont remboursés. Aucun remboursement ne sera effectué si…	*Les frais médicaux non couverts par la mutuelle sont remboursés.* ***Cependant****, aucun remboursement ne sera effectué si*[162]*…*
Il avait été convenu que ce rapport devait nous être envoyé avant le 5 décembre. Nous n'avons encore rien reçu. La prochaine réunion d'examen du dossier a lieu le 20 décembre. Vous devez nous l'adresser aussi rapidement que possible.	*Il avait été convenu que ce rapport devait nous être envoyé avant le 5 décembre.* ***Or*** *nous n'avons encore rien reçu.* ***Étant donné que*** *la prochaine réunion a lieu le 20 décembre, pourriez-vous nous adresser ce rapport pour le 15 décembre au plus tard ? Merci d'avance.*

Articulez vos phrases et paragraphes par des mots de liaison

Les mots de liaison indiquent à votre lecteur l'**enchaînement** de vos **arguments** et des **parties** de votre texte.

Voici un tableau dans lequel vous pourrez puiser pour relier vos phrases et paragraphes.

Pour additionner les idées	Pour introduire une restriction	Pour conclure
(1) *D'abord* *Tout d'abord* *En premier lieu* *Premièrement*	*Cependant* *Néanmoins* *Toutefois* *Pourtant* *En revanche* *Par contre* *Sinon*	*En conclusion* *Pour conclure* *Pour toutes ces raisons* *En conséquence* *Bref*
(2) *Ensuite* *Par ailleurs* *En outre* *De plus*		
(3) *Enfin*		

162 Exemple repris d'*Écrire pour être lu*, op.cit., p. 46.

Exemple

Lisez le premier exemple ci-dessous : sentez-vous qu'il manque quelque chose ?

Lisez ensuite le deuxième exemple[163] : percevez-vous qu'il est plus facile à mémoriser que le premier, grâce à un emploi adéquat des mots de liaison ?

Vous devriez augmenter la lisibilité de vos textes. Plusieurs types de formations pourront vous y aider. Vous devriez peut-être vous débarrasser de quelques préjugés relatifs à la rédaction en français. Vous pourrez mesurer les bénéfices d'une Rédaction claire. Cela vous permettra de choisir la formule d'apprentissage la mieux adaptée à vos besoins.

Vous devriez augmenter la lisibilité de vos textes. Plusieurs types de formations pourront vous y aider. Mais ***avant tout,*** *vous devriez peut-être vous débarrasser de quelques préjugés relatifs à la rédaction en français. Vous pourrez* ***ensuite*** *mesurer les bénéfices d'une Rédaction claire. Cela vous permettra* ***enfin*** *de choisir la formule d'apprentissage la mieux adaptée à vos besoins.*

En résumé :

17e BONNE PRATIQUE

Montrez les liens logiques et les enchaînements entre vos idées en reliant vos phrases et paragraphes par des mots de liaison

Cette bonne pratique vous sera utile : ☆ ☆ ☆

[163] Extrait de l'article présenté p. 293.

18. Être concis

Intérêt de cette bonne pratique

Soyez économe dans le nombre de mots que vous utilisez : votre lecteur lira plus volontiers votre texte s'il est court, facile à lire et à comprendre.

Vous trouverez ci-dessous quelques techniques pour rendre votre texte plus concis.

Écrits concernés

Tous

Exemple

Le texte ci-dessous est extrait d'un rapport sur le projet de déménagement d'une entreprise : le trouvez-vous facile à lire ?

Avant :

En vue de réaliser ce premier objectif, je propose que le directeur général se rende sur place afin d'établir un premier contact avec les autorités locales pour se renseigner sur les modalités administratives d'établissement. Je suggère également que fassent partie de cette délégation les directeurs financier et des ressources humaines qui auront respectivement pour mission de prospecter dans le but de trouver un immeuble où l'unité pourrait s'installer et donc pouvoir fournir une estimation plus proche de la réalité quant au coût auquel l'établissement pourrait se chiffrer; et de rencontrer un représentant de l'ambassade de Belgique afin de glaner des informations pratiques et administratives qui pourront être transmises au personnel afin de faciliter l'insertion dans le pays d'accueil. Cette délégation sera également chargée de prendre des contacts avec des agences immobilières et de visiter des quartiers résidentiels dans lesquels le personnel pourrait être logé.

Ce texte contient 152 mots.

Il a été réécrit (ci-dessous) en gardant tout son contenu, mais avec un tiers de mots en moins. Les améliorations qui y ont été apportées concernent :

- *la concision des formulations;*
- *la longueur des phrases;*
- *la mise en pages.*

Mesurez-vous à quel point il est plus lisible que sa version initiale ?

Après :

Pour réaliser ce premier objectif, je propose que le directeur général, accompagné des directeurs financier et ressources humaines, se rende sur place en délégation.

1. *Le directeur général se renseignera auprès des autorités locales sur les modalités administratives d'établissement.*
2. *Le directeur financier trouvera un immeuble pour l'unité et estimera le coût de cet établissement.*
3. *Le directeur des ressources humaines rencontrera un représentant de l'ambassade de Belgique pour obtenir des informations pratiques et administratives utiles à l'insertion du personnel dans le pays d'accueil.*
4. *La délégation contactera des agences immobilières et visitera des quartiers résidentiels pour loger le personnel.*

Ce texte contient 100 mots.

Allez droit au but

Éliminez toutes les informations évidentes (et donc inutiles) pour le lecteur.

(…) le directeur général (…) ~~afin d'établir un premier contact~~ avec les autorités locales pour se renseigner sur les modalités administratives d'établissement.

Le directeur général se renseignera auprès des autorités locales sur les modalités administratives d'établissement.

Utilisez des formules plus courtes et plus directes

Remplacez les circonlocutions[164] par des formulations plus directes.

164 Manière indirecte d'exprimer sa pensée, par des détours.

(…) le directeur financier (…) ~~prospecter dans le but de~~ trouver un immeuble ~~où~~ l'unité ~~pourrait s'installer~~ (…)	*Le directeur financier trouvera un immeuble pour l'unité.*
(…) ~~qui pourront être transmises~~ au personnel ~~afin de faciliter~~ l'insertion dans le pays d'accueil (…)	*(…) utiles à l'insertion du personnel dans le pays d'accueil.*

Privilégiez les verbes d'action

Remplacez les nominalisations[165] par des verbes d'action : c'est plus court et les verbes d'action ont plus d'impact sur le lecteur (voir BP 15).

(…) le directeur financier (…) ~~fournir une estimation plus proche de la réalité quant au~~ coût ~~auquel~~ l'établissement ~~pourrait se chiffrer~~ (…)	*(le directeur financier)… estimera le coût de cet établissement.*
Cette délégation ~~sera également chargée de prendre des~~ contacts avec des agences immobilières (…)	*La délégation contactera des agences immobilières (…)*
(…) de visiter des quartiers résidentiels ~~dans lesquels~~ le personnel ~~pourrait être~~ logé.	*(…) visitera des quartiers résidentiels pour loger le personnel.*

[165] Les nominalisations sont des constructions avec un substantif plutôt qu'un verbe simple : *fournir une estimation* plutôt qu'*estimer*, par exemple.

En résumé :

18e BONNE PRATIQUE

Relisez soigneusement vos phrases, trouvez des formulations plus concises et éliminez tous les mots inutiles

Cette bonne pratique vous sera utile : ✩ ✩ ✩

19. Attirer l'attention du lecteur et l'inciter à réagir

Intérêt de cette bonne pratique

Déplorez-vous que vos destinataires ne répondent pas (ou pas complètement) aux demandes que vous leur formulez ? Si c'est le cas, adoptez un style qui accroche l'attention de vos lecteurs.

Cette bonne pratique vous présente quelques techniques pour impliquer votre lecteur et le rendre ainsi plus attentif à vous lire et enclin à vous répondre ou à agir.

Écrits concernés

Tous les courriers (lettres, courriels, notes), mais aussi tous les textes par lesquels vous souhaitez faire réagir votre lecteur : bulletins d'informations[166], dépliants, prospectus, publipostages[167], pages de sites et billets de blogue[168] .

Impliquez le lecteur

Adressez-vous à votre lecteur en utilisant ***vous*** ou l'impératif plutôt qu'une formulation impersonnelle. Présentez les choses de **son point de vue** en utilisant le *vous*, *votre* plutôt que de les présenter de votre point de vue. Votre lecteur se sentira ainsi beaucoup plus impliqué et concerné par ce que vous lui dites.

Le compte rendu de la dernière réunion de secteur se trouve ci-joint.	*Vous trouverez ci-joint le compte rendu de la dernière réunion de secteur.*
Il est plus efficace de faire des phrases courtes.	*Faites des phrases courtes.*

[166] Mot français pour *newsletter*.
[167] Mot français pour *mailing*.
[168] Mot français pour *blog*.

Merci de prévenir Mme Dubois du report de la réunion.	*Pourriez-vous prévenir Mme Dubois du report de la réunion ?*
Dès le 1er septembre, l'unité publiera la liste des postes vacants sur l'intranet.	*Dès le 1er septembre, vous trouverez la liste des postes vacants sur l'intranet.*
Nous validerons votre inscription dès la réception de votre formulaire.	*Votre inscription sera validée[169] dès la réception de votre formulaire.*

Posez des questions

Qu'avez-vous envie de faire devant une question ? D'y répondre ou d'en connaître la réponse. Il en est de même pour votre lecteur. **Soyez interactif** dans votre texte : c'est une manière d'augmenter l'attention de votre lecteur.

- Cette technique convient bien pour les titres et intertitres de votre texte.
- Elle est particulièrement efficace quand vous souhaitez que votre destinataire agisse ou vous réponde.

Exigences applicables aux matériaux et objets en plastique recyclé. *(titre)*	*Quelles sont les exigences applicables aux matériaux et objets en plastique recyclé ?*
J'aimerais recevoir un exemplaire de votre brochure.	*Pourriez-vous m'envoyer un exemplaire de votre brochure ?*
Je souhaiterais connaître vos honoraires.	*Quels sont vos honoraires ?*
Merci de bien vouloir me confirmer que vous avez bien reçu ces documents du département X.	*Pourriez-vous me confirmer que vous avez bien reçu ces documents du département X ? Merci.*

169 Une tournure passive est utile si elle met en avant l'objet qui concerne le lecteur (voir BP 16).

Personnalisez votre courrier[170]

Comment l'émetteur du message doit-il se désigner : par un ***je*** ou par un ***nous*** ?

Le lecteur est plus sensible à un *je*, qui personnalise la relation entre l'émetteur et le destinataire d'un message. Toutefois, le *je* n'est pas possible quand l'émetteur du message est une organisation (entreprise, institution ou service).

Si vous êtes le seul émetteur du message et que vous signez le message uniquement de votre nom, le *je* est approprié.

Si vous rédigez au nom d'une entité (votre organisation ou votre service), le *nous* sera alors plus adéquat.

- Soyez en tout cas très attentif à ce que le *nous* désigne toujours le même groupe de personnes (et pas tantôt toute votre institution, tantôt uniquement votre service, tantôt uniquement vous-même) et à ce qu'il n'y ait aucune ambiguïté pour votre lecteur.
- Une technique intéressante consiste à utiliser le *je* lorsque vous parlez en votre nom propre et la 3e personne et le nom de votre organisation lorsque vous parlez en son nom.

Nous avons bien reçu votre courrier du (...). Nous avons vérifié auprès du service (...). Toutefois, nous ne pouvons donner une suite favorable à votre demande. En effet, nous sommes tenus de respecter (...).Nous restons à votre disposition (...). Nous vous prions d'agréer, (...).	*Votre courrier du (...) a retenu toute mon attention. J'ai vérifié auprès du service (...). Votre demande ne pourra toutefois être acceptée. En effet, (nom de l'organisation) est tenu de respecter (...). Je reste à votre disposition (...). Je vous prie d'agréer (...).*

[170] Ce conseil concerne le courrier, c'est-à-dire les lettres et les courriels.

Positivez

Présentez vos informations de manière **positive** : pour le lecteur, c'est plus agréable à lire et à retenir.

L'agence ferme à 16 h 30.	*L'agence est ouverte jusqu'à 16 h 30.*
Vous ne pouvez pas appliquer cette procédure tant que vous n'aurez pas préalablement supprimé le mot de passe.	*Vous pourrez appliquer cette procédure dès que vous aurez supprimé le mot de passe.*

Soulignez l'avantage du lecteur

Lorsque vous souhaitez faire réagir votre lecteur, soulignez le **bénéfice** qu'il tirera de cette action plutôt que de le menacer de ce qui arrivera s'il ne réagit pas.

Si le paiement de votre facture ne nous est pas parvenu avant le 1er octobre, nous nous verrons dans l'obligation de vous porter en compte 50 € de frais administratifs.	*En réglant votre facture avant le 1er octobre, vous éviterez des frais administratifs de 50 €.*

Soyez concret et précis

Donnez des **informations précises** à votre lecteur : vous l'encouragerez ainsi à vous donner une réponse rapide et complète.

Merci de nous confirmer votre participation dans les meilleurs délais.	*Pourriez-vous me confirmer votre participation pour le 15 octobre 2012 ? Merci d'avance.*

Nous sommes toujours disposés à vous fournir de plus amples informations.	*Vous souhaitez des informations complémentaires ? Téléphonez à notre service du personnel au 02 123 45 67, de 9 heures à 17 heures*[171].

Soyez convivial

Lors d'un premier courrier[172], formulez votre demande avec convivialité : votre destinataire vous répondra plus volontiers. Pour cela, préférez les formules avec des questions au **conditionnel** et des **remerciements**, plutôt que des formules plus classiques et impératives.

Nous vous prions de nous renvoyer ce document endéans[173] *les huit jours.*	*Pourriez-vous nous renvoyer ce document pour le (date) ? Nous vous en remercions d'avance.*
Vous êtes prié de nous renvoyer votre formulaire d'inscription dûment signé. Sans réponse de votre part d'ici le (…), nous nous verrons contraints d'annuler votre inscription.	*Pouvez-vous nous renvoyer votre formulaire d'inscription signé pour le (…) ? Votre inscription pourra ainsi être définitivement validée.*

171 Cette formule convient lorsque vous travaillez dans un département de service à la clientèle ; dans une note à un supérieur hiérarchique, vous écrirez plutôt une formule telle : « Je reste à votre disposition pour toute information complémentaire ».

172 Toutefois, lorsqu'il s'agit du énième rappel, vous utiliserez bien sûr les formules classiques plus impératives telles : « Nous vous prions de (+ infinitif) », avec la menace de sanction en cas de non-exécution.

173 Belgicisme administratif pour « dans le délai de », d'après *Dictionnaire des belgicismes*, op.cit.

En résumé :

19e BONNE PRATIQUE

Voulez-vous faire réagir votre lecteur ? Posez-lui une question et adressez-vous à lui

Cette bonne pratique vous sera utile : ✩ ✩ ✩

20. Adopter un style actuel pour donner une image dynamique

Intérêt de cette bonne pratique

Souhaitez-vous donner une image dynamique de votre organisation ?

Adoptez alors un style actuel, débarrassé des formules pompeuses du style administratif traditionnel[174] : votre destinataire se sentira plus concerné et sera plus enclin à vous répondre.

Écrits concernés

Tous les courriers.

- **Courrier externe : lettres et courriels avec les clients, les fournisseurs, les administrés, les confrères, les experts...**
- **Courrier interne : notes et courriels au personnel, à la hiérarchie, entre collègues...**

Exemple

Voici un exemple de lettre professionnelle, proche d'une lettre reçue par une de mes connaissances. Que pensez-vous de son style ?

Administration communale de Belleville

Le 20 septembre 2011

Madame,

Concerne : complexe immobilier « Mon beau quartier » – cave 111 – Renonciation d'occupation à titre précaire

Nous nous référons à votre courriel du 24.08.2011 par lequel vous demandez à pouvoir renoncer à dater du 31.08.2011 à l'occupation à titre précaire de la cave 111 sise dans le complexe immobilier « Mon beau quartier ».

[174] Dans certaines lettres ou notes officielles, vous pourriez toutefois estimer qu'il est préférable de garder un style traditionnel, car ce style donnera à votre courrier un côté formel correspondant mieux à la situation de communication : consultez à ce sujet la bonne pratique 21 : *choisir le degré de formalisme correspondant à la situation de communication.*

Nous avons l'honneur de porter à votre connaissance que le Collège des Bourgmestre[175] et Échevins[176], en sa séance du 13.09.2011, a pris acte de votre renonciation à ladite cave 111 à dater du 31.08.2011.

Nous vous saurions gré de bien vouloir remettre la clef donnant accès à la cave 111 auprès du service des Propriétés de notre administration situé au 3e étage, avenue de la commune 20, 1111 Belleville, tous les jours ouvrables de 8 h à 12 h et de 13 h 30 à 16 h 30.

Veuillez agréer, Madame, l'expression de nos sentiments les meilleurs.

Le Secrétaire communal,	*Pour le Bourgmestre :* *L'Échevin délégué,*
(signature)	*(signature)*

Éliminez clichés et archaïsmes administratifs

Personnellement, j'ai trouvé le style de la lettre ci-dessus exagérément formel par rapport au destinataire présumé[177] et au sujet traité.

Les études en lisibilité le confirment[178] : une lettre contenant des formules traditionnelles de la langue administrative crée une distance entre l'émetteur et le destinataire du message. En outre, ces formules anciennes ralentissent la lecture (le lecteur doit se rappeler ce qu'elles signifient). Enfin, certaines peuvent ne pas être comprises par le destinataire, entraînant ainsi une mauvaise interprétation du message.

175 En Belgique : équivalent du maire, premier magistrat de la commune, d'après *Dictionnaire des belgicismes*, op.cit.

176 En Belgique : membre du conseil communal désigné par ses pairs pour prendre en charge une partie de l'administration de la commune, d'après *Dictionnaire des belgicismes*, op.cit.

177 Cette lettre s'adresse à une citoyenne qui loue une cave appartenant à la commune : le destinataire peut donc être n'importe quel citoyen.

178 Voir, notamment : D. MARKEY et W. DECOO, « Lire la correspondance professionnelle pour en mesurer la qualité : le cas des lettres types », dans *Enjeux*, revue de didactique du français des Facultés universitaires de Namur, n° 37/38, mars/juin 1996, p. 111-129.

Utilisez un langage courant

Utilisez un langage que votre destinataire comprendra sans peine. Pour cela, remplacez les expressions anciennes de la langue administrative par des tournures et un vocabulaire de la langue courante.

Nonobstant…	Malgré, en dépit de…
À l'instar de…	À l'exemple de…
En date du…	Le…
Susmentionné…	Mentionné ci-dessus…
Prière de nous faire parvenir votre preuve de paiement pour le 20 courant.	Pouvez-vous nous faire parvenir votre preuve de paiement pour le 20 mars ?
… le document dûment [179] signé	… le document signé
Sis	Situé
Nous avons l'honneur de porter à votre connaissance…	Nous vous informons que…
Ladite cave 111	La cave 111
Nous vous saurions gré de…	Nous vous serions reconnaissants de…

Exemple

Voici une version plus actuelle de la lettre présentée ci-dessus : ne la trouvez-vous pas plus accessible au lecteur, sachant que, pour ce type de lettres, le lecteur est le grand public ?

[179] *Dûment* signifie « selon les formes prescrites » : à n'utiliser que lorsque ce sens est justifié, dans un écrit à caractère juridique.

Madame,

Concerne : complexe immobilier « Mon beau quartier » – cave 111 - Renonciation d'occupation à titre provisoire

Nous nous référons à votre courriel du 24.08.2011 par lequel vous demandez à pouvoir renoncer à l'occupation à titre provisoire[180] de la cave 111 située dans le complexe immobilier « Mon beau quartier » et ce, à dater du 31.08.2011

Nous vous informons que le Collège des Bourgmestre et Échevins, lors de sa séance du 13.09.2011, a pris acte de votre renonciation à la cave 111 à partir du 31.08.2011.

Nous vous serions reconnaissants de bien vouloir remettre la clé donnant accès à la cave 111 au service des Propriétés de notre administration situé au 3e étage, avenue de la commune 20, 1111 Belleville, tous les jours ouvrables de 8 h à 12 h et de 13 h 30 à 16 h 30.

Recevez, Madame, nos meilleures salutations.

Le Secrétaire communal,
(signature)

N'utilisez le style traditionnel que pour de bonnes raisons

Certains me disent parfois qu'ils apprécient « ces belles formules anciennes du style épistolaire français ». Certes, je suis la première à avoir souri devant le charme désuet des formulations de la lettre montrée au début de cette fiche. Je pense toutefois que l'erreur n'est pas, dans l'absolu, d'utiliser ce style ancien, mais de l'employer avec des destinataires qui pourraient ne pas en comprendre toutes les formules, comme c'est le cas ici. Écrire avec de telles formules à un correspondant dont on sait qu'il les comprend et les apprécie, c'est faire preuve de complicité, ce qui est une bonne raison. Mais utiliser ces formules dans des documents standard adressés à un public divers, dont la maîtrise du français peut être très variable, est, à mon sens, une erreur de communication.

[180] Le document initial utilise l'expression « à titre précaire », précaire signifiant, en langage juridique : « qui ne s'exerce que grâce à une autorisation révocable » (d'après le *Petit Robert*). Cette utilisation peut se justifier pour des raisons juridiques ; mais ce terme ne risque-t-il pas de provoquer de la confusion pour le destinataire d'une telle lettre standard, étant donné la connotation péjorative du mot précaire au sens général du terme ?

Anecdote

L'anecdote suivante illustre avec beaucoup d'humour les malentendus que peut engendrer l'emploi de clichés de la langue administrative dans un document commercial standard.

La scène se passe dans le film belge « Les convoyeurs attendent », de Benoît Mariage (1999).

Le personnage principal, Roger (joué par Benoît Poelvoorde) et son ami l'entraîneur (joué par Bouli Lanners), sont assis dans un abribus. Le second raconte au premier qu'il a loué une robe de mariage pour sa fille et qu'il y a une phrase qu'il ne comprend pas dans le contrat de location de la robe.

***L'entraîneur** (montrant le document à Roger) : « Tiens, là ! »*

***Roger** (lisant le document): « Le nettoyage à sec sera facturé nonobstant l'état dans lequel le vêtement sera rapporté. »*

***L'entraîneur** : « Et nonobstant, ça veut dire quoi ? »*

***Roger :** « Ben nonobstant da ! »*

***L'entraîneur** : « Ben j'dois payer ou j'dois pas payer ? »*

***Roger** : (se tournant vers une personne que l'on ne voit pas) : « Maman, Patrick il a nonobstant là; quand il a nonobstant, c'est qu'il a déjà payé, non ? Mmm ? »*

***Roger** : « Ah mon avis oui, t'as déjà payé hein ! De toute façon, elle va pas se rouler dans la boue hein ! »*

***L'entraîneur** : « J'espère ! »*

Pour information : à l'entrée du mot « nonobstant », qui signifie « malgré, en dépit de », le *Petit Robert* précise : « vieilli, DR[181]. »

Vous pouvez visionner cet extrait de film à l'adresse suivante : http://www.vodkaster.com/Films/Les-convoyeurs-attendent/23816#

[181] L'abréviation DR. signifie « terme de la langue du droit » dans *le Petit Robert*. Toutefois, certains juristes éclairés recommandent de l'éliminer des textes juridiques à l'intention du grand public. Voir à ce sujet *Dire le droit et être compris*, op.cit., p. 34.

En résumé :

20e BONNE PRATIQUE

Donnez une image moderne de votre organisation :
utilisez un style actuel

Cette bonne pratique vous sera utile : ✩ ✩ ✩

21. Choisir le degré de formalisme correspondant à la situation de communication

Intérêt de cette bonne pratique

Votre courrier sera efficace auprès de votre lecteur si votre style est adapté à la situation de communication, c'est-à-dire à la relation que vous avez avec votre destinataire, au message et au type de courrier.

Vous trouverez dans cette bonne pratique une série d'expressions, plus ou moins formelles, parmi lesquelles vous choisirez celles qui conviennent à vos courriers spécifiques.

Écrits concernés

Tous les courriers.

- **Courrier externe : lettres et courriels avec les clients, les fournisseurs, les administrés, les confrères, les experts...**
- **Courrier interne : notes et courriels au personnel, à la hiérarchie, entre collègues...**

Évaluez la situation de communication

Vous avez sans doute une tenue très élégante dans votre garde-robe. Adéquate pour une cérémonie de gala, elle serait inappropriée pour un travail quotidien.

Il en est de même pour le vocabulaire et les expressions du courrier professionnel : vous choisirez un style plus ou moins formel selon la situation de communication.

Évaluez les paramètres de la situation de communication[182].

1) **La relation émetteur/récepteur** : plus la distance hiérarchique entre l'émetteur et le récepteur du message est grande, plus le registre de langue utilisé sera formel.

182 Voir BP 1.

2) **La culture du destinataire**[183] : les Anglo-saxons et les Scandinaves sont habitués à des modes de communication moins formels que les Latins; en Belgique, les néerlandophones sont moins formels dans leur communication que les francophones.

3) **Le message** : un troisième rappel (une mise en demeure) nécessite un registre plus autoritaire qu'une première demande.

4) **Le retour** : si vous souhaitez que votre destinataire réagisse de manière positive à votre demande, vous veillerez à être convivial.

5) **Le canal** : une lettre utilise un registre plus formel qu'une note; une note est plus formelle qu'un courriel.

Adaptez-vous au contexte de la situation de communication

Dans certaines situations, vous ne pourrez faire l'économie des formules classiques du courrier qui donnent à la lettre son ton formel. Par exemple, vous adopterez ce style plus formel si vous rédigez une lettre au nom de votre supérieur, adressée à une personne haut placée dans une institution francophone.

Mais vous serez plus efficace en adoptant un style plus moderne et convivial lorsqu'il s'agit d'une simple lettre ou d'un courriel adressé à un client, un fournisseur, un confrère, un collègue, un citoyen, à plus forte raison si votre destinataire n'est pas francophone et si vous travaillez dans un milieu multilingue.

Une bonne évaluation de la situation de communication vous permettra donc de décider quelles expressions adopter.

Choisissez la formule la plus efficace auprès de votre destinataire

Lorsque vous aurez évalué la situation de communication et le degré de formalisme qu'elle exige, vous pourrez choisir les expressions adéquates dans le tableau présenté à la page 173.

[183] Voir BP 24.

Distinguer les divers registres du style professionnel

Le tableau de la page suivante présente des expressions qui peuvent être utilisées dans un courrier professionnel. Ces expressions se distinguent les unes des autres par leur degré de formalisme.

1) La première colonne propose des expressions du **style traditionnel et très formel** : elles s'utilisent dans les lettres dont l'émetteur et (ou) le destinataire occupent des postes hiérarchiques élevés.

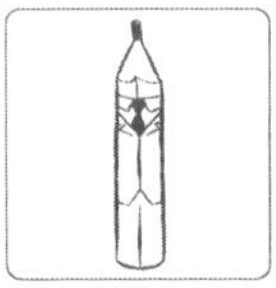

2) La deuxième colonne propose des expressions du **style classique** : elles conviennent à des lettres ou notes standard, adressées à un destinataire pas ou très peu connu, qui n'est pas de même grade hiérarchique que l'émetteur du courrier. Ces expressions se justifient si l'émetteur souhaite maintenir une certaine distance vis-à-vis du destinataire.

3) La troisième colonne propose des expressions du **style moderne et convivial** : elles sont tout à fait appropriées dans un courriel entre collègues et dans une lettre ou un courriel dans lequel l'émetteur du message veut se montrer accessible au récepteur; par exemple, dans une lettre ou un courriel commercial d'une entreprise vis-à-vis de ses clients, ou dans une lettre ou un courriel d'un service de l'État aux citoyens.

En résumé :

21e BONNE PRATIQUE

Choisissez le degré de formalisme de votre style en fonction de la situation de communication

Cette bonne pratique vous sera utile : ✩ ✩ ✩

Des formules plus ou moins formelles pour le courrier.

Style traditionnel et formel	Style classique	Style moderne et convivial
Nous accusons réception de votre courrier du (date). « Accuser réception » se justifie s'il s'agit véritablement d'un accusé de réception, au sens juridique du terme.	*Nous avons bien reçu votre courrier du (date).*	*J'ai bien reçu votre courrier du (date).* (L'emploi du « je » plutôt que du « nous » personnalise le courrier.)
Je vous saurais gré de me communiquer vos disponibilités pour la fin de ce mois. « Savoir gré », qui signifie « être reconnaissant », appartient au registre soutenu : on l'évitera avec un destinataire qui pourrait ne pas la comprendre.	*Je vous prie de bien vouloir me communiquer vos disponibilités pour la fin de ce mois.* Utiliser le verbe « prier quelqu'un de bien vouloir + infinitif » est une manière classique de demander à quelqu'un de faire quelque chose.)	*Pourriez-vous me communiquer vos disponibilités pour le (date). ? Merci.* « Pourriez-vous » (conditionnel) est une formule conviviale pour demander quelque chose à un destinataire de grade équivalent ou proche.
Auriez-vous l'obligeance de bien vouloir prendre ma demande en considération ? Il s'agit d'une formule respectueuse et formelle pour demander quelque chose à quelqu'un de haut placé par rapport à l'émetteur.	*Pourriez-vous examiner ma demande avant l'échéance de mon contrat ? Je vous en remercie d'avance.*	*Pourriez-vous examiner ma demande d'ici la fin du mois ? Merci.*
Nous vous prions de nous renvoyer ce document signé pour le (date). Utiliser le verbe « prier quelqu'un de + infinitif » (sans le « bien vouloir » après « prier de ») est une manière polie de donner un ordre : l'émetteur du message doit donc être dans une situation qui l'autorise à donner cet ordre au récepteur.	*Veuillez nous renvoyer ce document dûment signé pour le 15 octobre 2010.* « Veuillez » est une formule très impérative, qui se justifierait dans une lettre de mise en demeure.	*Pouvez-vous nous renvoyer ce document signé pour le 15 octobre 2010 ? Merci d'avance.* « Pouvez-vous » (futur) est une formule qui permet de donner un ordre courtoisement, car elle fait appel à la bonne volonté du destinataire.
Je vous remercie d'avance pour l'attention que vous voudrez bien accorder à ma demande. À un supérieur.	*Je vous remercie pour/de votre collaboration.* À un ou des subordonné(s)	*Merci d'avance.* Dans un courriel, à un destinataire de grade équivalent
Nous restons à votre disposition pour tout renseignement complémentaire.	*Je reste à votre disposition pour tout renseignement complémentaire* À un supérieur	*N'hésitez pas à reprendre contact avec moi pour toute information complémentaire.* Dans un courriel, à un destinataire de grade équivalent

22. Maîtriser les formules de politesse de la lettre

Intérêt de cette bonne pratique

La lettre est sans conteste le plus normé et le plus formel des écrits professionnels.Toutefois, dans la longue liste des formules d'appel[184] et de politesse[185] de la lettre, lesquelles choisir ?

Grâce à cette bonne pratique, vous apprendrez à utiliser les formules appropriées dans vos lettres : cela témoignera de votre savoir-faire social et cela contribuera à l'efficacité de votre lettre auprès de votre destinataire.

Écrits concernés

Toutes les lettres.

Faites le bon choix

L'emploi de ces formules varie en fonction de la situation de communication.

- Vous choisirez des formules plus formelles dans une lettre pour un destinataire occupant une fonction plus élevée que la vôtre.
- Pour un destinataire haut placé dans la hiérarchie sociale ou professionnelle, si vous hésitez entre une formule plus ou moins formelle, choisissez la plus formelle, selon le principe suivant : un excès de politesse n'a jamais vexé personne.
- Dans une lettre commerciale ou une lettre adressée à un citoyen, vous pourrez choisir des formules plus conviviales et modernes.
- Prenez toutefois la liberté de choisir des formules plus traditionnelles ou plus contemporaines, selon l'image que vous souhaitez donner de vous-même ou de votre organisation.

[184] La formule d'appel est celle que vous utilisez en commençant une lettre, pour saluer votre destinataire.

[185] La formule finale de politesse est la formule qui termine votre lettre et par laquelle vous prenez congé de votre destinataire.

Respectez les normes pour la formule d'appel

Pour choisir la formule d'appel appropriée pour vos lettres, rappelez-vous ces quelques règles.

- Dans la formule d'appel d'une lettre, ne faites jamais suivre le *Madame, Monsieur,* du nom de famille. Cela se voit dans le courrier commercial (sans doute influencée par la pratique de l'anglais ou du néerlandais), mais sachez que c'est contraire aux normes de la lettre en français.

~~Monsieur De Munter~~	*Monsieur*

- N'abrégez jamais le *Monsieur, Madame* dans la formule d'appel.

~~M. le Directeur~~	*Monsieur le Directeur*

- Vous pouvez utiliser l'abréviation de *Monsieur et Madame* lorsque vous parlez d'une tierce personne, et de la manière suivante.

Monsieur : M.	*Messieurs : MM.*
Madame : Mme	*Mesdames : Mmes*

- Lorsque vous écrivez une lettre à une personne titrée ou de grade hiérarchique élevé, utilisez son titre, que vous écrirez avec une majuscule.

Monsieur le Directeur général,
Je vous prie d'agréer, Monsieur le Directeur général, l'expression de ma très haute considération.

- N'employez que *Madame* (pas de *Mademoiselle* dans un contexte professionnel).
- Si vous ne connaissez pas le sexe de votre destinataire, utilisez la formule : *Madame, Monsieur*[186].

[186] Dans une lettre adressée à une organisation, évitez la formule ancienne *Messieurs* : cela pourrait vexer, à juste titre, les dames qui seraient parmi vos destinataires.

- Évitez le *Cher Monsieur, Chère Madame*, dans le courrier professionnel, sauf pour répondre à quelqu'un qui s'adresserait à vous de cette manière et à qui vous souhaiteriez exprimer une certaine sympathie. Ne l'utilisez en tout cas pas dans une lettre dont le message est négatif (une mise en demeure, par exemple) : de nos jours, cela pourrait être perçu comme hypocrite.

Avec les dames, utilisez les noms de titres au féminin

Si votre destinataire est une femme titrée, utilisez son titre au féminin, sauf si vous savez que la dame en question préfère que l'on utilise son titre au masculin (dans ce cas, ne prenez pas le risque de la froisser).

Madame la Ministre

Madame l'Ambassadrice[187]

Madame la Députée

Madame la Présidente

Madame la Rédactrice en chef

Madame la Directrice

Madame la vice-Rectrice

Madame la Bourgmestre

Madame la Professeur (ou Professeure)

La féminisation des noms de titres et de professions est recommandée en Belgique par un arrêté royal de 1993[188]; le Service de la langue française de la Communauté française de Belgique a publié un guide intitulé *Mettre au féminin*[189] que vous pouvez consulter pour connaître le féminin de certains noms de titres ou professions.

[187] Comme le signale le guide *Mettre au féminin* (http://www.languefrancaise.cfwb.be/index.php?id=2503), à l'entrée *ambassadeur, l'ambassadrice, l'amirale, la colonelle, la doctoresse* ou la *pharmacienne* ont d'abord été utilisées pour désigner l'épouse de l'ambassadeur, du docteur etc. Ce n'est que depuis la fin du XIXe siècle que ces formes féminines désignent la femme qui occupe ce poste ou exerce ce métier.

[188] L'arrêté est consultable à l'adresse suivante : http://www.languefrancaise.cfwb.be/index.php?id=2493 Cette féminisation est également recommandée en France par une directive ministérielle datant de 1998.

[189] Vous pouvez consulter ce guide en ligne à l'adresse suivante : http://www.languefrancaise.cfwb.be/index.php?id=franca_feminisation .

Sachez comment jongler avec la formule de politesse

Reprenez toujours, dans la formule finale de politesse, la formule d'appel telle quelle. Voici quelques règles qui vous aideront à choisir adéquatement votre formule de politesse.

- Dans la formule finale de politesse, *Agréer*, qui veut dire *recevoir*, est plus respectueux que *croire*; par ailleurs, *Je vous prie de* est plus respectueux que l'impératif *Veuillez*; enfin *l'expression* est plus respectueux que *l'assurance*.
- *Agréer* va avec *l'expression*, *croire* va avec à *l'assurance*.
- Évitez l'expression des sentiments dans le courrier professionnel.

Trouvez votre formule dans le tableau page 178

Vous trouverez à la page suivante un tableau de formules d'appel et de politesse[190], parmi lesquelles vous pourrez choisir celles qui conviennent le mieux à vos lettres. Ces formules sont classées de la plus formelle à la moins formelle.

En résumé :

22e BONNE PRATIQUE

Connaissez les formules de politesse pour choisir, en toute connaissance de cause, celle qui conviendra le mieux à la situation de communication

Cette bonne pratique vous sera utile : ✩ ✩ ✩

[190] Ce tableau est une sélection de formules de politesse, dans lequel vous devriez trouver des formules pour pratiquement n'importe quelle lettre. Toutefois, pour des lettres spécifiques (le courrier diplomatique, par exemple), je vous recommande de consulter un livre consacré aux lettres. Une excellente référence : R. KHADYSS et A. NISHIMATA, *Rédiger avec succès lettres et documents administratifs*, Gualino, 2002.

Formules de politesse pour la lettre administrative ou commerciale
Ces formules sont classées des plus aux moins formelles.

	Situations de communication	Formules d'appel et de politesse
	Lettre très formelle à quelqu'un de haut placé	*Madame la Directrice générale,* *Je vous prie d'agréer, Madame la Directrice générale, l'expression de ma très haute considération.*
	Lettre formelle à un destinataire hiérarchiquement supérieur à l'émetteur du message.	*Monsieur le Professeur,* *Veuillez agréer, Monsieur le Professeur, l'expression de ma haute considération.*
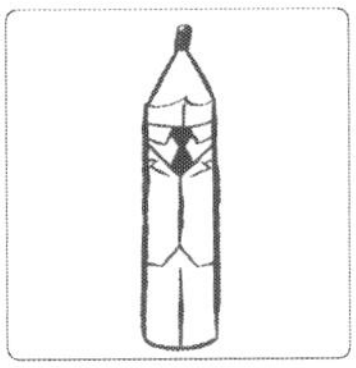	Lettre standard classique, d'égal à égal.	*Madame,* *Veuillez croire, Madame, à l'assurance de ma considération distinguée.*
		Monsieur, *Recevez, Monsieur, l'expression de ma considération distinguée.*
		Madame, *Nous vous prions de recevoir, Madame, nos salutations distinguées.*
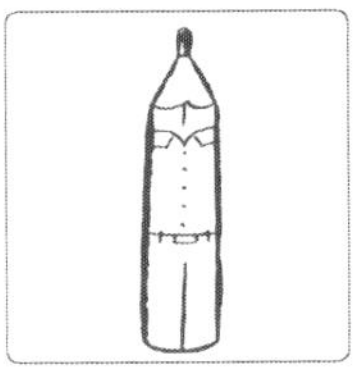	Lettre standard, d'un émetteur ou d'une organisation qui souhaite montrer sa modernité (formules recommandées pour le courrier commercial)	*Madame,* *Recevez, Madame, mes salutations distinguées.*
		Madame, *Monsieur,* *Avec nos salutations distinguées.*
		Cher Monsieur, *Recevez, cher Monsieur, mes cordiales salutations.*

23. Connaître les formules conviviales du courriel

Intérêt de cette bonne pratique

Lorsque vous croisez un de vos collègues dans un couloir de votre organisation, même si vous lui avez déjà dit bonjour le matin, vous vous faites un petit signe de reconnaissance : un mot ou un sourire, par exemple, n'est-ce pas ? Faites de même dans vos courriels : cela favorise la convivialité du message et dispose favorablement votre destinataire à vous répondre.

Vous trouverez dans cette bonne pratique un choix de formules adaptées au courriel professionnel.

Écrits concernés

Les courriels professionnels.

Choisissez vos formules dans le tableau page 182

Le courriel autorise un style nettement moins formel que la lettre. Toutefois, vous ne savez peut-être pas toujours quelles formules utiliser pour saluer vos destinataires en début de message et pour prendre congé en fin de message.

Le tableau page 182 vous propose une série de formules adaptées au courrier électronique professionnel, classées de la plus à la moins formelle[191].

Utilisez toujours une formule de politesse dans votre premier message

Dans le premier courriel que vous envoyez à un destinataire sur un sujet donné, commencez votre message en le saluant; vous ferez de même lorsque vous répondrez pour la première fois à un message sur un sujet donné.

Mais bien sûr, lorsque les réponses (RE :) sur un même sujet avec une même personne et dans la même journée s'enchaînent, il n'est plus nécessaire de répéter chaque fois ces salutations.

[191] Avec des collègues que vous connaissez très bien, vous pouvez, bien sûr, utiliser des formules beaucoup plus familières telles *salut, bisous,* etc. Mais je ne pense pas que vous ayez besoin de mes conseils pour ces formules-là.

Connaissez les formules les plus passe-partout

Si vous ne savez pas quelle formule choisir dans le tableau de la page 182, voici les deux formules qui seront toujours correctes et conviviales dans un courriel.

Pour commencer	*Bonjour,* *Bonjour Madame,* *Bonjour Alain,*
Pour terminer	*Cordialement,*

Savez-vous ce que signifie « Bien à vous[192] » ?

Vous avez sans doute fréquemment rencontré ou utilisé la formule *Bien à vous* à la fin d'un courriel; mais savez-vous ce qu'elle signifie ?

Dans cette formule, le mot *bien* est un adverbe dont le sens est proche de *très*. La formule *Bien à vous* a donc une signification proche de *Tout à vous* ou *Votre dévoué*. Dans un courriel, c'est donc une autre manière, tout à fait correcte, de dire à son destinataire *À votre service*.

Soyez attentif à cette signification lorsque vous utilisez cette formule[193].

Soyez concis pour les messages lus sur téléphone portable

Et dans les courriels lus sur un terminal de poche[194], utiliserez-vous ces formules qui peuvent dépasser vingt caractères ?

Dans ce cas, je vous recommande plutôt des formules brèves, telles *Bonjour* pour commencer et *Cordialement* pour terminer.

Ces deux formules peuvent également convenir pour un minimessage[195] professionnel, vis-à-vis de quelqu'un avec qui vous avez une relation assez formelle (quelqu'un que vous vouvoyez).

192 Vous trouverez sur le premier billet de mon blogue de plus amples explications sur cette expression : http://www.redaction-claire.com/blog/

193 Vous l'éviterez donc avec un fournisseur ou un subordonné, par exemple.

194 Terme recommandé pour « Smartphone » par la Commission générale de terminologie et de néologie de la langue française http://franceterme.culture.fr/FranceTerme/recherche.html

195 Terme recommandé pour « SMS » ou « texto » par la Commission générale de terminologie et de néologie de la langue française http://franceterme.culture.fr/FranceTerme/recherche.html

En résumé :

23e BONNE PRATIQUE

Soignez la relation avec votre correspondant : trouvez une formule conviviale pour le saluer et prendre congé

Cette bonne pratique vous sera utile : ☆ ☆ ☆

Formules de politesse pour le courriel professionnel
Ces formules sont classées des plus aux moins formelles.

	Situations de communication	Formules de politesse
	Courriel très formel[196] à une personne hiérarchiquement haut placée, que l'on ne connaît pas ou peu	*Monsieur le Premier Ministre,* *Je vous prie d'agréer, Monsieur le Premier Ministre, l'expression de ma haute considération.* *Madame la Présidente,* *Veuillez croire, Madame la Présidente, à l'assurance de ma considération distinguée.*
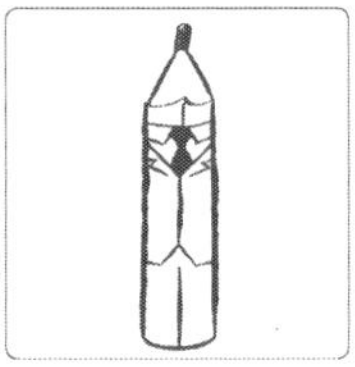	Relation formelle avec quelqu'un que l'on ne connaît pas	*Madame, Monsieur,* *Salutations distinguées,* *Monsieur,* *Meilleures salutations,*
	Relation formelle avec quelqu'un que l'on connaît peu	*Bonjour Madame,* *Cordiales salutations,*
	Relation formelle avec quelqu'un à qui l'on souhaite montrer une certaine sympathie	*Chère Madame,* *Bien à vous,* *Bonjour Monsieur,* *Cordialement,*
	Relation informelle	*Bonjour Pierre-Yves,* *Cordialement,*
	Relation informelle avec quelqu'un que l'on apprécie	*Chère Francine,* *Bien cordialement,*
	À un groupe	*Bonjour à tous, Chers collègues,* *Cordialement,*
	Un supérieur hiérarchique à un groupe de collaborateurs	*Chers collaborateurs,* *Bon travail,*
	Autres formules pour terminer :	
	▪ à des subordonnés	Je vous remercie de votre collaboration. Ou Merci de votre collaboration.
	▪ lorsque l'on a demandé quelque chose	D'avance, merci. Ou Merci d'avance.
	▪ À un collègue ou confrère/consœur	Bonne journée.

[196] Les formules de politesse très formelles de la lettre sont très rares dans un courriel, mais pas interdites ; par exemple lorsque l'on envoie par courriel un courrier équivalent à une lettre très formelle, il vaut mieux être prudent : certains destinataires peuvent s'attendre à ce degré de formalité.

24. S'adapter à la culture de son destinataire

Intérêt de cette bonne pratique

Si vous échangez des courriels avec des correspondants de cultures différentes, vous aurez certainement constaté que la manière de communiquer à l'écrit varie d'une culture à l'autre, indépendamment de la langue utilisée.

Cette bonne pratique vous donne un aperçu des différentes manières de communiquer selon la culture nationale des correspondants. De ce fait, lorsque vous vous adresserez par courriel à un destinataire non francophone, vous pourrez mieux vous adapter à ses habitudes culturelles et vous augmenterez ainsi vos chances d'atteindre votre objectif de communication.

Écrits concernés

Les courriels à des correspondants non francophones.

Soyez attentif aux différences culturelles

De nombreux spécialistes des différences culturelles, dont les pionniers, l'Américain Edward T. Hall[197] et le Néerlandais Geert Hofstede[198], ont montré que l'on ne communique pas de la même manière d'une culture à l'autre. Ces différences culturelles ont un impact sur les échanges écrits, en particulier sur la manière de communiquer dans les courriels, qui sont beaucoup moins normés que les autres écrits professionnels.

Vous trouverez dans les paragraphes qui suivent une synthèse[199] des différences culturelles qui peuvent avoir une influence sur la manière de rédiger un courrier professionnel. Les différences décrites ci-dessous ne concernent que les pays du sud de l'Europe et du nord de l'Europe, ainsi que les différences dans ce domaine entre les francophones et les néerlandophones en Belgique[200].

---

[197] Voir, notamment : E.T. HALL, *La dimension cachée, La danse de la vie et Le langage silencieux*, Éditions du Seuil, Point, Essais.

[198] G. HOFSTEDE, *Vivre dans un monde multiculturel*, Éditions d'organisation (actuellement épuisé). Voir aussi une présentation des travaux de HOFSTEDE sur son site (en anglais) : http://www.geert-hofstede.com/index.shtm.

[199] Cette synthèse se base sur les travaux d'Hofstede et de Hall, op.cit.

[200] Vous trouverez des indications sur les manières de communiquer dans d'autres pays du monde dans les études d'Hofstede et Hall.

Communiquez de manière plus formelle et personnelle avec les destinataires du sud de l'Europe

La communication interpersonnelle dans les cultures du sud de l'Europe[201] a tendance à être **plus formelle**.

- On s'adresse à quelqu'un que l'on ne connaît pas ou peu en l'appelant *Madame, Monsieur*, voire en utilisant son titre.
- Le vouvoiement est de rigueur avec quelqu'un que l'on ne connaît pas et se maintient, dans certains milieux professionnels, entre collègues.
- La manière dont on s'adresse à autrui varie selon la relation hiérarchique que l'on entretient avec le destinataire.

Par ailleurs, la communication peut être **indirecte**. Ainsi, pour demander quelque chose à un supérieur, on procède en général de manière graduelle, en terminant par l'information principale (la demande) : le plan du discours est proche d'une pyramide classique (du moins au plus important), du plan chronologique (passé-présent-futur) ou du plan semi-chronologique (présent-passé-futur)[202].

Enfin, la communication est **plus personnelle** : certains énoncés ne servent qu'à entretenir le lien social. Par exemple, on commence par demander au destinataire de son courriel s'il a passé de bonnes vacances et l'on termine en lui souhaitant un bon week-end (voir le premier exemple présenté à la fin de cette bonne pratique).

Suivez ces modes de communication lorsque vous correspondez avec un destinataire de culture latine.

Soyez moins formel et plus direct avec les destinataires du nord de l'Europe

La communication interpersonnelle dans les pays du nord de l'Europe[203] est généralement plus **informelle**[204].

- Le prénom est rapidement utilisé dans les relations interpersonnelles, et ce, quel que soit le grade hiérarchique de son interlocuteur.
- Le tutoiement est très rapidement pratiqué.
- La manière dont l'on s'adresse à ses interlocuteurs ne varie guère avec leur grade hiérarchique.

201 Pays de langues latines, y compris la Belgique francophone, mais aussi pays de l'est de l'Europe (Pologne, Roumanie, Hongrie, par exemple) et la Grèce.
202 Voir BP 10.
203 Pays scandinaves et baltes, pays anglo-saxons, pays germaniques (en partie), Pays-Bas et la Belgique néerlandophone.
204 Sauf dans les pays germaniques (Allemagne, Autriche et Suisse alémanique) : dans ces pays, la communication est formelle, comme dans les pays du sud de l'Europe.

En outre, la communication est beaucoup **plus directe** : votre destinataire s'attend à ce que vous commenciez votre message par l'information principale (plan de la pyramide inversée[205]), y compris s'il s'agit d'une demande que vous lui faites.

Enfin, la communication est **plus impersonnelle** et les messages se limitent, pour la plupart, à l'essentiel de la demande (voir deuxième exemple présenté à la fin de cette bonne pratique).

Adaptez-vous à ce mode de communication avec des destinataires anglo-saxons et du nord de l'Europe.

Trouvez le juste équilibre avec un public multiculturel

Si votre public est multiculturel, que faire ?

- Soyez relativement formel : utilisez le *Monsieur* et le *Madame* et surtout le **vouvoiement** : rappelez-vous qu'un excès de politesse n'a jamais froissé personne, alors qu'un excès de familiarité peut déranger un destinataire qui n'y est culturellement pas habitué.
- Soyez **convivial**, sans excès.
- Soyez **clair** en mettant bien en évidence votre message principal.

Saluez un correspondant non francophone dans sa langue

Dans un courriel en français à un destinataire non francophone, je vous propose d'adopter ce petit plus[206] : saluez-le et prenez congé de lui dans sa langue maternelle. Ce geste vers lui ne pourra que bien le disposer à votre égard et à l'égard de votre demande.

Pour ce faire, vous trouverez à la page 188 un tableau quadrilingue[207] (français-néerlandais-anglais-espagnol) des formules de politesse pour le courriel.

Exemples

Les deux exemples ci-dessous illustrent bien les différences culturelles que l'on peut observer dans des textes professionnels, pourtant écrits dans la même langue (le français). Ces deux courriels qui m'ont été adressés sont d'autant plus intéressants qu'ils émanent de deux personnes avec lesquelles j'entretiens exactement le même genre de relation : professionnelle et conviviale (je les connais toutes deux depuis quelques années), mais sans plus.

[205] Voir BP 8 et 10.

[206] Cette très bonne idée est de Greet De Baets (www.lerencommuniceren.eu), ma consoeur en rédaction en néerlandais et en anglais, avec laquelle j'anime régulièrement des formations en duo.

[207] Je remercie pour leur collaboration à ce tableau mes consoeurs Greet De Baets (pour le néerlandais et l'anglais) et Almudena Basanta (pour l'espagnol).

Les différences de style et de ton que l'on peut y observer peuvent en grande partie s'expliquer par l'origine culturelle des émettrices de ces deux messages : la première est d'origine italienne, la seconde est finlandaise.

Le premier exemple correspond à un mode de communication **latin** :

- *vouvoiement et utilisation du Madame;*
- *message principal (« Je reprendrai contact avec vous... ») au milieu du courrier;*
- *énoncés d'utilité sociale (« je vous remercie... », « ... je vous souhaite... de bonnes fêtes »).*

Le deuxième exemple correspond à un mode de communication du **nord de l'Europe** :

- *tutoiement et utilisation du prénom;*
- *presque tout le message n'est constitué que des informations essentielles;*
- *très peu d'énoncés d'utilité sociale à part le « salut » et le « merci ».*

Chère Madame,

Je vous remercie pour votre message.

Je reprendrai contact avec vous pour une nouvelle série de formations fin avril - début mai. J'espère que j'aurai eu le temps d'ici là de faire l'analyse des cartes de formation du département.

En attendant de vous lire, je vous souhaite, chère Madame, de passer de bonnes fêtes de Pâques.

Bien à vous,

Silvia Schiavo

Salut Anne,

Timo demandera aux participants inscrits ce que sont leurs souhaits. Il n'est pas là aujourd'hui ni demain et le fera mercredi à son retour si cela te va.

Merci.

Henna

Adaptez-vous à la culture du secteur d'activités de votre destinataire

Aux différences culturelles liées à la nationalité se superposent les différences culturelles liées au secteur d'activités. Ainsi, les administrations sont en général plus formelles dans leur communication, tant interne qu'externe, que les entreprises. Dans le privé, les milieux bancaire ou juridique sont plus formels dans leur communication que les jeunes entreprises du monde du web ou du secteur des télécommunications par exemple. Vous serez donc attentif à vous adapter aux pratiques de communication propres au milieu professionnel auquel vous vous adressez.

En résumé :

24e BONNE PRATIQUE

Adaptez votre communication à la culture de votre destinataire :

- plus formelle et sociale dans le sud de l'Europe
- plus informelle et directe dans le nord de l'Europe

Cette bonne pratique vous sera utile : ✩ ✩ ✩

Tableau quadrilingue des formules de politesse pour le courriel professionnel

	Situations de communication	Formules en français	Formules en néerlandais	Formules en anglais (Royaume Uni)	Formules en espagnol (Espagne)
	Relation très formelle avec un supérieur hiérarchique	Madame la Directrice	Geachte mevrouw Geachte heer	Dear Madam Dear Sir	Señora directora :
		Je vous prie d'agréer, Madame la Directrice, l'expression de ma haute considération	Hoogachtend	Yours faithfully	Muy atentamente, Atentamente,
	Relation formelle avec quelqu'un que l'on ne connaît pas (une institution ou une administration par exemple)	Madame, Monsieur,	Geachte mevrouw Geachte heer	Dear Sir or Madam	Señor, señora : Muy señor mío : Muy señora mía :
		Salutations distinguées,	Hoogachtend Met vriendelijke groeten	Yours faithfully	Atentamente,
	Relation formelle avec quelqu'un dont on connaît le nom	Bonjour Madame, Bonjour Monsieur,	Geachte heer Janssen Geachte mevrouw Vos	Dear Ms Smith Dear Mr Brown	Estimada señora Ruiz : Estimado señor Pérez :
		Cordiales salutations,	Met vriendelijke groeten	Yours sincerely	Un saludo,
	Relation relativement formelle avec quelqu'un que l'on apprécie	Chère Madame, Bonjour Monsieur,	Geachte heer Janssen Geachte mevrouw Vos	Dear Ms Smith Dear Mr Brown	Estimada señora Ruiz : Estimado señor Pérez : Estimada María : Estimado Juan :
		Cordialement, Bien à vous,	Met vriendelijke groeten	Yours sincerely	Un cordial saludo,
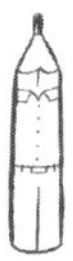	Relation impersonnelle et formules les plus standard	Bonjour Pierre, Bonjour Madame	Beste Peter, Dag Peter	Peter	Hola Pedro : Buenos días Pedro :
		Cordialement,	Met vriendelijke groeten	Kind regards	Un saludo,
	Relation informelle	Bonjour Pierre,	Dag Peter Beste Peter	Hi Peter	Hola Pedro :
		Cordialement, Bien à toi,	Vele groeten Vele groetjes	Regards	Un saludo, Un abrazo,
	Relation informelle avec quelqu'un que l'on apprécie	Chère Marie,	Dag Mieke Beste Mieke	Dear Mary Hello Mary	Querida María : Hola María :
		Très cordialement, Amicalement,	Vele groeten Vele groetjes	Kind regards Best wishes	Un saludo, Un abrazo, Un beso,
	À un groupe	Chers collaborateurs, Bonjour à tous,	Beste collega Beste collega's	Dear colleagues Dear All	Estimados colaboradores : Buenos días a todos :
		Cordialement,	Met vriendelijke groeten Vele groeten	Yours sincerely Kind regards Best regards	Atentamente, Con mis mejores saludos, Un saludo,
	Autres formules	Je vous remercie de votre collaboration.	Dank u voor uw medewerking.	Thanks for your help.	Gracias por su ayuda.
		D'avance, merci.	Dank bij voorbaat. Alvast bedankt.	Thanks in advance.	Gracias de antemano.
		Bon travail, Bonne journée,	Succes Prettig weekend	Good luck Have a nice day	Buen trabajo. Que pase/tenga un buen día.

25. Écrire en français correct (orthographe, grammaire, ponctuation)

Intérêt de cette bonne pratique

Lors de cette cinquième étape, la rédaction, vous vous concentrez sur la formulation de votre texte plus que sur sa correction linguistique. Cependant, en utilisant tout de suite les outils de correction linguistique, vous allégerez votre travail ultérieur de relecture et de correction (BP 33).

Voici quelques règles auxquelles vous serez attentif et des références d'outils de correction linguistique.

Écrits concernés

Tous

Corrigez votre orthographe

Les **correcteurs d'orthographe** sont, bien sûr, le moyen le plus simple de corriger les erreurs d'orthographe d'usage. Lisez toutefois attentivement la forme correcte qui est proposée, pour la mémoriser et ainsi améliorer votre orthographe !

En cas de doute, vérifiez la forme correcte d'un mot dans un dictionnaire, tel que le *Petit Robert*[208].

Vérifiez les accords grammaticaux et la construction des phrases

Relisez attentivement chacune de vos phrases et **vérifiez**, en particulier, les pièges suivants, que votre correcteur orthographique ne détectera pas toujours[209].

- L'accord entre le verbe et son sujet : attention aux pièges d'un sujet qui n'est pas placé juste devant son verbe, comme c'est le cas dans les deux exemples ci-dessous.

---

208 A. REY et J. REY-DEBOVE, le *Petit Robert*, tome 1, Le Robert. Voir d'autres références dans la bibliographie.

209 Les erreurs ci-dessous sont grossières pour un francophone qui maîtrise bien sa langue. Mais elles sont pourtant fréquentes dans les écrits que nous rédigeons vite, tels les courriels, les commentaires sur blogues et réseaux sociaux et les minimessages (*SMS*). Conclusion : utilisez un correcteur d'orthographe pour tous vos écrits et de toute manière, relisez-vous toujours !

Incorrect :	Correct :
Le rapport que je vous remett~~rez~~	*Le rapport que je vous remettr**ai***
Exprimez les sentiments que provoque~~nt~~ la situation que vous avez vécue.	*Exprimez les sentiments que provoq**ue** la situation que vous avez vécue.*

- Les terminaisons à l'impératif avec *tu* (pour les verbes en –ER, l'indicatif présent prend –s, mais pas l'impératif) et au subjonctif pour *être* et *avoir*.

Incorrect :	Correct :
Tu lui expliques ? *Explique~~s~~-lui !*	*Explique-lui !*
Il faut que je ~~soie~~ à l'heure	*Il faut que je **sois**, que tu **sois**, qu'il **soit***
Il est nécessaire que tu ~~ais~~ ces informations	*Il est nécessaire que j'**aie**, que tu **aies**, qu'il **ait***

- Les confusions classiques.

Incorrect :	Correct :
J'ai envoy~~er~~	*J'ai envoy**é***
Je vais l'envoy~~é~~	*Je vais l'envo**yer***
Vous envoy~~é~~	*Vous envoy**ez***
Il se rend ~~a~~ Liège	*Il se rend **à** Liège*
La ville ~~ou~~ il est né	*La ville **où** il est né*

Mes outils préférés en grammaire

Lorsque vous hésitez sur un **accord grammatical**, par exemple l'accord des participes passés ou l'accord du verbe avec un sujet collectif, vérifiez dans une grammaire.

- Une excellente référence : *Le petit Grevisse*[210] : elle est rigoureuse, précise, complète, nuancée et tient compte des dernières évolutions de la langue (la nouvelle orthographe, par exemple).

[210] M. GREVISSE, *Le petit Grevisse*, Grammaire française, 32e édition revue par M. LITS, De Boeck-Duculot, 2009.

Pour **conjuguer** correctement les verbes, vous consulterez ces deux outils.

- Le *Bescherelle conjugaison*[211]
- Le site http://www.leconjugueur.com/

Enfin, pour les **questions de langue particulièrement difficiles**, voici quatre outils précieux.

- *Le bon usage*, également accessible en ligne[212].
- Le très pointu *Nouveau dictionnaire des difficultés du français moderne*[213] (un livre et un cédérom).
- Un livre facile à utiliser et complet : *Le français correct*[214].
- Un service à contacter par courriel : le service d'aide linguistique du Service de la langue française de la Communauté française de Belgique, joignable à l'adresse suivante : http://www.languefrancaise.cfwb.be/index.php?id=1262

Ces outils sont mes préférés; vous en trouverez d'autres dans la bibliographie et sur le site www.redaction-claire.com[215].

Utilisez les mots justes

Employer les **mots justes**, dans un sens exact et associés correctement, contribue à exprimer clairement son message[216]. Prenez donc l'habitude de vérifier la correction et le sens précis des mots que vous utilisez, grâce à des outils efficaces. En voici quelques-uns.

- Le *Petit Robert*.
- La fonctionnalité « synonymes » du traitement de texte Word (surlignez le mot, cliquez sur le bouton droit, sélectionnez synonymes).
- Les dictionnaires du logiciel *Antidote* et surtout sa liste de « cooccurrences » qui propose une série d'exemples du mot recherché associé à d'autres mots : verbes, noms, prépositions, etc.

---

211 *Bescherelle*, La conjugaison pour tous, Didier Hatier.

212 M. GREVISSE et A. GOOSSE, *Le bon usage*, 15e édition, De Boeck-Duculot, 2011. L'accès à la version en ligne (www.lebonusage.com) est payant après quinze jours d'essai gratuit.

213 J. HANSE et D. BLAMPAIN, *Nouveau dictionnaire des difficultés du français moderne*, De Boeck, 2008.

214 M. GREVISSE, *Le français correct*, Guide pratique des difficultés, 6e édition revue par M. LENOBLE-PINSON, De Boeck-Duculot, 2009.

215 De nombreuses références de sites et de livres présentés dans la bibliographie se trouvent sur le site www.redactionclaire.com, sur lequel elles sont régulièrement complétées et mises à jour.

216 Voir aussi BP 15 : *choisir des mots efficaces*.

Ponctuez correctement votre texte

Soyez particulièrement attentif à utiliser correctement la virgule, qui peut changer le sens d'une phrase.

Observez les deux phrases suivantes, elles n'ont pas le même sens.

1. *Les employés qui bénéficient d'une assurance devront se présenter à la visite médicale le...*
2. *Les employés, qui bénéficient d'une assurance, devront se présenter à la visite médicale le...*

Dans la phrase (1) seuls les employés bénéficiant d'une assurance devront se présenter alors que dans la phrase (2), tous les employés devront se présenter à la visite médicale.

Vous trouverez sur le site suivant une bonne synthèse de l'emploi correct de la ponctuation en français : http://www.la-ponctuation.com/.

Et vous trouverez de très bons exercices de ponctuation dans l'ouvrage *La ponctuation*[217].

Accompagnez-vous d'un logiciel performant d'aide à la rédaction en français

Utilisez un outil performant de correction linguistique lorsque vous rédigez.

- Le correcteur d'orthographe et de grammaire de votre traitement de texte, tel Word.
- *Antidote*[218] est un logiciel que j'apprécie particulièrement, car :
  - il corrige les erreurs d'orthographe, de grammaire, de ponctuation, de registre de langue et de typographie;
  - il me donne le ou les sens précis d'un mot lorsque je doute;
  - il me propose des synonymes lorsque je cherche à varier mon lexique;
  - il me rappelle une règle de grammaire lorsque j'hésite sur un accord.

Je veille cependant à garder un esprit critique et à vérifier dans d'autres sources (voir bibliographie) les règles, tournures ou emplois délicats.

[217] *La ponctuation*, C. NARJOUX, Collection Grevisse langue française, De Boeck-Duculot, 2010.
[218] *Antidote*, logiciel d'aide à la rédaction du français (voir http://www.druide.com/antidote.html).

Trouvez des informations sur la nouvelle orthographe

La nouvelle orthographe consiste en une série de rectifications qui touchent quelques milliers de mots du français. Ces rectifications régularisent le système orthographique de français et suppriment quelques anomalies. Elles sont recommandées par le Conseil supérieur de la langue française et approuvées par l'Académie française. Elles sont officielles et en vigueur dans toute la francophonie. Aujourd'hui, les deux graphies sont donc acceptées avec une seule règle : si vous utilisez la nouvelle orthographe dans votre texte, vous devez l'appliquer à tout votre texte.

Vous trouverez des informations complémentaires sur ces rectifications et sur les enjeux de la nouvelle orthographe aux deux adresses suivantes :

- http://www.nouvelleorthographe.info/
- http://www.orthographe-recommandee.info/

En outre, vous pourrez instantanément faire rectifier votre texte en nouvelle orthographe grâce au logiciel en ligne (gratuit) suivant :

- http://www.uclouvain.be/recto-verso/essaie-recto.html

Pour des raisons éditoriales et techniques, ce livre n'est pas (encore) écrit en nouvelle orthographe. Je vous recommande toutefois de vous familiariser avec cette nouvelle orthographe, qui est de plus en plus recommandée dans les écoles et qui a comme objectif de favoriser une meilleure maîtrise de la langue française.

En résumé :

25e BONNE PRATIQUE

Utilisez les outils de correction linguistique pour écrire en français correct dès votre premier jet

Cette bonne pratique vous sera utile : ✩ ✩ ✩

26. Respecter les règles de typographie et les majuscules

Intérêt de cette bonne pratique

Un texte publié se doit de respecter les règles de la typographie, dont l'emploi correct de la majuscule fait partie.

Cette bonne pratique vous informe de certains emplois de la majuscule utiles en rédaction professionnelle et vous présente des outils de vérification typographique.

Écrits concernés

Les textes publiés (en particulier ceux qui seront lus sur papier) et les textes à valeur officielle.

Employez correctement la majuscule

Savez-vous toujours où mettre la majuscule dans les noms d'organisations et pour les titres de personnes ?

Suivez les recommandations des grammairiens en la matière[219]. En voici quatre qui peuvent être utiles en rédaction professionnelle[220].

Pour les noms d'institutions et d'organismes : la majuscule est donnée au premier terme uniquement[221], et ce, même si l'acronyme s'écrit entièrement en majuscules.

Exemples :

- *la Communauté française de Belgique,*
- *l'Université catholique de Louvain (UCL),*
- *l'Association belge de la communication interne (ABCI).*

Pour les noms de ministères : la majuscule s'utilise pour *Ministère* et pour le nom qui détermine de quel ministère il s'agit.

Exemple : *le Ministère des Affaires étrangères.*

[219] Une bonne référence : A. DOPPAGNE, *Majuscules, abréviations, symboles et sigles*, Duculot, 1998.

[220] D'après A. DOPPAGNE, op.cit., pp.50 à 57.

[221] Dans ces deux exemples, « Belgique » et « Louvain » prennent aussi la majuscule parce que ce sont des noms propres.

Pour les mots comme *état, administration, parlement* et *sénat* : ces mots s'écrivent avec une majuscule lorsqu'ils désignent un gouvernement (pour *état*), les services publics d'un pays pris dans son ensemble (pour *administration*) ou lorsqu'ils désignent une institution à caractère unique.

Exemples :

- *le chef de l'État,*
- *les États membres de l'Union européenne*[222]*,*
- *le Parlement,*
- *le Sénat,*
- *l'Administration des beaux-arts.*

Mais ils s'écrivent avec une minuscule lorsqu'ils désignent un nom commun.

Exemples :

- *former un ministère,*
- *faire partie d'un conseil d'administration.*

Pour les noms de titres de personnes : la majuscule se met au titre lorsque l'on s'adresse directement à la personne (dans une lettre ou un courriel, par exemple).

Exemple (dans une lettre) : *Monsieur le Ministre, J'ai l'honneur de...*

Lorsque l'on parle de cette personne à la troisième personne, on utilisera la minuscule.

Exemples :

- *J'ai eu l'occasion d'exposer mon point de vue au ministre...,*
- *la présidente Delpierre.*

Au bas d'une lettre, précédent la signature, l'article prend la majuscule, mais pas le titre.

Exemple :

La présidente
Marie Dubois

Si le titre figure sous le nom, « la modestie demanderait sans doute la minuscule, mais l'œil fait souvent prévaloir son souhait de majuscule[223]. »

Exemple :

Marc Durand
Directeur

---

[222] L'Union européenne propose sur son site un document intitulé *Code de rédaction interinstitutionnel*, qui contient un chapitre consacré à l'emploi des majuscules et minuscules (pp.154 à 158 dans la version 2011) Ce document est accessible à l'adresse suivante : http://publications.europa.eu/code/fr/fr-000100.htm

[223] A. DOPPAGNE, op.cit., p.56.

Respectez les règles typographiques du français

Veillez à ce que votre texte respecte les règles typographiques. Pour cela :

- utilisez un logiciel tel *Antidote* qui corrigera la typographie de votre texte;
- consultez le résumé des règles typographiques en usage à l'imprimerie nationale (France), sur le site : http://j.poitou.free.fr/pro/html/typ/resume.html.[224]

En résumé :

26e BONNE PRATIQUE

Utilisez correctement la majuscule et vérifiez la correction typographique de votre texte

Cette bonne pratique vous sera utile : ✡ ✡ ✡

[224] Voir aussi E. MARTINI, *Du caractère au paragraphe*, Abrégé de typographie à l'intention des utilisateurs de micro-ordinateur, Duculot, 1998.

F. 6e étape : comment finaliser et valoriser le texte ?

Tâche

Quand vous découvrez un document, sur papier ou sur écran, vous le survolez pour vérifier :

- **si cela vous concerne;**
- **si cela vous intéresse;**
- **ce que l'on vous veut;**
- **s'il y a une échéance;**
- **quel est l'essentiel du message.**

Lors de cette 6e étape, vous donnerez à votre texte une mise en pages qui facilite les divers niveaux de lecture rapide[225].

En outre, n'oubliez pas qu'un document est vu avant d'être lu. S'il a une mise en pages claire, il donnera envie au lecteur de le lire. Enfin, un beau document contribuera à donner une bonne image de marque de vous-même et de votre organisation.

Les quatre bonnes pratiques (BP) suivantes vous présentent quelques techniques qui valoriseront votre texte.

BP 27

Donner un objet signifiant à son document

Cette bonne pratique est particulièrement utile pour le courriel : un objet efficace fera que votre destinataire ouvrira – ou pas – votre message. Formulez donc un objet qui indique au destinataire ce dont vous lui parlez et ce que vous attendez de lui.

BP 28

Proposer un aperçu général du contenu

Dans un document long, donnez au lecteur un aperçu de votre contenu grâce à un résumé et à une table des matières.

BP 29

Structurer visuellement son document

Donnez à votre document des repères visuels qui balisent la lecture et révèlent la structure interne (plan) du texte.

225 Voir l'annexe pp. 302-303 sur la lecture rapide.

BP 30

Faciliter la lecture rapide grâce à la rédaction modulaire

Utilisez une technique de mise en pages qui facilite la lecture au gré des intérêts et besoins du lecteur.

Adage

« Ce qui est beau est bon. »

27. Donner un objet signifiant à son courrier

Intérêt de cette bonne pratique

L'objet d'un courrier est la toute première chose que regarde le destinataire. Pour le courriel[226], l'objet déterminera même si le destinataire ouvrira ou pas votre message. Vous avez donc tout intérêt à rédiger un objet signifiant, pour que votre destinataire accorde de l'attention à votre message.

Écrits concernés

Cette bonne pratique concerne surtout le courriel, puisque c'est le premier élément de votre message que votre destinataire voit dans sa boîte de réception.

Elle concerne aussi la note administrative (la norme exige l'objet pour la note) ainsi que les lettres commerciale et administrative (la facilité de traitement du courrier le recommande).

Rédigez un objet signifiant pour le destinataire de votre courriel[227]

Comme beaucoup d'entre nous, vous recevez probablement tous les jours de nombreux courriels à traiter.

Lorsque vous ouvrez votre boîte de réception, vous regardez qui vous a envoyé des messages et leurs objets[228]. Sur cette base, vous aimeriez savoir rapidement de quoi il s'agit, ce que l'on attend de vous et, éventuellement, pour quand. Cela vous permettra de décider du moment le plus opportun pour traiter ce message, sans devoir l'ouvrir.

Si vous ouvrez tout de suite ce message, le fait d'avoir déjà lu un objet résumant ce qu'il contenait vous permettra de le lire, le comprendre et le mémoriser beaucoup plus rapidement. Vous serez donc reconnaissant à l'émetteur du message de vous avoir aidé à mieux organiser – et ainsi à économiser – votre temps de travail, en mettant un objet signifiant à son message[229].

---

226 Mot français pour *e-mail*.
227 *Ibidem*.
228 Si vous avez une messagerie électronique en anglais, l'objet s'appelle « subject ».
229 En outre, un objet suffisamment précis permettra de retrouver facilement un message dans les archives de votre courrier électronique.

Comme émetteur de courriers électroniques et rédacteur d'objets, vous aurez donc tout intérêt à rédiger **des objets efficaces pour vos destinataires**. Par ailleurs, plus vous rédigerez de bons objets, plus vos correspondants seront enclins à vous imiter : ce sera alors à votre tour de gagner du temps avec des objets efficaces.

Faites en sorte que le destinataire sache tout de suite ce que vous lui voulez

Comment faire en sorte que votre destinataire connaisse, uniquement par l'objet, l'essentiel de votre message ?

En lui donnant les deux ou trois informations suivantes :

Thème	Action attendue	Délai
De QUOI parle votre courriel ?	**QU'EST-CE QUE** vous attendez de votre destinataire : Une réponse ? Une approbation ? Une action ? Une prise de décision ?	Pour **QUAND** attendez-vous sa réaction ?

- Donnez ces trois informations **dans cet ordre-là**, car vous passez ainsi du plus général au plus particulier. Cet ordre convient bien au destinataire qui, après avoir pris connaissance de l'émetteur du message (dont il a vu le nom et l'adresse électronique dans sa boîte de réception), se demande :
  1. De quoi s'agit-il (thème) ?
  2. Qu'est-ce que je dois faire (action attendue) ?
  3. Pour quand (délai) ?
- La première information donne le **sujet** du message : le nom du projet, du dossier…
- La deuxième information précise l'action attendue : utilisez un **verbe** (*à compléter, inscrivez-vous, approuvée ?*) ou un substantif qui indique une **action** (*pour approbation*).
- La troisième information donnée dans l'objet, le **délai**, est **facultative** : tout message n'est pas toujours une demande qui comporte un délai et vous ne pouvez pas vous permettre de fixer un délai à n'importe qui.
- Lorsque votre message n'est qu'une information pour tous les destinataires (autrement dit, qu'aucune action ou réponse n'est demandée), un code intéressant peut être de commencer votre objet par l'abréviation **INFO** signifiant « pour information ».

- Rédigez votre objet dans un **style télégraphique**, mais n'utilisez d'abréviations que si vous êtes absolument sûr que votre destinataire les comprend (*Bxl pour Bruxelles*, par exemple).

Exemples

Voici quelques exemples d'objets efficaces de courriels :

Fiche 310 – à compléter – pour 15/02
Vos dates congé – à renvoyer – pour 1/12
Projet brochure foire – votre avis – pour 31/01
Atelier gestion temps – inscrivez-vous avant 12/02
Poste secrétaire – candidature Mme Dubois – pour approbation
Guide utilisation efficace courriel – nouvelle version – approuvée ?
INFO : nouvelle version guide courrier électronique – en pièce jointe
INFO : agenda foire livre Bxl – disponible sur intranet

Donnez un objet informatif à vos notes et lettres

L'objet d'une note administrative ou d'une lettre se différencie de celui du courriel par les aspects suivants.

- Vous utiliserez plutôt une **phrase averbale** (sans verbe conjugué) plutôt que le style télégraphique.
- Vous y ajouterez la **référence du dossier** si c'est nécessaire.

Exemples

Voici quelques exemples d'objets (souvent nommé « Concerne » dans une lettre) pour des lettres ou notes.

Objet : **Référence :**	*Incendie caves 419, 427, 436 : liste objets à déclasser* *Sinistre n° 2011/2806-01* *Police 12345678*
Concerne :	*Complexe immobilier « Mon beau quartier » – cave 111 – renonciation d'occupation*
Concerne :	*Non-respect délais de paiement de vos cotisations*

En résumé :

27e BONNE PRATIQUE

Rédigez un objet signifiant pour le destinataire:

De QUOI parlez-vous + QUE doit-il faire + pour QUAND

Cette bonne pratique vous sera utile : ☆ ☆ ☆

28. Proposer un aperçu général du contenu

Intérêt de cette bonne pratique

Quelle est la première chose que vous regardez lorsque vous recevez un document de plusieurs pages ? Sans doute est-ce la table des matières, car cela vous permet d'avoir une vue globale du document[230].

Écrits concernés

Les documents longs, en particulier : les manuels, les rapports, les articles et brochures de plusieurs pages.

Insérez la table des matières

Un document de plusieurs pages (un manuel, par exemple) doit comporter une table des matières qui donne au lecteur une **vue générale** du contenu du document. Sans doute aurez-vous inséré votre table des matières dès que vous aurez ouvert un document informatique pour votre texte, soit à la fin de la troisième étape (BP 12), soit au début de la quatrième étape (BP 13).

Lors de la finalisation de votre document, vérifiez, en lisant votre table des matières, la cohérence de votre document :

- La numérotation est-elle cohérente ?
- Les parties de même valeur sont-elles au même niveau de numérotation ?
- Ces parties ont-elles des titres formulés sur le même modèle syntaxique, pour une bonne lisibilité (des phrases avec un infinitif ou des questions, par exemple) ?

Relisez attentivement (et corrigez si nécessaire) votre table de matières à cette étape-ci du processus. En effet, elle doit refléter une **répartition cohérente et équilibrée** du contenu (équilibre et enchaînement logique des diverses parties).

[230] La table des matières vous permet aussi de trouver tout de suite la partie du document qui vous concerne ou vous intéresse particulièrement.

Mais elle doit également être parlante pour votre lecteur : les **titres et intertitres** doivent être suffisamment **signifiants** pour que le lecteur sache exactement de quoi traite chaque partie.

Ajoutez un résumé

Une autre manière, très intéressante, de donner au lecteur un aperçu général du contenu est le résumé opérationnel[231]. Ce résumé, souvent utilisé pour les rapports d'audit, est placé au début du rapport et en **résume** le **contenu général**, en insistant particulièrement sur les actions à prendre.

Exemple 1

Un participant à l'une de mes formations m'a montré une excellente pratique qu'il utilise fréquemment pour ses courriels techniques explicatifs, pratique qui relève du même principe que celui du résumé opérationnel.

Laurent[232], l'auteur du courriel ci-dessous, est chargé de transmettre régulièrement à ses collègues des informations très techniques. Pour ce type de message, il donne à ses destinataires, dans le même courriel, deux versions du même message : une courte (la première) et une longue (la seconde). La première donne aux destinataires l'information essentielle (ce qu'ils ***doivent*** *savoir); la seconde leur donne des explications complémentaires (ce qu'ils peuvent avoir envie de savoir).*

Bonjour,

Version courte :

Migration *: le jeudi 01/09/11 avant 12 h, vous devrez fermer votre session Deskflex (rappel : Démarrer/Fermer session).*

En principe, vous pourrez réutiliser votre session à partir de 13 h. Nous entrerons dans une nouvelle ère... (look and feel windows7). Prenez vos précautions si vous devez avoir accès à des fichiers, etc.

Je reste en veille... là où je suis, n'hésitez pas !

Laurent

[231] Plus connu sous le nom d'*executive summary*.

[232] Je remercie Laurent, d'Innovatech, de m'avoir autorisée à montrer cet exemple.

Version longue :

Migration : le jeudi 01/09/11 avant 12 h, vous devrez fermer votre session Deskflex (rappel : Démarrer/Fermer session).

En principe, vous pourrez réutiliser votre session à partir de 13 h. Nous entrerons dans une nouvelle ère... (look and feel windows7). Prenez vos précautions si vous devez avoir accès à des fichiers, etc.

Nous allons basculer sur un nouveau système d'exploitation côté serveur... Un bond technologique de 5 ans ☺ Windows 2003 > Windows 2008 64bits.

De nombreux tests ont été réalisés. En principe, c'est transparent pour l'utilisateur, à part un nouveau bureau type « Windows 7 » plus sympa à utiliser.

Le système est plus performant (ex : le son est supporté).

3 petits inconvénients à signaler :

- *l'application développée par Olivier (analyse multi), ne tourne pas (encore) : il faudra la faire fonctionner en local en attendant de trouver une solution;*
- *l'application business plan ne fonctionne plus (dans outil) : idem (en local);*
- *l'impression couleur sur la HP 940 ne sera plus possible à partir de Desklfex (bientôt, nous aurions mieux...) : idem (uniquement en local).*

Je reste en veille... là où je suis, n'hésitez pas !

Laurent

Exemple 2

Vous trouverez à la page 209 un deuxième exemple de texte qui reprend le principe du résumé en début de texte. Il s'agit d'un communiqué de presse, qui propose, dans ce que l'on appelle le chapeau (premier paragraphe, en caractères gras), le résumé de l'information présentée dans le texte. Ce chapeau est très important car c'est la toute première chose que liront les destinataires (les journalistes). C'est donc grâce à ce résumé qu'ils décideront de lire –ou pas– la suite du communiqué.

En résumé :

28e BONNE PRATIQUE

Donnez un aperçu général grâce à une table de contenu logiquement structurée ou à un résumé

Cette bonne pratique vous sera utile : ☆ ☆ ☆

XXX

17 février 2007

Communiqué de presse

La société XXX, le spécialiste et leader du marché du sanitaire en Belgique, se met à l'écoute des consommateurs et inaugure une nouvelle approche de la salle de bain dans notre pays en inventant les ambiances/atmosphères. C'est dans le contexte du Salon Batibouw 2007 que cette nouvelle approche sera présentée aux professionnels et au grand public et en avant-première dans la première salle d'exposition équipée de cette nouvelle offre, à Jodoigne, ce 17 février 2007.

Pour la première fois en Belgique, la société XXX, le spécialiste et leader incontesté du sanitaire depuis 50 ans, lance quatre ambiances/atmosphères de salles de bain inédites et inaugure une nouvelle approche du marché du sanitaire dans notre pays basé sur des décors complets, déclinés selon diverses variantes et quitte dans ses salles d'exposition la présentation des gammes de produits standardisés et isolés.
Cette nouvelle approche, basée sur l'écoute des clients et consommateurs, s'est révélée conforme aux prévisions des trendswatchers, qui ont confirmé que l'analyse de XXX correspond bien à la leur, en particulier lorsqu'ils évoquent le consommateur des années à venir comme individualiste et éclectique mais surtout comme une personne qui souhaite qu'on s'adresse à sa personnalité, à sa sensibilité et à sa fantaisie, son imaginaire. Le consommateur attend aussi que les fournisseurs répondent par des produits et services adaptés aux innombrables changements qui affectent de nos jours la vie des personnes et des groupes familiaux.

Dans cette optique, la fonction de la salle de bain commence à évoluer radicalement : **à l'heure actuelle, une salle de bain est bien plus qu'un simple lieu de soin et d'hygiène pour les personnes. C'est l'univers du bien-être personnel où le stress de la journée peut enfin s'oublier. C'est un havre de paix où chacun aime se ressourcer et vivre des moments d'intense délassement.** XXX s'est profilé en ensemblier qui, de manière très éclectique, a sélectionné auprès de ses différents fournisseurs des éléments visant à réaliser des salles de bain inédites. XXX, en créant des ensembles de salles de bain dans ces quatre styles, répond réellement à cette nouvelle fonction qu'on lui attribue depuis peu, celle d'une pièce de détente, celle d'une pièce de créativité et d'expression libre, celle d'un lieu plein d'atmosphère, de couleurs, de senteurs et d'ambiance.

Les quatre ambiances/atmosphères en mots-clefs

<u>Essentials</u>

Luxe minimaliste
Slow down
Méditation zen, relaxation
Retour aux 'basics' de qualité
Less is more
No nonsense

Escapes

Exotique, ethnique
Orientalisme, hindouisme, exotisme
Esprit d'évasion
Ambiance des 1001 nuits
Luxe nomade
Baroque
Fantaisie, images de rêver

Traditionals

Romantisme traditionnel
Tradition
Tendance au 'nesting'
Cottage, nature
Cocooning
Authenticité

Fusions

Vintage
Rétro
Urbanité
Eclectisme
Couleurs
'Single world

La conférence de presse du 17 février s'est accompagnée d'un exposé de la société YYY, le célèbre trendswatcher gantois, qui est intervenu dans la détection des tendances et la mise au point de cette nouvelle offre. La société a présenté, documents historiques à l'appui, un aperçu de l'histoire de la salle de bain dans notre pays et a explicité les tendances du futur en la matière.

Service de presse de XXX : BD, 02.111.11.11 ou CD, 0495.22 22 22

29. Structurer visuellement son document

Intérêt de cette bonne pratique

Votre lecteur voit votre document et le survole avant de le lire, afin d'en connaître l'essentiel. Parfois, il se contentera de cette lecture-survol.

Cette bonne pratique vous explique comment donner à votre texte une mise en pages qui permette au lecteur de saisir l'essentiel de votre message, uniquement en survolant le texte.

Écrits concernés

Tous

Exemples

Voici un test[231] que je propose souvent aux participants de mes formations pour les sensibiliser à l'importance de la mise en pages.

Donnez-vous deux fois quinze secondes pour survoler chacun des deux textes présentés ci-dessous. Après avoir parcouru chaque texte, levez les yeux et essayez de formuler ce que vous en avez retenu.

De : *Cunégonde Lobscure (formatrice)*
À : *Thérèse Dumoulin (responsable formation)*
Objet : *Formation rédaction*

Chère Madame,

Comme vous le savez, je viendrai la semaine prochaine animer la formation en communication écrite. Le premier jour, je parlerai des diverses techniques pour rédiger des écrits professionnels. Le deuxième jour, nous aborderons quelques écrits professionnels spécifiques. J'aimerais toutefois que les participants me disent à l'avance quels écrits particuliers ils souhaiteraient travailler au cours. En ce qui concerne le matériel, je viendrai avec mon ordinateur portable, mais j'aimerais pouvoir disposer d'un projecteur. Pour ce qui est du tableau, un tableau papier serait idéal. Mais un tableau blanc conviendrait aussi.

[233] Je montre chacun de ces textes sur une dia Powerpoint, pendant exactement quinze secondes.

En ce qui concerne la salle, je me souviens que vous m'avez montré la salle de cours, mais je ne me souviens plus à quel étage. Enfin, s'il était possible de me réserver un parking, ce serait bien, car on ne trouve pas toujours de la place dans votre rue. J'oubliais : vous trouverez en pièce jointe le syllabus en version électronique, pour les photocopies. Mais je me chargerai de photocopier moi-même les exercices complémentaires.

Je reste bien sûr à votre disposition pour toute information complémentaire.

Bien à vous,
Cunégonde Lobscure

De : Gwendoline Laclarté (formatrice)
À : Thérèse Dumoulin (responsable formation)
Objet : Formation Rédaction claire 20-21/03 : demandes logistiques

Bonjour Madame,

Voici mes demandes et quelques précisions concernant la formation **Rédaction claire** des 20 et 21 mars prochains.

1) Pourriez-vous envoyer le **message** en pièce jointe **aux participants** ? Je voudrais savoir, pour le 15 mars, quels écrits particuliers ils souhaitent travailler.
2) Supports de cours : comme convenu, je me charge des photocopies du syllabus.
3) Pourriez-vous me confirmer la **salle et l'horaire** précis ?
4) Pourrais-je disposer du **matériel** suivant : un ordinateur, un projecteur et deux tableaux papier ?
5) Y a-t-il une **cafétéria** dans le bâtiment ou dois-je prévoir mes sandwiches ?

Merci d'avance pour vos réponses.

Cordialement,

Gwendoline Laclarté

Comme la plupart des participants qui font ce test, je suppose que vous aurez retenu beaucoup plus d'informations du second texte. Pourquoi ?

- *Grâce à l'objet du courriel (qui vous donne déjà une idée générale du contenu).*

- *Grâce à la mise en pages; vous voyez qu'il y a cinq points qui sont abordés et votre œil est attiré par les mots en caractères gras. Or, la seule lecture de ces mots en gras permet au destinataire de saisir l'essentiel du message, car il connaît le contexte : responsable de formation, il sait qu'il reçoit un courriel d'une formatrice qui viendra bientôt animer une formation. En ne lisant que les mots en gras, il devine donc très aisément l'essentiel du message.*

Donner une présentation visuelle claire à vos messages, en particulier à vos courriels, présente un double avantage :

- *votre lecteur gagne du temps, car il peut très rapidement lire votre message et y répondre (voir exemple ci-dessous[234]);*
- *vous vous donnez toutes les chances d'obtenir une réponse rapide et complète.*

De : *Thérèse Dumoulin (responsable formation)*
À : *Gwendoline Laclarté (formatrice)*
Objet : *RE : Formation Rédaction claire 20-21/03 : demandes logistiques*

Bonjour Madame,

Voici mes réponses.

1) C'est fait.

2) D'accord.

3) La formation aura lieu dans la salle 4 (rez-de-chaussée), de 9 h à 17 h.

4) Il y a une brasserie juste en face du bâtiment.

Au plaisir de vous voir le 20 mars,

Thérèse Dumoulin

Faites un bon usage du caractère gras

L'exemple ci-dessus vient de le prouver : en ne lisant que les mots-clés d'un texte (mots mis en gras), le lecteur connaîtra l'essentiel de votre message, ce qui accélérera tant sa lecture que sa compréhension.

L'abus de mots en gras peut toutefois agacer le lecteur, pour deux raisons :

- les mots mis en gras sont trop nombreux et pas suffisamment indicateurs du message-clé;

[234] Le destinataire pourrait aussi procéder en ajoutant ses réponses (dans une autre couleur de caractères) en regard de chaque question posée.

- les mots mis en gras peuvent être ressentis comme une injonction faite au destinataire.

Pour éviter de commettre un impair, suivez ces trois principes :

- ne mettez en gras que les mots qui annoncent le sujet dont vous parlez;
- évitez les mots en gras dans un courriel à un destinataire que vous ne connaissez pas ou peu, ou avec lequel il existe une grande distance hiérarchique;
- ne les utilisez jamais dans une lettre.

Donnez une structure visuelle à votre texte

Proposez votre information par petits blocs de texte, plus encourageants à lire.

- Divisez un long texte en parties et **sous-parties**.
- Donnez des **titres** et **intertitres** à chacune de ces parties.
- Séparez vos paragraphes par des espaces blancs.
- Faites des énumérations verticales, introduites par des tirets (–), des puces (•) ou des numéros (1).

Faites des titres qui donnent envie de vous lire

Donnez des **titres et intertitres signifiants** aux diverses parties de votre texte. Sachez par exemple que, sur la toile[235], les titres et intertitres sont cinq fois plus lus que le corps du texte[234].

Vos titres doivent :

- donner envie à votre lecteur de vous lire;
- résumer l'essentiel du message de cette partie.

Accrochez l'attention du lecteur

Une manière efficace de donner envie de vous lire ? Dans un titre, poser au lecteur une **question** ! Cela attire son attention et cela facilite sa compréhension en l'incitant à chercher mentalement la réponse.

235 Mot français pour *web*.
236 Cité par Jean-Marc HARDY dans *Réussir son site web en 60 fiches*, Dunod, 2010, p. 36

Plainte auprès du médiateur	Comment déposer une plainte auprès du médiateur ?
Public cible	À qui s'adresse ce livre ?
Le congé parental	Qui a droit au congé parental ?

N'appliquez toutefois pas ce principe à toutes vos parties et sous-parties, sous peine de lasser le lecteur. Une bonne technique consiste à alterner les questions et les affirmations.

Exemple :

Comment finaliser et valoriser le texte ?

1) Donner un objet signifiant à son courrier

2) Proposer un aperçu général du contenu

3) Structurer visuellement son document

4) Faciliter la lecture rapide

Faites deviner le contenu

Dan un titre, ne vous contentez pas de donner le thème de votre partie, ajoutez-y l'angle sous lequel vous allez le traiter (la problématique). Un truc : veiller à ce qu'il y ait un **verbe** dans votre titre.

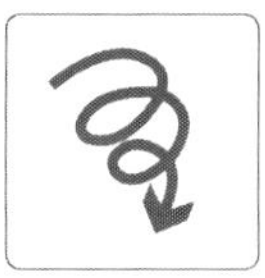	
Mise en pages	Une mise en pages qui facilite la lecture rapide
Relecture	Faire relire son texte
À savoir	Conditions pour être remboursé

Exemple

Vous trouverez à la fin de cette fiche, pages 218-220, un exemple[237] de texte visuellement bien structuré et qui comporte des titres et intertitres très parlants : en ne lisant que ceux-ci, le lecteur connaît l'essentiel du message. En outre, le fait de connaître l'essentiel incite à lire tout le texte, car la lecture est beaucoup plus rapide quand on connaît déjà les grandes lignes du message.

Subdivisez et numérotez logiquement

Structurez un texte long et numérotez vos diverses parties et sous-parties de manière cohérente.

Par exemple :

1. Des chiffres romains majuscules (I, II, III, IV...)
2. Des lettres majuscules (A, B, C, D...)
3. Des chiffres arabes (1, 2, 3, 4...)
4. Des lettres minuscules (a, b, c, d...)
5. Des chiffres romains minuscules (i, ii, iii, iv, v...)
6. Des tirets (-)
7. Des puces (•)

Une autre manière très efficace de structurer son contenu est le système de numérotation suivant.

1.
    1.1.
    1.2.
    1.3.
        1.3.1.
        1.3.2.
2.
3.
4.

[237] Ce texte s'inspire d'un texte authentique. Il est long, mais très intéressant à lire. En effet, outre ses titres parlants, il est particulièrement lisible grâce, entre autres, aux mots clairs, positifs et actifs, aux phrases courtes ou bien structurées, au dialogue avec le lecteur (par le très juste emploi des pronoms) et à la fluidité donnée par un bon emploi des mots de liaison.

Utilisez adéquatement les procédés typographiques

La typographie rendra la lecture visuelle plus aisée si elle est utilisée à bon escient.

- Mettez vos mots-clés en gras (voir ci-dessus).
- Réservez l'italique (moins lisible) aux extraits cités, aux mots étrangers, aux titres.
- Gardez le soulignage (également moins lisible) pour les titres ou intertitres.
- Utilisez les différentes polices de caractère de manière cohérente (maximum deux par texte) et adaptée à votre support[238].
- Ne mettez en note de bas de page que ce qui n'est pas nécessaire pour suivre la lecture.
- Respectez la mise en pages et les conventions typographiques propres à votre organisation.

Facilitez la compréhension par des visuels

Un tableau, un graphique, une illustration, une photo seront utiles s'ils facilitent la compréhension du lecteur.

- Un tableau ou un graphique aideront certainement le lecteur à assimiler des données chiffrées (et ce, plus qu'un long paragraphe).
- Une illustration ou une photo faciliteront la compréhension et la mémorisation d'un concept.

En résumé :

29e BONNE PRATIQUE

Facilitez le survol de votre texte :

- mettez vos mots-clés en gras
- ajoutez des intertitres
- aérez
- numérotez
- énumérez
- illustrez

Cette bonne pratique vous sera utile : ✩ ✩ ✩

238 Pour les textes lus sur écran, en particulier les pages de sites, voir *Réussir son site web en 60 fiches*, op.cit.

Les quatre principaux axes de notre stratégie 2010 pour (notre entreprise)

Sur les trois continents où nous sommes présents et malgré la tempête financière qui ébranle la plupart des entreprises, nous restons une société debout et solidement ancrée dans la communauté où nous développons nos activités. Il est important pour nous tous de le savoir et tout à fait légitime de nous en réjouir.

Cette force qui caractérise notre entreprise est la nôtre, comme elle est celle de tous ceux qui nous ont précédés depuis 1854. C'est pourquoi nous avons voulu la préserver de la crise économique en prenant une série de mesures que nous avons regroupées sous un nom qui vous est maintenant familier, le Plan Alpha 2010-2011.

Notre stratégie 2009 s'en inspire. Elle est construite sur les mêmes bases, notamment la conviction que lorsque les hommes unissent leurs compétences et leur enthousiasme, ils réalisent l'impossible. Concrètement, cela signifie que cette stratégie donne à chacun de nous sa part d'objectifs à réaliser. Tant pour nous, l'équipe de direction, que pour vous, les équipes de terrain, il y a du pain sur la planche,

1. Plaçons le client au cœur de chacune de nos initiatives

Ce n'est un secret pour personne, la compétition dans notre secteur augmente chaque année. Il nous fallait donc adopter une attitude plus stratégique et développer de nouvelles tactiques. Les voici.

Donnons encore davantage de satisfaction aux clients
Nous voulons qu'ils aient l'intime conviction d'avoir fait le bon choix et d'être «à la bonne place» chaque fois qu'ils franchissent nos portes. Nous voulons que ce sentiment se confirme à chacune de leur visite.

Cet objectif, nous l'atteindrons en jouant conjointement sur plusieurs tableaux : nous nous chargeons de revoir les prix et l'assortiment, nous vous confions le soin de rendre l'atmosphère de nos magasins encore plus chaleureuse, notamment par le dialogue avec les clients et le conseil là où il est nécessaire.

C'est chez nous une tradition que de bien accueillir la clientèle. C'est aussi un de nos atouts majeurs. Allons encore plus loin.

Attirer les consommateurs qui ne sont pas encore nos clients
Ici, l'essentiel du travail est pour nous. Comme nous ne voulons pas jouer aux apprentis sorciers, nous allons commencer par identifier leurs attentes et tenter d'anticiper leurs comportements en réalisant des enquêtes et des analyses avec l'aide de spécialistes. Cela nous permettra d'y répondre de la façon la plus adéquate possible que ce soit au niveau de l'assortiment, du packaging, des formats de magasins, des lieux d'implantation, des services offerts…

Toutefois, cette démarche ne remplace pas le bouche à oreille. Et là, nous comptons sur vous, car quelle que soit votre fonction, vous êtes un ambassadeur de notre entreprise, sur le lieu de travail, mais aussi en dehors.

2. Redoublons d'efforts pour être pour être plus performants

Aujourd'hui, nous quadrillons la Belgique avec un réseau de xxx magasins de toutes dimensions. C'est une belle performance, mais elle n'est pas suffisante.

Nous allons donc intensifier notre expansion et nous implanter partout, dans les campagnes les plus reculées comme au cœur des villes, dans les centres commerciaux comme dans les quartiers. Pour mener à bien ce projet, deux impératifs, l'un pour nous, l'autre pour vous.

Coller à notre époque

De notre côté, nous allons développer de nouveaux concepts de magasin, entièrement repensés et redessinés en fonction des styles de vie de la vie moderne. Parallèlement, nous allons améliorer nos processus de gestion ainsi que nos méthodes de travail afin d'augmenter notre efficacité tout en économisant nos efforts et en évitant le gaspillage.

Gérer comme pour soi

Votre rôle dans tout ça ? Vous approprier cette expansion et tous les projets qui l'accompagnent. Aiguisez votre esprit d'entreprise, orchestrez vos activités comme dans une PME, proposez des initiatives et gérez les ressources qui vous sont confiées comme si elles étaient les vôtres, c'est-à-dire en « bons pères de famille».

3. Croire et investir en vous

Parmi toutes les conditions nécessaires pour atteindre nos objectifs de performance, l'une est incontournable : nous avons besoin de leaders crédibles, générateurs de dialogue et d'initiative, et d'équipes soudées et motivées. Autrement dit, de collaborateurs «qui ont le Lion dans le ventre» ! Cela ne tombe pas du ciel...

Donner à chacun les moyens de trouver sa place

C'est une vérité universelle : quand on fait un travail que l'on aime, on le fait bien. Nous allons donc mettre en place les techniques nécessaires pour mieux identifier vos compétences et vous offrir les formations appropriées pour les développer. Et bien entendu, nous allons favoriser la mobilité.

Agir ensemble donne des ailes

Nous sommes convaincus qu'être à sa place favorise le travail en équipe, l'échange d'expériences et de savoir-faire. De même, nous sommes persuadés que le travail en équipe décuple les forces dont naissent les performances. C'est ce que nous attendons de vous.

4. Développons ce qui fait de nous une entreprise

unique et disons-le : qui d'autre que notre entreprise peut proposer cela ?

Nous proposons des magasins où le client trouve facilement et rapidement tout ce qu'il cherche, dans un seul endroit.

Nous offrons un assortiment de produits frais de haute qualité, des fruits et légumes de premier choix.

Nos magasins sont agréables et plaisants pour le client.

Nous créons une atmosphère unique dans nos magasins, un espace chaleureux et convivial où chacun se sent bien, où l'on se reconnaît et où on est reconnu. Le service et le conseil que nous offrons au client font partie de nos premiers atouts.

Nous veillons à ce que les produits les plus appréciés des clients ne manquent dans aucun de nos magasins.

Nos produits sont répartis en différentes catégories– produits de marque nationale et produits de marque propre – dont les prix correspondent à toutes les catégories de consommateurs.

Notre entreprise est une société solide, fiable et innovatrice.

Nous avons une marque forte et une identité unique, différente de toutes les autres enseignes.

Nous nous préoccupons de la santé de nos collaborateurs et de nos clients.

Nous pratiquons une citoyenneté active et quotidienne, nous érigeons la diversité en règle de conduite et œuvrons pour un environnement sain.

Nous soutenons l'économie belge et ses producteurs et établissons des relations de longue durée avec eux.

Qui d'autre que nous peut revendiquer tous ces atouts ? Soyons-en fiers.

30. Faciliter la lecture rapide grâce à la rédaction modulaire

Intérêt de cette bonne pratique

De plus en plus habitués à chercher de l'information sur la toile et à lire sur écran, nous prenons l'habitude, bonne ou mauvaise, de vouloir trouver rapidement la donnée dont nous avons besoin. Cette impatience est accentuée par la masse grandissante d'informations que nous recevons chaque jour.

Notre lecteur sera donc ravi s'il peut naviguer rapidement et à son gré dans le texte que nous lui proposons. La rédaction modulaire est une technique de mise en pages fort utile pour les textes professionnels, car elle fait gagner du temps tant au lecteur qu'au rédacteur. Dans un texte utilisant cette mise en pages :

- le lecteur trouvera rapidement le renseignement dont il a besoin;
- le rédacteur pourra facilement mettre à jour l'une ou l'autre partie de son texte, sans devoir le remanier dans son entièreté[239].

Écrits concernés

Tous les textes longs et/ou dans lesquels le lecteur doit pouvoir voyager en fonction de ses besoins : livres techniques, manuels, guides, brochures, rapports, comptes rendus de réunion, notes de synthèse, offres...

Personnellement, j'utilise cette technique de mise en pages pour la partie « fiches aide-mémoire » de mes manuels de formation[240] : de manière presque unanime, les participants l'apprécient beaucoup, car cela leur permet de retrouver facilement les éléments travaillés en formation. J'utilise également cette technique de rédaction pour les offres, les descriptions de projets et les descriptifs de formation.

---

[239] Belgicisme dit « de bon aloi », qui était employé en France jusqu'à la fin du XVIIe siècle (voir *Dictionnaire des belgicismes*, op.cit.). Il signifie ici l'intégralité du texte.

[240] À la demande du bureau de formation DEMOS, j'ai rédigé un *Guide pour la rédaction de manuels de formation efficaces* (document interne), basé sur cette technique de rédaction.

Inspirez-vous de la rédaction modulaire

La rédaction modulaire (aussi appelée « Block writing[241] ») est l'application à la rédaction de la méthode de **l'Information Mapping®**[242].

- L'Information Mapping® (IMAP) est une méthode standardisée d'analyse, d'organisation et de présentation de l'information.
- Elle se base sur la manière dont le cerveau capte et mémorise l'information.

Présentez votre information en modules

La méthode consiste à découper et à organiser l'information en unités plus petites et facilement repérables.

Cette méthode facilite :

- le travail du **rédacteur** (pour la structuration de sa pensée et de son expression);
- le travail du **lecteur** (pour la lecture et pour la recherche d'informations précises).

Regardez ce livre, exemple de rédaction modulaire

Ce livre est rédigé selon les principes de la rédaction modulaire :

- un **thème** et un **contenu autonomes** par fiche;
- un **titre** de fiche **parlant** (une phrase à l'infinitif);
- des **intertitres** (colonne de gauche) qui incitent à l'**action** (impératifs);
- une division du contenu fiche en **unités plus petites**, facilement repérables (cadres)
- des **phrases** courtes, actives, adressées directement au lecteur;
- des **repères visuels** : numérotations, énumérations, mots-clés en gras.

Exemple

Vous trouverez aux pages 224-225 un exemple de texte court utilisant la rédaction modulaire : il s'agit de la note d'information[243] que j'avais rédigée pour trouver un illustrateur pour ce livre.

---

[241] C'est ainsi que mes confrères Jef Verheyen et Patrick Herremans appellent cette technique de mise en pages : je les remercie de m'avoir fait découvrir cette technique dont je suis devenue une fervente adepte. Le livre *Doeltreffend schrijven voor bedrijven*, de Jef VERHEYEN aux éditions Standaard Uitgeverij, adopte d'ailleurs la même technique de rédaction.

[242] Voir la description de cette méthode et de très bons exemples de ses résultats positifs sur : http://www.information-mapping.fr/

[243] Cette note, envoyée par courrier électronique, était accompagnée d'un message d'introduction dans le courriel.

En résumé :

30e BONNE PRATIQUE

Répartissez votre contenu en modules autonomes, faciles à lire et écrire à son gré

Cette bonne pratique vous sera utile : ✩ ✩ ✩

Exemple de texte utilisant la rédaction modulaire

DEMANDE D'UN ILLUSTRATEUR
POUR UN LIVRE SUR LA RÉDACTION PROFESSIONNELLE

1. *Introduction*

Formatrice et consultante en rédaction professionnelle, je suis en train de rédiger un livre sur les ***écrits professionnels****. Je souhaiterais illustrer par des* ***dessins*** *les concepts et bonnes pratiques en rédaction que je vais présenter dans mon livre : c'est pourquoi je m'adresse à vous.*

2. Ma demande : 15 dessins d'illustrations

J'aimerais illustrer mon livre d'une quinzaine de ***dessins****, autour des thèmes suivants :*

- *mon* ***concept fondamental*** *: celui de la* ***Rédaction claire****. Je le résume dans ce qui est jusqu'à présent mon slogan : « Économisez le temps de vos lecteurs : rédigez des textes clairs ». Ce concept de Rédaction claire sera présent dès le titre de mon livre;*
- *les* ***diverses étapes pour rédiger un texte professionnel*** *clair et efficace :*
  1) *définir son objectif;*
  2) *développer son contenu;*
  3) *construire son plan;*
  4) *écrire son brouillon;*
  5) *rédiger son texte;*
  6) *finaliser et mettre en page;*
  7) *se relire et se corriger.*

3. *Le style souhaité pour ces dessins*

Le style que je souhaiterais pour les dessins est le suivant :

- *en noir (et blanc);*
- *d'un trait qui rappelle la «* ***ligne claire*** *» d'Hergé (pour se rapprocher du concept de Rédaction claire);*
- *accrocheurs, amusants et surtout très parlants pour le lecteur : je souhaite que ces dessins aient une* ***utilité pédagogique*** *auprès du lecteur/apprenti rédacteur.*

4. *Le contenu à illustrer*

Vous aurez une meilleure idée des ***concepts*** *que je souhaite illustrer en consultant la page d'accueil de mon site www.redaction-claire.com ainsi que la page qui présente le concept de la Rédaction claire : http://www.redaction-claire.com/la-r%C3%A9daction-claire-c-est/*

5. Utilisation des dessins	*Les dessins seront utilisés pour illustrer le* ***livre*** *que je suis en train de rédiger.* ▪ *Son titre provisoire est : Rédaction claire pour vos écrits professionnels, Méthode et bonnes pratiques.* ▪ *Il sera publié par Edi.pro (http://www.edipro.info/) fin 2011.* *Ces dessins seront aussi utilisés sur mes* ***supports de formation*** *(dias PowerPoint, syllabus, fiches aide-mémoire…) et éventuellement sur certains* ***supports commerciaux*** *(brochures, site…), avec, bien sûr, la mention claire de leur auteur.*
6. Agenda	*L'agenda de notre éventuelle collaboration serait le suivant :* ▪ *première semaine d'août : nous nous rencontrons pour vérifier si « le courant passe »;* ▪ *deuxième semaine d'août : vous me soumettez votre offre;* ▪ *pour le 16 août : je vous confirme l'offre;* ▪ *fin août : je vous présente le brouillon de mon manuscrit, pour définir ensemble les concepts à illustrer;* ▪ *pour le 20 septembre : vous me proposez vos dessins;* ▪ *pour le 15 octobre : je remets mon tapuscrit à l'éditeur, avec vos dessins.*
7. Suites à donner	***Si cette offre vous intéresse et si mon agenda vous convient, pourriez-vous, par retour d'e-mail et pour le 30 juillet au plus tard :*** ***1. m'envoyer une présentation de votre travail et du style de dessins que vous pourriez faire pour répondre à ma demande;*** ***2. me donner une idée de vos tarifs, par dessin par exemple;*** ***3. me proposer des dates pendant la première semaine d'août pour que nous nous rencontrions, à Bruxelles de préférence ?*** ***Merci d'avance pour l'attention que vous aurez bien voulu accorder à ma demande.*** *Anne Vervier*

G. 7e étape : comment vérifier l'efficacité du texte ?

Tâche

Se relire et se corriger sont une étape indispensable pour garantir la lisibilité et l'efficacité d'un document auprès du lecteur : n'oubliez jamais cette étape ! Pour que votre relecture soit efficace, faites-la avec du recul : cela vous aidera à vous mettre dans la peau de votre lecteur.

Vous trouverez dans les bonnes pratiques (BP) qui suivent plusieurs techniques de relecture. Il serait bien sûr fastidieux d'appliquer à un écrit spécifique chacune de ces techniques de relecture. Après avoir rédigé un texte, vous y appliquerez l'une ou l'autre de ces techniques, en fonction du type de texte et surtout de son importance stratégique.

BP 31

Se relire et se corriger

Relisez-vous après un certain temps, en séparant les relectures : lecture concentrée sur le contenu, sur la formulation, sur la correction linguistique et sur la mise en pages.

BP 32

Autoévaluer et améliorer l'efficacité communicationnelle de son document

Grâce à trois grilles d'autoévaluation, apprenez à évaluer vos textes et à progresser. Ces trois grilles vous seront très utiles pour développer votre compétence en rédaction professionnelle.

BP 33

Vérifier et corriger la forme linguistique de son texte

Relisez, vérifiez et corrigez votre texte, de manière à ce qu'aucune erreur ne distraie l'attention du lecteur ou ne vous discrédite à ses yeux.

BP 34

Faire relire son texte

Faites relire votre texte par un confrère et par un lecteur susceptible de représenter le public cible.

BP 35

Mesurer l'efficacité du texte auprès du lecteur

Testez votre texte auprès d'un lecteur grâce à la grille d'évaluation. Améliorez votre texte grâce à la grille de remèdes pour le rédacteur. La grille d'évaluation est un des documents les plus importants de ce livre, car elle permet de se faire une idée de l'impact d'un texte auprès de ses lecteurs.

Proverbe

« Les paroles s'envolent, les écrits restent. »

31. Se relire pour se corriger

Intérêt de cette bonne pratique

Relire son propre texte et se corriger n'est pas toujours facile, car le rédacteur manque de distance par rapport à sa production. Choisir le bon moment et la technique adéquate vous aidera à vous relire et à vous corriger efficacement.

Écrits concernés

Tous

Relisez-vous après un certain temps

Dans la mesure du possible, **attendez quelques heures** voire quelques jours pour vous relire, de manière à avoir un peu « oublié » ce que vous avez écrit : vous aurez ainsi la distance nécessaire pour poser un regard neuf et un œil plus critique sur votre texte, afin de vous corriger adéquatement.

Imprimez votre texte

Imprimez toujours votre texte pour le relire : des erreurs ou incohérences que vous ne voyiez pas sur écran vous sauteront aux yeux sur papier.

Séparez les relectures

Lorsque nous nous relisons, notre évaluation du texte est perturbée par les éléments suivants.

- Comme auteurs, nous connaissons tellement bien notre contenu et son contexte que nous pouvons mal percevoir si nous donnons au lecteur toutes les informations dont il a besoin ou si nos idées sont formulées clairement.
- Nous aurons tendance à mélanger les relectures du fond (intelligibilité), de la forme (lisibilité, convivialité et correction linguistique) et de la mise en pages (présentation visuelle).
- À un moment, nous nous concentrerons sur la correction grammaticale d'une phrase, sans percevoir si son contenu est pertinent par rapport au thème du texte.

- À un autre moment, nous nous concentrerons sur l'enchaînement des idées d'un paragraphe, sans voir la faute d'orthographe que nous y aurions laissée.

Pour pallier ces difficultés, je vous recommande de séparer les relectures.

- Une relecture où vous vous concentrerez uniquement sur les idées et leur enchaînement (**intelligibilité** du texte)[244].
- Une relecture où vous vous concentrerez uniquement sur la formulation (**lisibilité et convivialité** du texte)[245].
- Une relecture où vous vous concentrerez sur tous les aspects de mise en pages du document (**présentation visuelle**)[246].
- Une relecture où vous vous concentrerez uniquement sur la forme linguistique (**orthographe, grammaire et ponctuation**)[247].

Bien sûr, vous n'appliquerez ces quatre relectures à un texte spécifique que si son enjeu est stratégique et que votre texte doit être – presque – parfait. N'oubliez en tout cas jamais la relecture sur la forme linguistique : un texte contenant des fautes d'orthographe discrédite immédiatement son auteur (et son message) aux yeux de ses lecteurs.

Un petit truc qui fonctionne[248] : relisez votre texte dans un autre endroit que celui où vous l'avez écrit ou dans une autre position; cela vous aidera à le voir avec plus de recul.

Un dernier conseil : si vous faites plusieurs relectures, terminez par la relecture/correction orthographique, de manière à vérifier également la correction linguistique des éventuelles modifications que vous auriez apportées lors des autres types de relecture.

244 Voir grille ELAS, BP 32.
245 Voir grille CALAPAC, BP 32.
246 Voir grille SAC, BP 32.
247 Voir BP 33.
248 Merci à Philippe Schoepen, copywriter et relecteur du tapuscrit de ce livre, pour ce petit truc.

En résumé :

31e BONNE PRATIQUE

Relisez-vous après un certain temps, en séparant la relecture du fond de celle de la forme

Cette bonne pratique vous sera utile : ✩ ✩ ✩

32. Autoévaluer et améliorer l'efficacité communicationnelle de son document

Intérêt de cette bonne pratique

Améliorer votre texte grâce à une grille d'autoévaluation augmentera vos chances de faire passer efficacement votre message auprès de votre destinataire.

Écrits concernés

Tous

Évaluez l'intelligibilité, la lisibilité et la présentation visuelle de votre texte

Après avoir rédigé et relu votre texte une première fois, vous évaluerez son efficacité communicationnelle[249] grâce à la **grille d'autoévaluation de l'efficacité de votre texte**, qui se trouve aux pages 279-281.

Cette grille en trois volets vérifie :

- l'intelligibilité (grille ELAS);
- la lisibilité et la convivialité (grille CALAPAC);
- la présentation visuelle de votre texte (grille SAC).

Elle vous sera très utile car elle vous aidera à relire votre texte en vous mettant dans la peau du lecteur, ce qui est fondamental pour rédiger un texte efficace.

Progressez

Après avoir évalué votre texte :

- corrigez tout élément qui rendra votre texte plus efficace[250];
- repérez vos progrès : ils vous serviront de points d'appui lors d'une prochaine rédaction;
- identifiez les aspects que vous pourrez améliorer dans vos prochains textes.

[249] C'est-à-dire ce qui rend le message efficace pour atteindre l'objectif de communication fixé.

[250] En vous aidant des bonnes pratiques mentionnées dans la grille d'autoévaluation.

En résumé :

32e BONNE PRATIQUE

Autoévaluez-vous, corrigez votre texte et développez votre compétence rédactionnelle

Cette bonne pratique vous sera utile : ✩ ✩ ✩

33. Vérifier et corriger la forme linguistique de son texte

Intérêt de cette bonne pratique

Relisez et corrigez votre texte pour qu'il soit correct, tant pour l'orthographe d'usage et grammaticale que pour l'emploi correct des mots, la construction logique des phrases, l'utilisation adéquate de la ponctuation et des majuscules et le respect de la typographie. Ainsi, votre lecteur se concentrera sur votre message (car la faute d'orthographe distrait l'attention du lecteur) et il gardera une bonne image professionnelle de vous (la faute d'orthographe discrédite l'émetteur du message).

Écrits concernés

Tous

Relisez-vous !

La concentration sur le fond de notre message, l'interférence avec d'autres langues que nous pratiquons, la distraction... Nombreuses sont les raisons pour lesquelles nous faisons des fautes d'orthographe, surtout au clavier. L'erreur serait de ne pas se relire et se corriger et d'envoyer trop vite son document.

Relisez toujours votre texte avant de l'envoyer, en utilisant l'une ou l'autre des techniques suivantes pour mieux repérer vos erreurs.

- Utilisez de bons outils informatiques de correction linguistique, tel le correcteur d'orthographe de votre traitement de texte ou un logiciel tel *Antidote*[251].
- Imprimez votre texte et relisez votre document sur papier (la lecture sur papier est plus attentive que la lecture sur écran).
- Relisez votre texte après quelques heures, en vous concentrant sur la forme plutôt que sur le fond.

[251] Voir http://www.druide.com/antidote.html

- Relisez votre texte en commençant par la fin et en remontant, phrase par phrase : cela vous aidera à vous déconnecter du fond au profit d'une concentration sur la forme.
- Utilisez les outils linguistiques présentés à la BP 25 pour vérifier vos tournures et vous corriger adéquatement.
- Faites relire par un tiers les textes dont l'enjeu est important.

Donnez à la correction linguistique sa juste place

La correction linguistique d'un texte est bien sûr un des paramètres importants de son efficacité auprès de son public cible.

Ainsi, un récent billet sur la toile intitulé « Les fautes d'orthographe coûtent cher sur Internet »[252] rapportait qu'une seule faute d'orthographe sur un site de vente en ligne pouvait diminuer de moitié les ventes, car les fautes remettent en cause la crédibilité du site aux yeux des consommateurs. Vous serez donc très attentif à ce que tout texte publié, en particulier vers l'extérieur, soit irréprochable.

Mais vous serez plus tolérant pour un courriel d'un collègue proche, qui ne s'adresse qu'à vous, d'autant plus si son message est écrit à partir d'un terminal de poche[253] (les outils de « saisie prédictive de mots » qui s'y trouvent vous jouent parfois de sales tours !). Et vous serez bien sûr encore plus indulgent si ce collègue n'est pas francophone.

Enfin, évitons de stigmatiser les fautes d'orthographe sur les billets laissés sur les forums, les blogues[254] et les réseaux sociaux sur Internet : cela pourrait décourager plus d'un membre de ces réseaux de participer à ces échanges. En effet, les discussions sur les forums se font dans la spontanéité et dans un style plus proche de la langue orale que du style rédactionnel professionnel classique.

[252] « Spelling mistakes 'cost millions' in lost online sales », Sean COUGHLAN, BBC News education correspondent, 14/07/2011: http://www.linkedin.com/news?viewArticle=&articleID=665182616&gid=2537837&type=member&item=63915145&articleURL=http%3A%2F%2Fwww%2Eslate%2Efr%2Flien%2F41129%2Ffautes-orthographe-commerceinternet&urlhash=GQni&trk=group_most_popular-0-b-shrttl

[253] Mot français pour *smartphone*

[254] Mot français pour *blog*

En revanche, le gestionnaire d'un site, d'un blogue ou d'un forum se doit de publier des textes sans aucune faute d'orthographe ni de grammaire, sous peine de perdre toute crédibilité[255].

Encouragez efficacement à une meilleure maîtrise de l'orthographe

La meilleure manière de vous encourager et d'encourager vos collègues à avoir une meilleure orthographe est de **comprendre vos erreurs** : lorsque votre logiciel ou votre correcteur d'orthographe vous signale une forme fautive, interrogez-vous sur les raisons qui vous ont fait commettre cette erreur.

- Une confusion avec une autre forme grammaticale ?
  Exemple : je ferai / vous ferez
- Une confusion avec un mot homophone ?
  Exemple : balade (promenade) et ballade (poème ou morceau musical qui illustre un poème)
- Une confusion avec un mot phonétiquement proche dans une autre langue ?
  Exemple : trafic (en français) et « traffic » (en anglais); connexion (en français) et « connection » (en anglais)
- Une mauvaise analyse de la structure syntaxique ?
  Exemple : Exprimez les sentiments que provoque~~nt~~ la situation que vous avez vécue.

En comprenant vos erreurs, vous augmenterez nettement vos chances de ne plus les commettre[256].

Améliorez votre orthographe

Développez vos compétences orthographiques et grammaticales grâce à des outils efficaces tels :

- *Se réconcilier avec l'orthographe*, de Bernard Fripiat[257];
- *99 questions à mon coach d'orthographe*, de Bernard Fripiat[258].

Un bon vieux truc qui fonctionne toujours bien : faites des dictées[259] ! Mais en gardant toujours à l'esprit que vous devez comprendre vos erreurs pour vous améliorer efficacement.

Enfin, voici un outil en ligne, gratuit, qui vous aidera à améliorer votre orthographe : www.orthoprof.fr

---

255 Voir Fred COLANTONIO, *Communication professionnelle en ligne*, Edi.pro, pp.179-180.

256 Cette démarche s'inscrit dans la lignée de la pédagogie de l'erreur et des travaux de Nina CATACH, linguiste française et grande spécialiste de l'orthographe. Voir, notamment, *Les délires de l'orthographe*, Plon.

257 Éditions Demos, 1997.

258 Éditions Demos, 2008.

259 Une excellente référence en la matière : *La force de l'orthographe*, 300 dictées progressives commentées, Maurice GREVISSE, Duculot, 2004.

En résumé :

33e BONNE PRATIQUE

Relisez et corrigez attentivement votre texte pour qu'il soit linguistiquement tout à fait correct

Cette bonne pratique vous sera utile : ✩ ✩ ✩

34. Faire relire son texte

Intérêt de cette bonne pratique

Malgré vos relectures, il y aura toujours des erreurs et des coquilles qui vous échapperont.

Faites relire votre texte par deux ou trois personnes bien choisies : elles vous donneront, mieux que vous ne pourriez le faire, un avis instructif sur la réaction présumée de votre public cible.

Écrits concernés

Tous les textes dont l'enjeu est important, en particulier ceux qui s'adressent à un public large et varié.

Demandez à un expert son avis sur le fond

Demandez son avis à un **collègue** ou un **confrère** qui connaît votre sujet et ses enjeux : il est bien placé pour évaluer la pertinence de votre **contenu**.

Pour que son avis soit utile, posez-lui des questions précises et demandez-lui, par exemple, si :

- toutes les informations et données que vous mentionnez sont exactes;
- vous avez donné à votre public cible toutes les informations dont il pourrait avoir besoin.

Vérifiez la lisibilité auprès d'une personne proche de votre public cible

Une personne susceptible d'appartenir à votre **public cible** peut vous donner une réaction très intéressante sur la réelle **efficacité** (tant du fond que de la forme) de votre texte. Demandez-lui si :

- elle comprend tout ce que le texte lui explique;
- elle n'a pas besoin de relire deux fois vos phrases pour les comprendre;
- elle trouve facilement dans votre texte la réponse à telle ou telle question que vous lui poseriez;
- elle a volontiers envie de répondre à votre demande (si le texte lui demande quelque chose);
- elle trouve dans le texte tous les renseignements dont elle aurait besoin ou les réponses aux questions qu'elle se poserait.

Faites faire une correction orthographique

Pour un texte qui doit être irréprochable, il peut être utile de demander une relecture à un correcteur professionnel, qui verra les erreurs de langue[260] que l'auteur est souvent incapable de voir dans son propre texte.

Tirez profit de la critique

Soyez **réceptif** aux remarques, critiques et propositions de vos relecteurs : si vous avez fait une erreur en matière d'efficacité, il vaut mieux que vous vous en rendiez compte avant d'envoyer ou de publier votre texte[261].

Enfin, n'oubliez pas qu'il est plus important que le texte plaise à votre lecteur qu'à vous-même : vous augmentez ainsi vos chances d'atteindre votre objectif de communication.

Une expérience

Ce livre se devait d'être exemplaire en matière de Rédaction claire. J'ai donc demandé une relecture à trois types de lecteurs.

- *Des proches, susceptibles de représenter le public cible, m'ont confirmé si le livre était, d'une part, facile et agréable à lire, d'autre part, s'il contenait des informations et techniques qui leur seraient utiles.*
- *Des confrères et consœurs, linguistes ou formateurs, m'ont donné leurs critiques et suggestions pour tout le contenu du livre.*
- *Un rédacteur professionnel et la correctrice de mon éditeur ont scrupuleusement vérifié la correction linguistique de tout le tapuscrit.*

260 Les correcteurs (logiciels) orthographiques ne sont pas entièrement fiables pour certains accords grammaticaux complexes et ne le sont pas du tout sur l'emploi des mots dans un sens correct.

261 Un de mes relecteurs, Pierre-yves Debliquy, a truffé mon tapuscrit de remarques. D'abord surprise par leur nombre, j'ai ensuite beaucoup apprécié ces commentaires qui m'ont obligée à m'interroger sur la clarté et la pertinence de mes messages.

En résumé :

34e BONNE PRATIQUE

Demandez la réaction d'un expert sur le fond et d'un lecteur du public cible sur la lisibilité

Cette bonne pratique vous sera utile : ✩ ✩ ✩

35. Mesurer l'efficacité du texte auprès du lecteur

Intérêt de cette bonne pratique

Voici quelques tests[262] qui vous permettront de vérifier divers aspects de l'efficacité de votre texte auprès de votre lecteur.

Le premier de ces tests, la Grille d'évaluation de l'efficacité d'un document pour le lecteur (page 282) est un des documents majeurs de ce livre, car il vous permet de vous faire rapidement une idée de l'efficacité de votre texte auprès de votre lecteur.

Écrits concernés

Ces tests peuvent s'appliquer à tout type de texte, ou à une partie de texte, en fonction de vos doutes.

À vous de choisir, au cas par cas, le test qui conviendra le mieux au document précis que vous venez de terminer.

Testez l'efficacité de votre texte auprès de votre public cible

Ce test, indispensable, se fait grâce à la **Grille d'évaluation de l'efficacité d'un document pour le lecteur**, que vous trouverez en page 282.

Comment procéder ?

- Donnez votre texte à lire à un destinataire potentiel (quelqu'un qui a le niveau de connaissance du public cible, mais qui ne connaît pas du tout votre texte).
- Demandez-lui d'en évaluer l'efficacité communicationnelle grâce à la **Grille d'évaluation de l'efficacité d'un document pour le lecteur**, présentée à la page 282.
- Corrigez ensuite votre texte grâce aux remarques de votre lecteur et à la **Grille de remèdes pour le rédacteur**, que vous trouverez à la page 283.

---

262 Je remercie mes consoeurs et confrères, en particulier Greet De Baets et Alex McCafferty, pour ces idées de tests, issues de nos échanges de bonnes pratiques pédagogiques.

Je vous recommande de mesurer l'utilité de ce test en l'appliquant aux deux documents proposés dans le premier chapitre de ce livre, aux pages 42-44.

Vérifiez la clarté de votre formulation grâce au test auditif

Si vous hésitez sur la clarté d'un paragraphe et des phrases qui le composent, lisez-les à haute voix à l'un de vos collègues. Demandez-lui ensuite de vous résumer le contenu de ce paragraphe.

Il aura retenu ce que vous lui avez lu si :

- vos phrases ne sont pas trop longues (maximum vingt mots);
- vos phrases sont construites logiquement (sujet + verbe + compléments);
- les liens logiques entre vos idées sont clairement exprimés, grâce aux mots de liaison (tels : d'abord, ensuite, enfin, etc.)

Ce test est proposé lors de la BP 16 consacrée à la construction de la phrase.

Rendez votre texte plus concis grâce au test de la proportion des mots-clés

Si vous avez l'impression que votre texte (ou une partie de votre texte) contient des longueurs, donnez-le à lire à un collègue et demandez-lui d'y souligner ce qu'il estime être les mots-clés. Réécrivez ensuite votre texte en gardant tous les mots-clés, mais en diminuant au maximum le nombre de mots.

Vous pouvez faire faire ce test par un collègue ou le faire vous-même.

Vous trouverez une illustration de ce test dans les annexes, à la page 301 : vous constaterez que la réécriture de ce texte, reprend tous les mots-clés du texte initial, mais contient un tiers de mots en moins, au total (on est passé de 152 à 100 mots).

Testez l'efficacité de la mise en pages grâce au test visuel

Imprimez votre document et demandez à un collègue qui ne connaît pas du tout son contenu de le feuilleter. Demandez-lui ensuite ce qu'il en a retenu.

Ce test vous permettra de vérifier si votre mise en pages est suffisamment claire. En effet, votre lecteur pourra saisir les grandes lignes de votre message si :

- la structure visuelle de votre texte (nombre et numérotation des parties) ressort clairement;
- vos titres et intertitres sont suffisamment parlants;
- les messages-clés sont visuellement mis en évidence.

Vérifiez la lisibilité et l'intelligibilité de votre texte grâce au test de la mémorisation

Donnez votre texte à lire à l'un de vos collègues, en lui disant de ne le lire qu'une seule fois. Demandez-lui ensuite ce qu'il en a retenu et plus précisément :

- quel est le message essentiel ?
- que doit faire le lecteur à la suite du message ?

Si votre collègue répond correctement à ces questions, c'est que votre texte est formulé lisiblement et construit logiquement.

Ce test vous est proposé lors de la bonne pratique 29. Dans ce cas, le test consiste à balayer le texte du regard (un courriel d'une vingtaine de lignes) pendant quinze secondes, puis d'essayer de résumer, de mémoire, le message.

En résumé :

35e BONNE PRATIQUE

Vérifiez l'efficacité de votre texte grâce à la Grille d'évaluation d'un document par le lecteur (page 282)

Cette bonne pratique vous sera utile : ✩ ✩ ✩

3 Comment améliorer les écrits de son organisation ? Encourager et guider vers la *Rédaction claire*, en 5 bonnes pratiques

Objectif de ce chapitre

Si les textes produits par votre entreprise, publique ou privée, sont clairs, tout le monde en profitera : vos clients, vos fournisseurs, vos administrés, vos collègues, vos collaborateurs... et vous-même ! Tous, vous économiserez du temps et travaillerez plus efficacement.

La *Rédaction claire* est une attitude qui doit faire partie de la culture d'entreprise : elle doit être valorisée, encouragée, partagée.

Vous trouverez dans ce chapitre cinq bonnes pratiques pour contribuer à faire de la *Rédaction claire* une qualification professionnelle répandue et hautement appréciée dans votre entreprise.

Recommandation aux managers

Ayez comme objectif un texte suffisamment clair écrit par votre collaborateur plutôt qu'un texte parfait réécrit par vous-même.

36. Rédacteurs : s'encourager mutuellement

Intérêt de cette bonne pratique

Osez soumettre vos textes à l'évaluation de vos collègues : vous cernerez très vite ce qui contribuera à rendre vos textes beaucoup plus efficaces auprès de votre public cible.

Donnez-vous une évaluation mutuelle

Demandez à un tiers de vous donner une évaluation de votre texte : il sera naturellement meilleur juge que vous, car l'on manque toujours de recul par rapport à son propre texte.

Osez donner votre avis sur les textes de vos collègues : non seulement vous leur rendrez service, mais vous cernerez mieux aussi, dans la peau du lecteur, ce qui fait l'efficacité d'un texte professionnel.

Toutefois, cette évaluation mutuelle sera entendue et donc efficace pour promouvoir la *Rédaction claire* à une condition : vous devez autant souligner **ce qui est réussi** dans le texte de votre collègue que **ce qui doit être amélioré.**

Pour cette évaluation mutuelle, utilisez la **Grille d'évaluation de l'efficacité d'un document pour le lecteur**, page 282.

Attirez l'attention d'un auteur sur l'objectif communicationnel d'un texte professionnel

Nous connaissons tous, dans notre entourage professionnel, un auteur qui écrit des textes comprenant « de beaux mots et de belles phrases », mais auxquels nous ne comprenons pas grand-chose ou qui sont rébarbatifs à lire... Comment lui dire qu'il pourrait écrire plus clairement ?

Je vous propose de lui faire remarquer qu'un tel style sera sans doute compris de ses confrères qui connaissent le sujet aussi bien que lui. Toutefois, il risque de ne pas atteindre son objectif avec un lecteur qui n'a pas nécessairement le même niveau de compétence langagière que lui !

Soumettez-lui un texte écrit dans un style similaire au sien, sur un sujet complètement différent, et demandez-lui d'évaluer ce texte à l'aide de la **Grille d'évaluation de l'efficacité d'un texte pour le lecteur**. Il comprendra très vite l'importance de rédiger clairement pour atteindre son objectif de communication auprès de son public cible.

En résumé :

36e BONNE PRATIQUE

Demandez l'avis de vos collègues sur vos textes

Cette bonne pratique vous sera utile : ✩ ✩ ✩

37. Managers : guider plutôt que corriger

Intérêt de cette bonne pratique

Vous êtes chargé de la révision des textes de vos collaborateurs : voici une bonne pratique pour rendre ce travail plus rentable, tant pour vous que pour vos équipes.

Arrêtez de jouer au « prof » au stylo à bille rouge

N'êtes-vous pas lassé de corriger et réécrire les textes que certains collaborateurs vous soumettent ? Cette tâche n'est-elle pas particulièrement fastidieuse quand vous corrigez toujours le même type d'erreurs ? Ce travail de correction linguistique relève-t-il vraiment de vos compétences de cadre ?

Je vous propose de quitter votre tâche de correcteur pour une tâche de **conseiller rédactionnel**, afin de guider vos collaborateurs vers une plus grande autonomie en rédaction professionnelle.

Choisissez une approche plus rentable

Il est certainement plus rentable de guider vos collaborateurs vers la *Rédaction claire* plutôt que de corriger et réécrire leurs textes.

Pourquoi ?

- Il est plus efficace de donner des indications pour la réécriture que de réécrire vous-même des passages du texte.
- Votre collaborateur sera beaucoup plus motivé pour apprendre à écrire plus clairement avec ce type d'indications plutôt qu'avec des corrections toutes faites.
- Les textes de votre collaborateur deviendront ainsi de plus en plus clairs, votre travail de révision sera donc de plus en plus rapide.

Comment guider vos collaborateurs vers la *Rédaction claire* ?

- En intervenant aux **trois moments-clés** du processus de rédaction (voir la BP 38).
- En donnant à vos collaborateurs des **indications constructives** (voir BP 39).

Ce faisant, vous devrez toutefois accepter que le texte final ne soit pas celui que vous auriez écrit vous-même; mais n'est-il pas plus rentable d'aboutir à un texte (suffisamment) clair écrit par un collaborateur plutôt qu'à un texte que vous auriez vous-même réécrit, en y passant parfois beaucoup de temps ?

Rendez vos collaborateurs autonomes

L'objectif de cette nouvelle approche de la révision de textes est de rendre vos collaborateurs de plus en plus compétents et **autonomes** en rédaction professionnelle. Idéalement, votre rôle ne consistera alors plus qu'à les féliciter de produire des textes clairs, qui contribueront ainsi à la bonne communication écrite au sein de votre organisation.

En résumé :

37e BONNE PRATIQUE

Plutôt que de réécrire, guidez vos collaborateurs pour qu'ils produisent eux-mêmes des textes clairs

Cette bonne pratique vous sera utile : ✩ ✩ ✩

38. Managers : intervenir aux moments adéquats du processus de la rédaction

Intérêt de cette bonne pratique

Choisissez les moments adéquats pour conseiller un rédacteur : vos interventions seront ainsi plus productives.

Les 3 moments d'intervention

Je vous propose d'intervenir aux trois moments suivants du processus de rédaction (voir dans le tableau ci-dessous). C'est ainsi que vous aiderez le mieux le rédacteur à produire un texte final qui permettra d'atteindre l'objectif souhaité.

1ère étape : Définir l'objectif du texte	▪ **Première intervention** Vérifiez, avec le rédacteur, les paramètres de la situation de communication (BP 1) et définissez avec lui : ▪ le résultat à atteindre par le texte (BP 3); ▪ les attentes du public cible (BP4).
2e étape : Développer le contenu 3e étape : Structurer le contenu	▪ **Deuxième intervention** Lorsque le rédacteur a terminé son plan, demandez-lui de vous le présenter oralement (BP 12) : vous pourrez ainsi vérifier ensemble si : ▪ toutes les informations présentées sont pertinentes par rapport à l'objectif; ▪ leur enchaînement (plan) sert l'objectif de communication fixé.
4e étape : Préparer la rédaction 5e étape : Rédiger le texte 6e étape : Finaliser et valoriser le texte 7e étape : Vérifier l'efficacité du texte	▪ **Troisième intervention** ▪ Lisez le texte produit. ▪ Ajoutez-y des indications constructives (BP 39). ▪ Encouragez ainsi le rédacteur à une autocorrection efficace. ▪ Lisez une dernière fois le texte corrigé par son rédacteur et félicitez-le pour son texte clair.

En résumé :

38e BONNE PRATIQUE

Intervenez trois fois : pour définir l'objectif, pour vérifier le plan et pour évaluer le texte

Cette bonne pratique vous sera utile : ✩ ✩ ✩

39. Managers : donner des indications constructives

Intérêt de cette bonne pratique

Vous guiderez efficacement votre collaborateur en lui donnant la réaction du lecteur potentiel d'une part et des indications pour la correction d'autre part.

Donnez la réaction du lecteur

La première réaction à donner à l'un de vos collaborateurs est celle du lecteur. Pour cela, utilisez la **Grille d'évaluation de l'efficacité d'un document pour le lecteur**, présentée en page 282. Cela fera prendre conscience à votre collaborateur de ce qu'est un texte efficace, c'est-à-dire un texte qui permet d'atteindre l'objectif de communication fixé auprès du public cible.

Donnez des indications pour la réécriture claire

Lors de votre troisième intervention (voir BP 38), soit lorsque vous lisez et commentez le texte produit par votre collaborateur, suivez les conseils suivants pour que votre intervention soit constructive.

- Imprimez le texte[263] et écrivez vos commentaires au crayon[264].
- Évitez de réécrire des phrases ou paragraphes à la place de l'auteur du texte.
- Mais vous pouvez suggérer l'une ou l'autre formulation (mots ou parties de phrases).
- Soulignez ce qui est clair : c'est encourageant pour le rédacteur et, surtout, cela lui montre comment continuer[265].
- Indiquez ce qui doit être amélioré en utilisant le **Code d'indications pour la réécriture**, présenté aux pages 284-285.
- Ajoutez à ces indications codées tout commentaire ou suggestion pour mieux guider votre collaborateur dans sa réécriture.

---

[263] Car on lit et on annote beaucoup plus facilement sur papier que sur écran : votre tâche d'évaluation sera donc plus rapide.

[264] Et surtout pas au stylo à bille rouge : de nombreux participants m'ont confié à quel point les corrections en rouge de leur chef les démotivaient.

[265] Lorsque j'évalue un texte, je note des ☺ à côté de tout ce que je trouve particulièrement clair ou pertinent (en spécifiant, si nécessaire, ce que je trouve bien fait). Francine Dugué, ma consoeur et une des relectrices de ce manuel, l'a fait dans mon tapuscrit : j'ai beaucoup apprécié ces signes encourageants.

- Votre tâche de guidance vers la réécriture claire ne doit toutefois pas être trop fastidieuse : trouvez le juste équilibre entre les indications que vous puiserez dans le code des pages 284-285 et le commentaire général d'évaluation, également présenté page 285.
- Enfin, lorsque les textes d'un de vos collaborateurs nécessitent régulièrement de nombreux commentaires, vous l'encouragerez à suivre une formation ou un coaching en *Rédaction claire* (voir BP 40), pour qu'il produise plus rapidement des textes clairs.

Exemple de texte commenté

Vous trouverez aux pages 295-301 deux exemples de textes annotés selon le **Code d'indications pour la réécriture**, proposé page 284.

En résumé :

39e BONNE PRATIQUE

Soulignez ce qui est clair, indiquez ce qui doit être amélioré et de quelle manière

Cette bonne pratique vous sera utile : ☆ ☆ ☆

40. Valoriser la *Rédaction claire* en entreprise

Intérêt de cette bonne pratique

Un certain nombre de personnes confondent, à tort, « bonne plume » littéraire et réelle compétence en rédaction professionnelle. Nous avons vu dans le premier chapitre de ce livre ce qui différenciait le texte littéraire du texte professionnel utilitaire[266].

Il est donc important de valoriser la compétence en *Rédaction claire* en milieu professionnel, si l'on souhaite que la communication écrite de son organisation, tant interne qu'externe, soit plus efficace.

Comment valoriser la *Rédaction claire* dans l'entreprise, tant publique que privée ? Chacun peut y contribuer : voici quelques pistes.

Félicitez les auteurs de textes clairs

Individuellement, vous avez la possibilité de valoriser cette compétence, en osant dire que vous préférez les textes clairs. Vous avez tout à y gagner.

- Rédiger clairement est bénéfique : c'est plus facile, car l'on risque moins de commettre des erreurs de grammaire (de syntaxe en particulier) et c'est motivant, car on augmente ses chances d'avoir une réponse ou une réaction positive de ses destinataires.
- Recevoir des textes clairs est aussi bénéfique : cela permet à tous de travailler plus rapidement et plus efficacement.

Faites de la *Rédaction claire* un critère de sélection

Une manière très efficace de promouvoir la capacité à rédiger des textes clairs est d'en faire un critère de sélection lors du recrutement du personnel des administrations et des entreprises : c'est une des résolutions proposées par les Organismes francophones de Politique et d'Aménagement Linguistiques (OPALE) à l'issue du colloque sur *La communication avec le citoyen : efficace et accessible,* à Liège en 2009[267].

[266] Voir chapitre I, p. 45 et suivantes.
[267] Voir les *Actes du colloque de Liège*, op.cit., pp. 189-192.

Jean-Marie Klinkenberg[268], dans sa synthèse lors du colloque de Liège, interpelle le secteur privé en lui demandant de s'impliquer dans la pratique de la communication claire. Il lui recommande, entre autres, de reconnaître l'expertise en *Rédaction claire* « comme une qualification professionnelle, au même titre que la maîtrise des outils informatiques par exemple.[269] »

Développez les formations, les ateliers et le coaching en *Rédaction claire*

Beaucoup de rédacteurs de textes professionnels souhaitent que leurs textes soient clairs, mais ne savent pas toujours quelles techniques rédactionnelles appliquer et selon quelle progression. Voici trois propositions complémentaires pour leur apprendre à rédiger plus clairement.

1. Des **formations** en *Rédaction claire* : elles initieront les participants au processus de la rédaction et aux bonnes pratiques qui rendront leurs textes plus clairs, et ce, dans un juste équilibre entre apports théoriques et exercices pratiques de rédaction.
2. Des **ateliers** de *Rédaction claire* : les participants évalueront mutuellement leurs écrits pour ensuite en améliorer la lisibilité, sous la guidance d'un facilitateur expert en *Rédaction claire*.
3. Du **coaching**[270] individuel : l'expert en *Rédaction claire* évaluera avec le rédacteur l'efficacité de ses textes et le guidera progressivement vers la réécriture de textes plus clairs, tout en lui enseignant de bonnes pratiques en *Rédaction claire*[271].

Ce livre a comme ambition, entre autres, d'être un support théorique utile pour ces formations, ateliers et coaching en *Rédaction claire*[272].

[268] Professeur de linguistique et de cultures francophones à l'Université de Liège, Jean-Marie Klinkenberg préside actuellement le Conseil de la langue française et de la politique linguistique de la Belgique francophone.

[269] Op.cit., p. 185.

[270] La *Commission générale de terminologie et de néologie* propose *tutorat, mentorat* ou *entraînement* pour *coaching*, mais le mot anglais est aujourd'hui accepté partout en francophonie. En outre, je préfère dans ce cas le mot anglais, car il renvoie à un concept précis qui convient bien à la réalité que je veux décrire ici.

[271] Voir les BP 37, 38 et 39.

[272] Vous trouverez sur mon site www.redaction-claire.com de plus amples informations sur ces méthodes et parcours d'apprentissage de la *Rédaction claire*.

Faites appel à un rédacteur professionnel

Pour certains textes dont l'enjeu stratégique est important[273], il sera utile, voire indispensable, de faire appel à un rédacteur professionnel.

Les Québécois sont parmi les premiers à avoir revendiqué la reconnaissance d'une pratique professionnelle de la *Rédaction claire* comme un métier à part entière, en créant la Société québécoise de la rédaction professionnelle (SQRP)[274].

Dans nos pays de la francophonie européenne, de plus en plus de *copywriters*[275] sont attentifs à rédiger des textes non seulement accrocheurs, mais aussi très clairs pour leur public cible. Citons deux confrères[276] et rédacteurs de qualité :

- Jean-Marc Hardy, précurseur de la rédaction *web* et fondateur de *Redaction.be*[277], le site des spécialistes de l'information en ligne. À mes yeux, Jean-Marc Hardy sort du lot, car j'ai toujours été impressionnée par la clarté, la lisibilité et la convivialité tant des pages de son site, des billets de son blogue que des fiches de son livre *Réussir son site web en 60 fiches*[278].
- Philippe Schoepen, *copywriter* et fondateur de *Dékapécopywriting*[279]. Philippe Schoepen a été l'un des relecteurs/correcteurs orthographiques de ce manuel.

En résumé :

40e BONNE PRATIQUE

Valorisez les textes clairs : félicitez les auteurs, faites-en un critère de recrutement, développez les formations, ateliers et coaching en rédaction, faites appel à un rédacteur professionnel

Cette bonne pratique vous sera utile : ☆ ☆ ☆

273 Soit tous les documents destinés à la publication, les pages de sites Internet, les lettres commerciales destinées à devenir des modèles, etc.

274 Voir leur site : http://www.sqrp.org/

275 Le mot français proposé pour *copywriter* est *rédacteur publicitaire*.

276 Parmi beaucoup d'autres.

277 http://www.redaction.be/

278 Jean-Marc HARDY et Gaetano PALERMO, Dunod, 2010.

279 http://dekapecopywriting.be/

4 Comment rédiger vite et bien ? La version rapide du processus de rédaction, en 3 étapes

A qui s'adresse ce chapitre ?

Vous êtes un rédacteur expérimenté ou vous estimez que l'enjeu du texte précis que vous devez rédiger ne nécessite pas le passage par les sept étapes du processus de rédaction.

Je vous propose alors une version rapide du processus de rédaction, en trois étapes.

La version **rapide** du processus de rédaction consiste en trois étapes, que j'appelle **les trois R**.

Réfléchir

1. **Réflexion** : vous réfléchirez d'abord à ce qui justifie cet écrit, à l'objectif que vous voulez atteindre et aux attentes que pourrait avoir votre public cible. À ce stade, vous pourrez noter vos idées principales et l'ordre dans lequel vous les présenterez (condensé des étapes 1, 2 et 3).

Rédiger

2. **Rédaction** : vous rédigerez ensuite votre texte en lui donnant une mise en pages claire (condensé des étapes 4, 5 et 6).

Réviser

3. **Révision** : vous relirez et corrigerez enfin votre texte, en vous mettant dans la peau de votre lecteur (étape 7).

Les pages qui suivent vous exposent ce processus en trois étapes, tout en vous signalant les bonnes pratiques que vous pourriez utilement consulter.

Enfin, vous trouverez, à la page 278, la **Fiche aide-mémoire du processus de rédaction, en 3 étapes**.

1. Étape 1 : réfléchir

Lors de cette première étape, réfléchissez à ce que vous écrirez (contenu), dans quel ordre (plan) et notez-le (brouillon). Cette tâche peut être rapide, mais elle est indispensable si vous souhaitez atteindre votre objectif de communication en offrant au lecteur des informations qui lui seront utiles et qui le convaincront.

Réfléchissez en 3 tâches

1. Réfléchissez aux paramètres de la situation de communication (BP 1)[280] :
   - Au nom de qui écrivez-vous ?
   - À qui (profil et intérêts du destinataire) ?
   - Quel est votre objectif de communication (informer, expliquer ou enseigner, faire agir, convaincre) ?
   - Quel résultat/retour attendez-vous ?
   - Quel type d'écrit choisissez-vous ?
2. Notez vos idées (BP 6) :
   - à la main (cela va plus vite);
   - sous forme de phrases qui expriment l'idée complète (ce seront déjà les phrases de votre brouillon);
   - sur des petits papiers[281] ou en arborescence sur une feuille A3, à la manière d'une carte mentale.
3. Structurez vos idées selon le plan qui conviendra le mieux à votre objectif de communication (BP 8 à 11) :
   - avec les petits papiers : il suffit de les placer dans l'ordre de votre plan;
   - avec une carte mentale : entourez et numérotez (dans l'ordre chronologique de votre plan) les éléments qui constitueront les divers paragraphes de votre futur texte.

Votre brouillon est prêt !

Si vous avez noté des idées suffisamment détaillées sur vos petits papiers ou sur votre grande feuille, votre brouillon est prêt : il ne vous reste qu'à rédiger votre texte, en vous concentrant pleinement sur la formulation de votre message.

Le temps que vous aurez investi dans cette première étape sera largement récupéré sur les deux étapes suivantes.

[280] Si vous souhaitez en savoir plus sur cette tâche, je vous invite à consulter la bonne pratique (BP) indiquée entre parenthèses.

[281] Type Post-it® standards de 76 X 76 mm.

2. Étape 2 : rédiger

Sur la base de votre brouillon, rédigez maintenant votre texte, en suivant ces deux principes-clés : soyez clair et écrivez comme vous le diriez à votre lecteur s'il était en face de vous.

Résumez votre brouillon

Ne recopiez surtout pas telles quelles les phrases que vous avez notées sur votre brouillon[282] ! Reprenez les idées qui y sont exprimées et reformulez-les, de manière plus claire et plus concise, en suivant les sept règles majeures de lisibilité (ci-dessous).

Rédigez en suivant 7 règles de lisibilité

1. Rédigez des phrases courtes et clairement construites : sujet + verbe + compléments (BP 16).
2. Privilégiez les verbes d'action et les phrases actives : c'est plus concis et cela encourage le lecteur à l'action (BP 15 et 16).
3. Transformez vos phrases en énumérations visuelles : avec des tirets, puces ou numéros (BP 16).
4. Divisez votre texte en paragraphes que vous introduisez par des articulateurs (BP 17).
5. Adressez-vous à votre lecteur et posez-lui des questions : cela attire son attention (BP 19).
6. Dans un courrier, soyez courtois (BP 21 et 22).
7. Donnez des intertitres à vos diverses parties (BP 29).

[282] Sauf si elles sont d'emblée excellentes, c'est-à-dire claires et concises, ce qui est rare.

3. Étape 3 : réviser

Relisez et corrigez votre texte, de manière à ce qu'il soit clair et convivial et vous donne ainsi toutes les chances d'atteindre votre objectif de communication.

Mettez-vous dans la peau du lecteur

Relisez votre texte ne fût-ce qu'une heure après l'avoir rédigé, pour avoir un peu de recul : vous vous mettrez ainsi plus facilement à la place du lecteur.

Relisez et corrigez votre texte en appliquant les 7 bonnes pratiques suivantes

1. Corrigez toutes les erreurs : orthographe, accords grammaticaux, choix des mots, ponctuation (BP 25).
2. Coupez les phrases trop longues, rééquilibrez les phrases mal structurées (BP 16).
3. Éliminez les mots inutiles, ramassez les longueurs en formules concises (BP 18).
4. Adoptez une mise en pages qui fasse ressortir le message-clé (intertitres significatifs, mots-clés ou phrases-clés en caractères gras) (BP 29).
5. Donnez un titre parlant et accrocheur à votre document (BP 27 et 29).
6. Évaluez l'efficacité de votre texte grâce aux **grilles d'autoévaluation ELAS, CALAPAC et SAC** (pages 279-281).
7. Faites lire et évaluer votre texte par un lecteur avec la **grille d'évaluation de l'efficacité d'un document texte par le lecteur** (page 282).

5 Comment appliquer les bonnes pratiques aux écrits professionnels ? Indications

Objectif de ce chapitre

Les quarante bonnes pratiques présentées dans ce livre peuvent être utiles à la plupart des écrits professionnels. Le choix pour telle ou telle bonne pratique se fera plutôt en fonction des enjeux du texte à produire d'une part, de vos compétences en rédaction d'autre part.

Ce chapitre vous donne quelques indications pour appliquer efficacement les bonnes pratiques à la rédaction de vos écrits spécifiques.

Les écrits professionnels auxquels les bonnes pratiques peuvent s'appliquer

1. Le courrier administratif : lettres et courriels[283], notes de service...
2. Le courrier commercial : lettres et courriels, offres...
3. Les documents de travail : rapports, comptes rendus de réunion, notes de synthèse...
4. Les documents techniques : règlements, modes d'emploi, manuels, livres...
5. Les documents de communication : communiqués de presse, journaux d'entreprise, bulletins d'information[284], articles...
6. Les documents promotionnels : brochures, dépliants, prospectus, publipostages[285]...
7. Les textes de la toile[286] : pages de sites sur l'Internet ou l'Intranet, billets de blogue[287] ou commentaires sur les réseaux sociaux...

283 Mot français pour *e-mail*.
284 Mot français pour *newsletter*.
285 Mot français pour *mailing*.
286 Mot français pour *web*.
287 Mot français pour *blog*.

Les 7 étapes sont-elles indispensables pour tous les écrits professionnels ?

Non, heureusement.

Selon le type d'écrit, selon sa longueur et son importance, selon votre aisance en rédaction professionnelle et le temps dont vous disposez, vous suivrez le processus de rédaction en sept étapes (chapitre III) ou la version rapide du processus en trois étapes (chapitre V).

Pour un courriel[288] ou un billet de blogue[289], par exemple, la version rapide du processus devrait convenir.

Toutefois, vous constatez peut-être que telle lettre commerciale ou administrative standard, que vous utilisez très régulièrement comme modèle, ne donne pas les résultats attendus (peu de destinataires vous répondent, par exemple, ou des administrés vous appellent régulièrement pour vous demander des explications). Dans ce cas, vous retravaillerez cette lettre standard, en passant par les sept étapes du processus et toutes les bonnes pratiques qui peuvent s'appliquer à ce type d'écrit. Vous disposerez ainsi d'une lettre beaucoup plus efficace du point de vue communicationnel. Et vous pourrez dorénavant utiliser cette lettre comme modèle pour de nombreuses lettres à envoyer[290]. Le temps que vous aurez investi à rédiger une lettre modèle efficace sera largement récupéré par le temps économisé chaque fois que vous pourrez partir de ce modèle pour une lettre spécifique.

Par ailleurs, l'objectif de ce livre est de vous aider à développer votre compétence en rédaction professionnelle. Vous devriez donc, au fur et à mesure de vos écrits, acquérir une aisance qui vous permettra de rédiger plus rapidement, ce qui vous autorisera à utiliser plus souvent le processus de rédaction en trois étapes.

Toutes les bonnes pratiques s'appliquent-elles à tous les écrits professionnels ?

Non, bien sûr.

Vous choisirez d'appliquer telle ou telle bonne pratique selon divers paramètres :

- le type d'écrit;
- la situation de communication (voir BP 1);
- votre compétence rédactionnelle : si vous pensez systématiquement à votre public cible à toutes les étapes de votre rédaction par exemple, il est inutile de vous rappeler de le faire.

288 Mot français pour *e-mail*.
289 Mot français pour *blog*.
290 À condition de vérifier que toutes les parties de votre lettre modèle s'appliquent à la situation spécifique d'écrit que vous devez envoyer.

Y a-t-il des bonnes pratiques indispensables pour tout écrit professionnel ?

Absolument !

Les sept bonnes pratiques indispensables à mes yeux de rédactrice, de consultante et de formatrice en rédaction professionnelle sont :

1. évaluer la situation de communication (BP 1);
2. répondre aux besoins présumés de son public cible (BP 4);
3. structurer ses informations en plan (BP 8, 9, 10 ou 11);
4. écrire des phrases courtes et bien construites (BP 16);
5. adopter une mise en pages qui facilite la lecture rapide (BP 29 ou 30);
6. se relire et vérifier la correction linguistique de son texte (BP 31 et 33);
7. vérifier l'efficacité communicationnelle du texte du point de vue du lecteur (BP 35).

Les bonnes pratiques sont-elles utiles pour les « nouveaux écrits » de la toile ?

Oui, certainement, à condition de tenir compte de leurs spécificités.

Les écrits de la toile ont comme particularité d'être lus à l'écran. Or, le lecteur ne lit pas sur écran comme il lit sur papier[291]. Sur écran :

- le lecteur balaie d'abord les pages du regard;
- le lecteur saute aisément d'une page à l'autre ou d'un cadre à l'autre sur une même page, selon une chronologie qui correspond à son intérêt et à ses besoins;
- le lecteur ne lit mot à mot que les passages qui l'intéressent;
- la lecture sur écran étant plus difficile que la lecture sur papier, elle est plus lente.

Ce type de lecture engendre donc des contraintes rédactionnelles spécifiques, si l'on veut faciliter la lecture sur écran. Je ne développe pas dans ce livre les techniques rédactionnelles spécifiques pour la toile : le sujet est trop vaste et a déjà été remarquablement traité par des spécialistes tels Jean-Marc Hardy[292] et Isabelle Canivet[293].

---

[291] Voir les travaux de Jakob NIELSEN sur la lisibilité à l'écran (Jakob NIELSEN, *Designing Web Usability*, New Riders, 2000) et l'excellent dossier sur la lisibilité à l'écran sur www.redaction.be.

[292] *Réussir son site web en 60 fiches*, op.cit.

[293] *Bien rédiger pour le web*, Eyrolles, 2010.

De nombreuses bonnes pratiques en **lisibilité** présentées dans ce livre rejoignent toutefois (et complètent) les techniques de l'écriture web, en particulier :

- les mots courts et courants (BP 15);
- les phrases courtes (BP 16);
- les énumérations (listes à puces) (BP 16);
- la concision des formulations (BP 18);
- les adresses au lecteur (BP 19);
- un style actuel (BP 20);
- la correction linguistique (BP 25).

Les techniques d'**organisation du contenu** (plan) et de mise en pages pour la toile sont, quant à elles, tout à fait spécifiques : je vous invite à consulter pour cela les ouvrages spécialisés sur le sujet.

Enfin, l'apprentissage des étapes du processus de rédaction vous sera certainement utile pour tout texte que vous devriez rédiger pour la toile.

Quelles bonnes pratiques utiliser pour quel écrit ?

Vous trouverez sur chaque fiche de bonne pratique, dans la 2e case, une indication sur les écrits auxquels la bonne pratique peut s'appliquer.

6 Conclusion
La balle est dans votre camp !

Proverbe

Le mieux est l'ennemi du bien.

Votre but : un texte suffisamment clair

Arrivé au terme de cet ouvrage, vous vous dites peut-être : que faire avec toutes ces techniques ? Dois-je toutes les appliquer pour rédiger un texte clair ? Certainement pas.

Les quarante bonnes pratiques que vous propose ce manuel sont comme la riche palette d'un coloriste : il est utile de connaître l'efficacité de chacune, mais pour un texte donné, vous n'utiliserez que celles qui sont pertinentes.

En outre, vous choisirez celles qui vous conviennent. En effet, si le lecteur est la personne à laquelle vous devez penser en priorité pour communiquer efficacement, vous êtes seul maître de votre communication et libre de choisir l'impact que vous souhaitez donner à vos textes.

Enfin, pour progresser avec efficacité et bien gérer votre temps de rédaction, vous vous donnerez comme objectif d'écrire un texte « suffisamment » clair.

L'ambition de ce livre : un manuel suffisamment utile

Ceux qui me connaissent savent que je visais à l'excellence dans ce livre (j'écris cela en souriant). Je suis, toutefois, pleinement consciente de ce qu'il n'est certainement pas parfait, ni dans la forme (malgré toutes les corrections, il y reste certainement une faute de français), ni dans le fond (je me rendrai probablement compte quelques semaines après la parution de ce livre que j'aurais dû ajouter telle information ou nuancer tel propos).

J'espère donc modestement qu'il sera suffisamment utile pour vous, lecteur. C'est-à-dire que vous l'aurez trouvé facile et agréable à lire et que vous y aurez puisé quelques techniques rédactionnelles qui vous permettront de rendre vos textes professionnels plus efficaces auprès de vos lecteurs.

Le site du livre

Dans la continuité de ce livre, consultez le site www.redaction-claire.com

Qu'y trouverez-vous ?

- Des billets sur la rédaction professionnelle (sur mon blogue, accessible via le site).
- Des informations complémentaires sur les techniques de *Rédaction claire*.
- Des références (sites, articles, ouvrages) actualisées sur la rédaction professionnelle.
- Des informations sur les formations, les ateliers, le coaching et les consultations en rédaction claire.

Vous avez votre mot à dire

À la lecture de ce livre, vous aurez peut-être des réactions, des questions, des remarques, des propositions à me communiquer : n'hésitez pas me contacter via la rubrique contact du site www.redaction-claire.com

La balle est dans votre camp

Vous développerez efficacement votre compétence en *Rédaction claire* en procédant progressivement. Pour cela, je vous invite à compléter votre plan d'action, qui se trouve aux pages 268 et 269.

- Notez-y les quinze bonnes pratiques qui vous semblent vraiment utiles à la rédaction de vos textes professionnels.
- Parmi ces quinze bonnes pratiques, sélectionnez les trois bonnes pratiques que vous appliquerez immédiatement à la rédaction de vos textes.
- Après quelques semaines, lorsque ces bonnes pratiques vous seront devenues naturelles, choisissez trois nouvelles bonnes pratiques dans cette liste, sur lesquelles vous vous concentrerez alors, et ainsi de suite.

Lorsque vous recevrez les félicitations de vos lecteurs parce que vos textes sont devenus très clairs, faites-le-moi savoir par courriel : je m'en réjouirai ainsi avec vous.

Bonne
Rédaction claire !

Enfin, je souhaite à chacun de mes lecteurs de trouver autant de plaisir que moi à rédiger clairement, c'est-à-dire à structurer sa pensée et à jongler avec les mots de la langue française pour offrir à ses lecteurs des textes clairs et conviviaux.

Anne Vervier

A. Votre plan d'action

Parmi les 40 bonnes pratiques de ce livre, quelles sont les 15 bonnes pratiques qui seront utiles à la rédaction de vos textes professionnels ?
1.
2.
3.
4.
5.
6.
7.
8.
9.
10.
11.
12.
13.
14.
15.

Parmi ces 15 bonnes pratiques, quelles sont les 3 bonnes pratiques que vous appliquerez immédiatement ?
1.
2.
3.

Quelles sont les 3 bonnes pratiques que vous appliquerez en 2e lieu ?
4.
5.
6.

Quelles sont les 3 bonnes pratiques que vous appliquerez en 3e lieu ?
7.
8.
9.

Quelles sont les 3 bonnes pratiques que vous appliquerez en 4e lieu ?
10.
11.
12.

Quelles sont les 3 bonnes pratiques que vous appliquerez en 5e lieu ?
13.
14.
15.

B. Grilles pour guider vers la *Rédaction claire*

Intérêt de ces outils

Vous trouverez dans les pages suivantes cinq documents utiles pour rendre vos textes et ceux de votre organisation plus clairs.

1. La fiche aide-mémoire du processus de rédaction en 7 étapes (pour le rédacteur)

Gardez cette fiche aide-mémoire à vos côtés lorsque vous rédigez : elle vous rappellera, pas à pas, les techniques de rédaction que vous pourrez utiliser pour rendre votre travail plus aisé et vos textes plus clairs.

1. Je vous recommande vivement de rédiger votre texte en appliquant les **sept tâches** décrites aux sept étapes du processus de rédaction.
2. Lors de chacune de ces étapes, vous pourrez utiliser l'une ou l'autre des **trente-cinq bonnes pratiques**, en fonction du type de texte et de son enjeu d'une part, de vos besoins et compétences d'autre part.

2. La fiche aide-mémoire du processus de rédaction en 3 étapes (pour le rédacteur)

Pour des textes plus faciles à rédiger ou dont l'enjeu est moins important, vous appliquerez le processus de rédaction en trois étapes. Cette fiche vous résume, en une seule page, les **tâches à accomplir obligatoirement** pour rédiger un texte clair.

3. La grille d'autoévaluation de l'efficacité de votre texte (pour le rédacteur)

Après avoir rédigé, **vérifiez** si votre texte vous donne toutes les chances d'atteindre votre objectif de communication grâce à cette grille. Puis **corrigez**-le selon les lacunes repérées.

4. La grille d'évaluation de l'efficacité d'un document (pour le lecteur)

Demandez **à un lecteur** d'évaluer l'efficacité de votre texte grâce à cette grille pour le lecteur. Améliorez ensuite votre texte selon les remarques de votre lecteur et grâce à la grille de remèdes pour le rédacteur.

5. Le code d'indications pour la réécriture (pour le manager /réviseur)

Vous révisez des textes de collaborateurs : voici un tableau d'**indications à noter** sur leurs textes pour les guider vers la *Rédaction claire*.

1. Fiche aide-mémoire du processus de rédaction, en 7 étapes (pour le rédacteur)

1. Cette fiche vous rappelle les **tâches à accomplir aux 7 étapes** du processus de rédaction.
2. Sous chacune de ces étapes, vous trouverez une **brève description des bonnes pratiques** qui pourraient vous être utiles lors de cette étape.
3. Au fur et à mesure de la rédaction de vos textes professionnels, notez vos **progrès** ou autres **commentaires** dans la troisième colonne.
4. Selon l'utilité que vous donnez à chaque bonne pratique (BP) pour la rédaction de vos textes spécifiques, ajoutez une, deux ou trois **étoiles** dans la dernière colonne.

	Résumé des tâches à accomplir : ▪ **lors de cette étape** ▪ **pour cette bonne pratique**	**Mes commentaires**	**Utilité de cette BP** ☆ ☆ ☆
	**1ère étape : <u>Définir l'objectif du texte</u>** **Je réfléchis à la situation qui fait que je dois produire cet écrit**		
BP 1	J'évalue les paramètres de la situation : Qui est l'émetteur ? Qui est le récepteur ? Quel est l'objectif de communication : ▪ Informer le destinataire ? ▪ Lui expliquer ou enseigner un fonctionnement ? ▪ Le faire agir? ▪ Le convaincre ? Quel est le retour attendu ? Quel type d'écrit vais-je utiliser ?		
BP 2	Je délimite : ▪ mon sujet ▪ mon angle d'approche		
BP 3	Je formule le résultat concret que je veux atteindre		
BP 4	Je détermine mon public cible pour adapter mon contenu et mon style à ce public		
BP 5	Je choisis le type d'écrit qui sert le mieux mon message et je tiens compte de ses spécificités		

	**2ᵉ étape : <u>Développer un contenu pertinent</u>** **Je note et rassemble toutes les idées que je pourrais inclure dans mon texte.**		
BP 6	Je collecte des idées et informations autour de mon sujet grâce à : ▪ une carte mentale ▪ les sept questions ▪ des papillons		
BP 7	Je sélectionne mes informations en fonction de : ▪ mon objectif ▪ mon public cible		
	**3ᵉ étape : <u>Structurer le contenu</u>** **J'organise mes idées en plan**		
BP 8	Pour informer mon destinataire : ▪ je commence par l'information principale ▪ je présente les autres informations par ordre décroissant d'importance		
BP 9	Pour expliquer ou enseigner un fonctionnement à mon destinataire : ▪ je présente les informations selon l'ordre chronologique de leur déroulement		
BP 10	Pour faire agir mon destinataire : ▪ je présente d'abord le problème (présent), ▪ j'explique ensuite les causes du problème, (passé) ▪ je demande ou je propose la solution pour résoudre ce problème (futur)		
BP 11	Pour convaincre mon destinataire, je choisis un plan qui convient à sa logique et à mon objectif de communication, tel : F — Je présente les faits O — J'exprime mon opinion sur ces faits R — J'expose ma recommandation par rapport à ces faits		

BP 11	S – J'expose la situation et son contexte P – J'explique le problème qui en découle R – Je préconise une résolution de ce problème I – J'explique les implications positives qu'aura cette résolution		
BP 12	Je développe mon plan et je teste oralement son impact sur un lecteur potentiel		
	**4e étape : <u>Préparer la rédaction</u>** **J'écris le brouillon de mon texte**		
BP 13	Sur la base de mon plan, je développe mon brouillon (à la main) en me concentrant sur ce que je dis et à quel endroit de mon texte je le dis. Ensuite, je relis, supprime, ajoute et modifie		
BP 14	Je structure mon brouillon : ▪ dans l'introduction, j'annonce le thème, la problématique et mon plan ▪ je divise mon brouillon en paragraphes selon le principe : une idée principale / un paragraphe ▪ dans la conclusion, je résume mon message et je termine par un appel à l'action		
	**5e étape : <u>Rédiger un texte clair et convivial</u>** **Sur la base de mon brouillon, je rédige mon texte au clavier, en appliquant les principes de rédaction claire et conviviale**		
BP 15	Je choisis des mots efficaces pour mon lecteur : ▪ mots courts ▪ mots courants ▪ mots connus de mon lecteur ▪ mots corrects et précis ▪ mots expliqués (abréviations, acronymes et termes techniques) ▪ mots concrets ▪ verbes d'action		
BP 16	J'écris des phrases claires : ▪ courtes (20 mots maximum) ▪ bien construites (sujet + verbe + compléments) ▪ comportant maximum deux subordonnées ▪ affirmatives ▪ actives ▪ énumérées logiquement		

BP 17	Je relie logiquement mes phrases et paragraphes : ▪ j'indique les liens logiques entre les idées grâce aux articulateurs ▪ je relie mes phrases et paragraphes par des mots de liaison		
BP 18	Je relis mon texte et le rends plus concis ▪ j'élimine tous les mots inutiles ▪ je trouve des formulations plus concises		
BP 19	Pour attirer l'attention de mon lecteur et l'encourager à l'action : ▪ je m'adresse à lui (en utilisant le *vous*) ▪ je lui pose des questions ▪ je présente les choses à son avantage		
BP 20	Pour donner une image actuelle et créer une proximité avec le lecteur : ▪ j'élimine archaïsmes et clichés de la langue administrative ▪ j'utilise un langage courant		
BP 21	J'adapte le degré de formalisme de mon texte aux paramètres de la situation de communication. Je choisis : ▪ un style traditionnel pour une lettre très formelle ▪ un style classique pour du courrier standard ▪ un style moderne et convivial pour un courriel entre collègues et lorsque je souhaite installer une certaine proximité avec mes destinataires		
BP 22	Dans une lettre, je choisis les formules de politesse correspondant à la situation. Pour une lettre standard, je retiens deux formules passe-partout, l'une classique, l'autre moderne : ▪ *Madame,* *Veuillez croire, Madame, à l'assurance de ma considération distinguée.* ▪ *Monsieur,* *Recevez, Monsieur, nos meilleures salutations.*		
BP 23	Dans un courriel, je choisis des formules conviviales adaptées à la relation avec le destinataire. Je retiens les formules qui conviendront toujours : ▪ *Bonjour Madame, / Bonjour Christine,* ▪ *Cordialement,*		

BP 24	Dans un courrier avec un destinataire non francophone, je m'adapte à la différence culturelle : ▪ communication plus formelle et sociale avec le sud de l'Europe ▪ communication plus informelle et directe avec le nord de l'Europe		
BP 25	Pour écrire en français correct, j'utilise les outils de correction linguistique pour : ▪ l'orthographe ▪ la grammaire ▪ la ponctuation		
BP 26	Je respecte les règles de typographie et l'emploi correct des majuscules.		
	**6e étape : <u>Finaliser et valoriser le texte</u>** **Je finalise mon document et lui donne une mise en pages qui facilite la lecture rapide.**		
BP 27	Je donne un objet signifiant à mon courriel en indiquant à mon destinataire : ▪ de quoi je lui parle ▪ ce que j'attends de lui ▪ pour quand		
BP 28	Pour un document long, je donne au lecteur un aperçu général grâce à : ▪ un résumé du contenu ▪ une table des matières structurée et explicite		
BP 29	Je structure visuellement mon document pour faciliter la lecture rapide grâce à : ▪ un usage cohérent du caractère gras, du soulignage et de l'italique ▪ des titres et intertitres parlants ▪ une structure numérotée logique et très claire ▪ des supports visuels adéquats		
BP 30	J'utilise la rédaction modulaire pour un document que le lecteur doit pouvoir lire au gré de ses besoins.		
	**7e étape : <u>Vérifier l'efficacité de son texte</u>** **Je relis et fais relire mon texte, pour en corriger le fond, la formulation, la convivialité, la mise en pages et la correction linguistique.**		
BP 31	Je relis mon texte imprimé après quelques heures, en séparant les relectures sur le fond et sur la forme.		

BP 32	J'évalue l'efficacité communicationnelle de mon texte grâce aux grilles ELAS, CALAPAC et SAC.		
BP 33	Je relis, vérifie et corrige l'orthographe, la grammaire, la ponctuation, les majuscules et la typographie.		
BP 34	Je fais relire mon texte par : ▪ un confrère/une consœur pour le fond ▪ un lecteur qui représente mon public cible pour la lisibilité		
BP 35	Je mesure l'efficacité de mon texte auprès d'un lecteur grâce à la grille d'évaluation du lecteur et à quelques tests : ▪ test auditif ▪ test de la proportion des mots-clés ▪ test visuel ▪ test de la mémorisation		

2. Fiche aide-mémoire du processus de rédaction, en 3 étapes (pour le rédacteur)

Pour la rédaction d'un texte court ou dont vous avez l'habitude, utilisez le processus de rédaction en 3 étapes, qui est résumé sur cette fiche.

1. Réfléchir 	1. **Réfléchissez** aux paramètres de la situation de communication : Qui est l'émetteur du message ? À qui est destiné le message ? Quel est l'objectif du message ? Quel est le résultat attendu ? Quel est l'écrit utilisé ? 2. **Notez** vos idées (papillons ou carte mentale) 3. **Structurez** vos idées en plan
2. Rédiger 	**Rédigez** en appliquant les sept règles suivantes : 1. Écrivez une idée par phrase selon la structure : Qui Fait Quoi À qui + compléments 2. Utilisez des verbes d'action et des phrases actives 3. Faites des listes à puces 4. Introduisez vos paragraphes par des mots de liaison 5. Posez des questions et utilisez le *vous* 6. Soyez courtois dans le courrier 7. Donnez des intertitres aux diverses parties
3. Réviser 	**Relisez** et **corrigez** votre texte, en appliquant les sept principes suivants : 1. Corrigez les erreurs de langue 2. Coupez les phrases longues 3. Éliminez mots et informations inutiles 4. Faites ressortir les messages-clés 5. Donnez un titre accrocheur 6. Vérifiez l'efficacité communicationnelle 7. Faites relire

3. Grille d'autoévaluation de l'efficacité de votre texte (pour le rédacteur)

Après avoir rédigé votre texte, évaluez son efficacité communicationnelle[294] grâce à ces trois grilles.

- Notez un + dans la colonne « clair » lorsque votre texte répond à l'affirmation énoncée.
- Notez un – dans la colonne « à améliorer » lorsque vous devez corriger votre texte pour l'aspect énoncé.
- Consultez les bonnes pratiques mentionnées dans la colonne de droite pour savoir comment améliorer votre texte.

Intelligibilité : grille ELAS			**Clair**	**À améliorer**	**Bonnes pratiques**
E	**Évident**	Le **message-clé** apparaît de manière **évidente** aux yeux du lecteur : ▪ l'information principale ▪ la procédure à suivre ▪ la demande faite au destinataire ▪ la conviction de l'émetteur			BP 3 BP 8 BP 9 BP 10 BP 11
L	**Logique**	Les idées s'enchaînent tout à fait **logiquement** jusqu'au résultat à atteindre			BP 10 BP 11 BP 12
A	**Approprié**	Tous les éléments présentés sont **appropriés** : ▪ au public cible ▪ à l'objectif du message			BP 2 BP 4
S	**Synthétique**	Tout ce qui est nécessaire est dit de manière **synthétique**. Aucun élément n'est superflu.			BP 7

[294] C'est-à-dire ce qui rend le message efficace pour atteindre l'objectif de communication fixé.

Lisibilité et convivialité : grille CALAPAC			**Clair**	**À améliorer**	**Bonnes pratiques**
C	**Clair**	Le lecteur comprend tout de suite ce qu'il lit, car : ▪ les mots utilisés sont **clairs** ▪ les phrases sont **clairement** construites			BP 15 BP 16
A	**Actif**	Pour encourager le lecteur à agir, le texte contient : ▪ des **verbes d'action** ▪ des **phrases actives**			BP 15 BP 16
L	**Logique**	La lecture est fluide, car : ▪ les phrases sont **logiquement** construites (sujet + verbe + compléments) ▪ les idées sont reliées par des articulateurs **logiques** ▪ l'enchaînement **logique** des paragraphes est indiqué grâce aux mots de liaison			BP 16 BP 17
A	**Actuel**	Le style du texte est **actuel**, car les mots et les formulations appartiennent au langage courant			BP 20
P	**Positif**	Les informations sont présentées de manière **positive** et l'intérêt du lecteur est mis en avant			BP 19
A	**Adéquat**	Le ton et les formules de politesse utilisés sont **adéquats** par rapport au degré de formalité de la situation de communication			BP 21 BP 22 BP 23 BP 24
C	**Convivial et courtois**	On s'adresse au lecteur de manière **conviviale** (questions et emploi du *vous*) et **courtoise**			BP 19 BP 22 BP 23

Présentation visuelle : grille SAC			Clair	À améliorer	Bonnes pratiques
S	**« Survo-lable[295] »**	En **survolant** le texte, le lecteur en connaît les idées principales et y trouve rapidement l'information dont il a besoin			BP 28 BP 29 BP 30
A	**Attrayant**	La mise en pages du texte est **attrayante** et donne envie au lecteur de le lire			BP 29 BP 30
C	**Cohérent**	▪ La numérotation des chapitres, parties et paragraphes est **cohérente** ▪ L'utilisation des procédés de mise en pages (polices de caractères, gras, soulignement) est **cohérente**			BP 29

[295] J'ose ce néologisme uniquement dans cette grille, car je le trouve très parlant par rapport au message à transm que le lecteur connaisse le contenu général d'un texte uniquement en le **survolant**.

4. Grille d'évaluation de l'efficacité d'un document (pour le lecteur)

Rédacteur : donnez votre texte à lire à un lecteur potentiel, en lui demandant de remplir la grille ci-dessous.

Lecteur : lisez le texte et répondez aux affirmations de cette grille par :

- une croix dans la colonne « pas vraiment » si vous estimez que cette affirmation est fausse pour le texte lu;
- une croix dans la colonne « oui » si vous estimez que cette affirmation est vraie pour le texte lu.

Grille d'évaluation de l'efficacité d'un document pour le lecteur Lisez le texte **une seule fois** et répondez aux affirmations suivantes.	**Pas vraiment**	**Oui**
1. En lisant le titre du document, vous comprenez tout de suite ce dont il s'agit et si vous êtes concerné.		
2. En survolant le texte, vous percevez l'essentiel du message.		
3. Le texte se lit facilement : vous n'avez pas besoin de relire des phrases ou des paragraphes.		
4. Vous avez immédiatement compris tout le texte.		
5. Après une seule lecture, vous vous souvenez du message principal et des informations essentielles du texte.		
6. Après avoir lu le texte, vous savez précisément ce que vous devez faire et comment.		
7. Si une demande vous est faite, vous êtes motivé pour y répondre.		

Lecteur :

Avez-vous des suggestions à faire au rédacteur pour qu'il rende son texte plus efficace ?

Conclusions pour le rédacteur :

avez un maximum de ?

tre texte est clair et convivial pour votre lecteur.

?

ire :

281

l'aide de la liste de remèdes

, rendez-le plus efficace pour votre lecteur.

Grille de remèdes pour le rédacteur

Rédacteur : si votre lecteur a répondu « pas vraiment » à l'une ou plusieurs des 7 affirmations ci-dessous, améliorez ces aspects de votre texte à l'aide des « remèdes » proposés ci-dessous.

Pas vraiment

1. En lisant le titre du document, le lecteur comprend tout de suite de quoi il s'agit et s'il est concerné.

➢ *Remèdes :*

Faire apparaître dans le titre ou le sous-titre du document : le thème, la problématique et le public cible

2. En survolant le texte, le lecteur perçoit l'essentiel du message.

➢ *Remèdes :*

- *Donner des titres et intertitres parlants aux diverses parties*
- *Structurer et numéroter logiquement les parties*
- *Faire des listes à puces*
- *Mettre visuellement en évidence les mots ou messages-clés*

3. Le lecteur lit aisément le texte et n'a besoin que d'une seule lecture.

➢ *Remèdes :*

- *Diviser les parties en paragraphes*
- *Rédiger des intertitres signifiants*
- *Faire des phrases courtes et bien construites (sujet + verbe + compléments)*

4. Le lecteur comprend immédiatement le sens correct du texte.

➢ *Remèdes :*

- *Choisir des mots connus du lecteur*
- *Bien construire les phases (sujet + verbe + compléments)*
- *Marquer les liens logiques entre les idées et paragraphes (mots de liaison)*
- *Enchaîner de manière cohérente les divers arguments (plan)*

5. Après une seule lecture, le lecteur se souvient du message principal et des informations essentielles du texte.

➢ *Remèdes :*

- *Mettre en évidence les messages-clés*
- *Faire des phrases courtes*
- *Présenter les idées selon un plan logique pour le lecteur*
- *Éliminer toutes informations parasites*

6. Après avoir lu le texte, le lecteur sait précisément ce qu'il doit faire et comment.

➢ *Remèdes :*

- *Mettre en évidence la demande principale et tout ce qui est demandé au lecteur*
- *Donner au lecteur toutes (et seulement) les informations dont il a besoin*
- *Expliquer une opération dans un ordre chronologique*

7. Si une demande lui est faite, le lecteur a envie d'y répondre volontiers.

➢ *Remèdes :*

- *Utiliser un style convivial : questions adressées au lecteur (vous)*
- *Formuler positivement en soulignant l'avantage du lecteur*
- *Employer un langage courant et actuel*
- *Utiliser un ton courtois et des formules de politesse adéquates*

5. Code d'indications pour la réécriture (pour le manager/réviseur)

Ce tableau propose une liste d'indications[296] que le manager, réviseur d'un texte, pourra noter sur le texte (papier) du rédacteur afin que ce dernier améliore son texte.

	**Utilisez ce signe, facile à reproduire, pour indiquer qu'une phrase, un paragraphe ou une partie sont clairs.**
	**Utilisez ce signe pour indiquer qu'une phrase ou un paragraphe ne sont pas clairs, en y ajoutant les indications présentées ci-dessous, pour que le rédacteur sache comment rendre ce passage plus clair.**

Code	Signification du code et commentaires à ajouter
Mise en pages	Le rédacteur doit améliorer des éléments de mise en pages tels : ▪ la division du texte en parties indiquées par des intertitres ▪ une numérotation cohérente des diverses parties ▪ un titre et des intertitres parlants ▪ le message essentiel et les informations-clés mis en évidence ▪ des énumérations visuelles pour les longues phrases
Clarté mot	▪ Remplacer ou expliquer un mot qui risque de ne pas être compris du lecteur ▪ Les mots sont utilisés dans un sens incorrect : à vérifier dans le dictionnaire
Clarté phrase	▪ Couper une phrase longue en deux phrases ▪ Réécrire une phrase mal construite en respectant la structure : sujet + verbe + compléments ▪ Réécrire une énumération qui n'est syntaxiquement pas cohérente
Clarté paragraphe	▪ Ajouter des connecteurs pour indiquer les liens logiques entre les idées ▪ Articuler les paragraphes grâce aux articulateurs
Concision	Une phrase ou un paragraphe contient trop de mots pour exprimer une idée : dire la même chose, avec la moitié (ou un tiers) de mots en moins, mais en gardant tous les mots-clés (que vous, réviseur, aurez soulignés dans le texte de votre collaborateur)[297]
Convivialité	Le style n'est pas assez tourné vers le lecteur : utiliser le pronom *vous* et des questions qui s'adressent au lecteur ou souligner son avantage dans l'information présentée
Style actuel	Éliminer archaïsmes et clichés de la langue administrative, à remplacer par des expressions du langage courant
Registre	Utiliser un registre (plus ou moins formel) mieux adapté à la situation de communication
Courtoisie	Utiliser une formule de politesse mieux adaptée au destinataire et à la situation (vous pouvez faire une proposition au rédacteur)

[296] J'ai présenté les indications de ce tableau dans l'ordre chronologique dans lequel je les suggère lorsque j'évalue un texte, soit : mise en pages, lisibilité et convivialité (formulations), intelligibilité (fond) : voir chapitre I, pp. 54-55.

[297] Voir par exemple le texte réécrit p. 301, à propos de la bonne pratique sur la concision.

Orthographe	Vérifier l'orthographe du mot
Grammaire	Vérifier la correction grammaticale d'une phrase ou d'un accord
Ponctuation	Vérifier si la ponctuation respecte la norme et le sens que l'on veut donner au texte
Majuscule	Vérifier si la majuscule est employée correctement
Typographie	Vérifier (ou faire vérifier par un correcteur) si les règles typographiques sont respectées
Contenu	Certains éléments de contenu : ▪ manquent pour répondre aux besoins du lecteur (des informations à compléter par exemple) ▪ sont inutiles par rapport à l'objectif de communication et aux attentes du lecteur.
Plan	Le rédacteur doit retravailler son plan, c'est-à-dire l'ordre dans lequel il présente les informations ▪ Cet aspect de l'efficacité d'un texte aurait toutefois dû être relevé lors de votre deuxième intervention (voir BP 38) ▪ Vous devez compléter ce genre d'indication par un commentaire, pour indiquer au rédacteur en quoi le plan qu'il a choisi n'est pas efficace
Structure	Un élément de la structure du texte manque : l'introduction ou la conclusion, par exemple (à indiquer clairement au rédacteur)

Lorsque je révise le texte d'un participant, j'ajoute toujours, à la fin du document, un **commentaire général d'évaluation**.

Voici un **exemple** de commentaire :

	***Bravo :*** ▪ *La mise en pages de votre texte est très claire : on voit directement le sujet principal et les divers points que vous développez.* ▪ *Vous avez **structuré** vos arguments dans un ordre très logique et la conclusion apparaît comme évidente pour le lecteur.* ▪ *Vous êtes très **courtois** dans le choix de vos formules de politesse.*
	***À améliorer :*** ▪ *Vous utilisez un **vocabulaire** recherché (voir exemples dans le texte) : sera-t-il compris de vos divers lecteurs ? Utilisez un vocabulaire plus courant ou donnez l'explication des termes techniques entre parenthèses ou en notes de bas de page.* ▪ *Vos **phrases** ont tendance à être trop longues : faites deux phrases courtes plutôt qu'une longue.* ▪ *Les liens logiques entre vos idées n'apparaissent pas toujours très clairement : ajoutez des **mots de liaison** (articulateurs) aux endroits indiqués pour une meilleure fluidité de lecture.* ▪ *Votre **introduction** est trop longue (dix lignes) : dites exactement la même chose, mais en sept lignes.*

7 Pour aller plus loin...

A. Annexes

1. Les 7 étapes du processus de rédaction : un exemple

En septembre 2010, j'ai publié un article intitulé « Des formations pour rédiger clairement en français » dans la revue *Languages and translation* de la Direction générale de la traduction de la Commission européenne. Pour la rédaction de cet article, j'ai utilisé le processus de rédaction en sept étapes et j'ai gardé une trace de mes notes lors de chaque étape.

Je vous propose donc de découvrir un exemple[298] concret du processus de rédaction d'un texte, grâce à la reproduction de ces notes que vous trouverez ci-dessous.

- Jusqu'à la 5e étape (la rédaction proprement dite), mes notes étaient manuscrites. J'ai toutefois dactylographié la plupart des notes reproduites ci-dessous, pour une meilleure lisibilité. Ces notes gardent néanmoins la trace de leur style initial : le style télégraphique des notes que l'on prend pour soi.
- D'autres parties de ces notes ont été photographiées, de manière à ce que vous puissiez mieux visualiser certaines tâches du processus de rédaction. Ces notes manuscrites préparatoires m'étaient utiles pour rassembler mes idées et me concentrer sur le fond : elles sont donc rédigées en style télégraphique (elles ne devaient être lisibles que pour moi) et contiennent certainement des erreurs de langue ou de formulation, puisqu'à ce stade, je ne me concentrais absolument pas sur la forme.
- Toutes les étapes n'ont pas pu être reproduites : c'est le cas de mon brouillon manuscrit, peu lisible en photographie et donc non pertinent dans ce cadre.
- Pour certaines de ces étapes, j'ai indiqué les différentes sous-étapes, qui correspondaient à quelques-unes des bonnes pratiques proposées dans ce livre.

[298] Vous trouverez certaines des étapes de la rédaction de cet article déjà mentionnées à d'autres endroits de ce livre. J'ai toutefois pensé qu'il serait intéressant que soient rassemblées ici les 7 étapes et les quelques bonnes pratiques que j'ai utilisées pour rédiger cet article.

Quelle était la situation de départ ?

La Direction générale de la traduction (DGT) de la Commission européenne (CE) m'avait contactée pour me demander de rédiger un article de deux pages pour le numéro de septembre 2010 de leur revue bilingue, *Languages and Translation*. Ce numéro serait entièrement consacré à la *Clear Writing Campaign*[299]. Ils souhaitaient que je parle de mon expérience de formatrice en rédaction pour la CE.

1re étape : définir l'objectif du texte

BP 1 : évaluer les paramètres de la situation de communication

Qui est l'émetteur ?

⇨ *Moi, Anne Vervier, formatrice en rédaction professionnelle entre autres pour la CE.*

Quel est le message ?

⇨ *Informer sur les formations en rédaction à la CE et convaincre qu'il est préférable de rédiger des textes clairs.*

Qui est mon public cible ?

⇨ *Le personnel de la DGT de la CE.*

Quel est le retour attendu ?

⇨ *Que mes lecteurs désirant améliorer la clarté de leurs textes suivent une formation en Rédaction claire.*

Quel est le canal utilisé ?

⇨ *Un article de deux pages dans la revue bilingue distribuée au personnel de la DGT.*

BP 3 : définir le résultat à atteindre

Le résultat à atteindre grâce à l'article :

⇨ ***convaincre** mon public cible de rédiger des textes clairs en français;*

⇨ ***faire agir** : encourager mon public cible à suivre une formation pour apprendre à rédiger plus clairement.*

BP 4 : cibler son contenu pour son public

Le public :

- *des traducteurs (ont donc une sensibilité linguistique),*
- *mais aussi du personnel administratif,*
- *une majorité de non francophones.*

Que sait-il déjà ?

⇨ *Il a certainement entendu parler de la Clear Writing Campaign puisqu'elle a été lancée, entre autres, par la DGT.*

299 Campagne lancée en 2010-2011 pour promouvoir la production de textes clairs au sein de la Commission européenne et ce, tant pour la communication interne qu'externe. La DGT a initié et largement contribué à cette campagne (les traducteurs sont en effet les premiers à s'être plaints de la difficulté de traduire des textes peu clairs).

288

Que doit-il savoir ?

- ⇨ *Que rédiger clairement en français est possible et même conseillé étant donné leur contexte de travail multilingue (certains non francophones des institutions européennes pensent, à tort bien sûr, qu'il est impossible de faire des phrases courtes et de rédiger dans une langue simple et claire en français).*

Que souhaite-t-il sans doute savoir ?

- ⇨ *Il souhaite sans doute savoir ce dont parlent les formations en rédaction, ce que l'on y fait et comment elles se déroulent.*

2e *étape : développer un contenu pertinent*

BP 6 : collecter les idées et informations utiles à son objectif

Connaissant bien le sujet de la Rédaction claire et des formations dans ce domaine, j'avais énormément d'idées. J'ai donc utilisé une carte mentale pour les rassembler, dont vous trouverez une reproduction ci-dessous.

- *Je l'ai faite sur une feuille A3, au crayon.*
- *Je l'ai laissée reposer un jour ou deux, y revenant de temps en temps pour la compléter.*

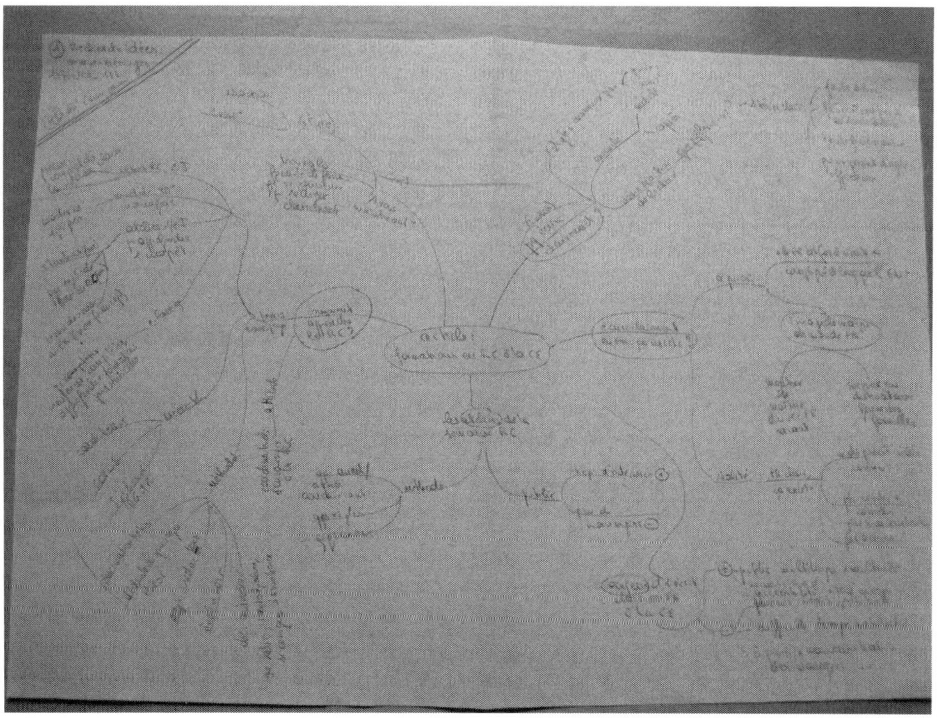

BP 7 : sélectionner les idées et informations

Je suis partie de la carte mentale conçue lors de la BP 6.

- *J'ai d'abord relu mes notes sur mon objectif (BP 3) et sur mon public cible (BP 4).*
- *Sur cette base, j'ai trié mes idées, éliminant celles qui ne serviraient ni mon objectif ni les attentes présumées de mon public.*
- *J'ai regroupé (au feutre de couleur : voir reproduction ci-dessous) celles qui appartenaient à une même famille d'idées pour obtenir trois groupes :*

  1. *les idées et informations concernant les formations : organisations, contenus, méthodologies… (à gauche de la carte mentale, groupe intitulé « que faire »);*
  2. *les « moins » : les « freins » à la rédaction de textes clairs (image négative de la langue française et de ses longues phrases, difficultés de changer ses habitudes, plusieurs rédacteurs pour un même texte, managers peu sensibles à la clarté des textes…);*
  3. *les « plus » : les raisons pour lesquelles les textes devraient être plus clairs (les textes clairs sont plus faciles à lire, à comprendre, à mémoriser; les textes clairs sont une nécessité dans un milieu multilingue).*
- *J'ai ajouté sur cette carte mentale des idées pour mon introduction (en haut à droite) et pour ma conclusion (en haut à gauche).*

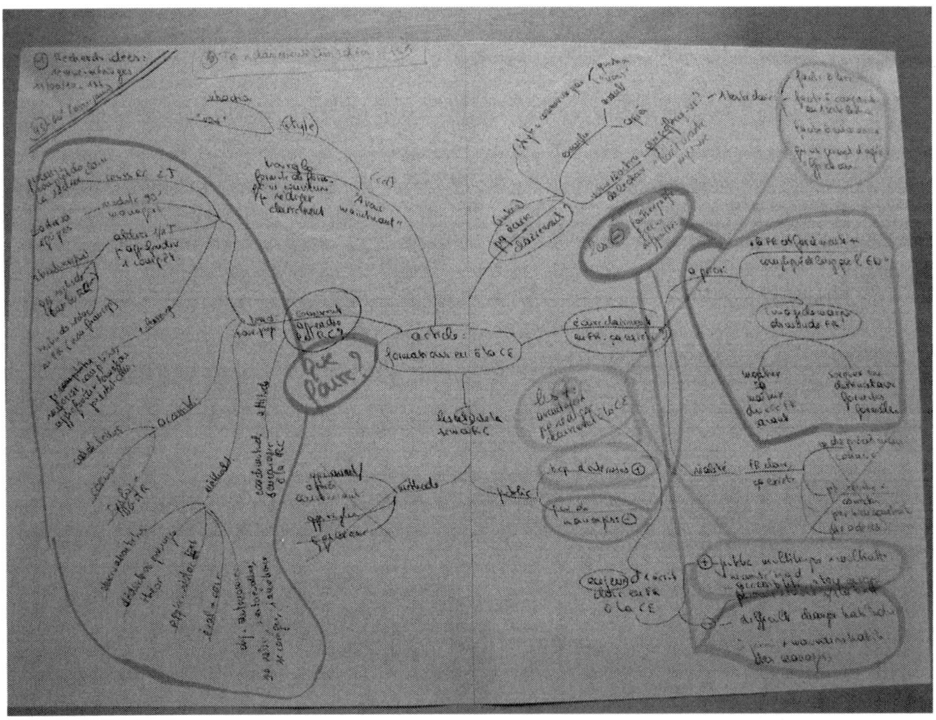

3e étape : structurer le contenu

BP 11 : convaincre le destinataire grâce à un plan qui favorise l'adhésion

Mon objectif était de convaincre le lecteur de rédiger des textes clairs pour ensuite l'encourager à participer à une formation qui lui apprendrait à rendre ses textes plus clairs.

J'ai donc choisi le plan FOR, qui sert bien l'objectif « convaincre pour faire agir ».

1. *Les* **faits** *constatés sont les « moins » regroupés sur ma carte mentale. Beaucoup de textes ne sont pas clairs, pour de multiples raisons (énumérées à divers endroits de ma carte).*
2. *L'***opinion** *que je propose est constituée des « plus » sur ma carte mentale : les textes professionnels doivent être clairs puisque ce sont des outils de travail dans un contexte multiculturel.*
3. *La* **recommandation** *que je ferai est d'encourager mon lecteur à suivre une formation qui lui apprendra à rédiger des textes clairs; je détaille ensuite les types de formations à sa disposition.*

4e étape : préparer la rédaction

BP 13 : écrire un brouillon

L'enjeu de cet article était important pour moi : je devais convaincre mes lecteurs de l'importance de rédiger des textes clairs, tant par mon propos que par sa forme. En effet, mon article se devait d'être exemplaire en matière de Rédaction claire ! C'est pourquoi j'ai fait un brouillon, manuscrit, écrit avec des abréviations et en style télégraphique.

Ce brouillon n'est pas reproduit ici, car son manque de lisibilité visuelle rendait cette reproduction inutile.

BP 14 : préparer une introduction, des paragraphes, une conclusion

Avant la rédaction proprement dite, j'ai ajouté à mon brouillon le contenu de mon introduction et de ma conclusion.

Vous verrez dans le texte final (ci-après) une illustration de ce que peuvent contenir une introduction et une conclusion.

L'introduction :

- *accroche l'attention (citation de Diana Wallis et interpellation du lecteur sur ses propres textes);*
- *annonce le propos (« ... augmenter la lisibilité de vos textes... »);*
- *annonce les trois parties du texte :*
  - *la première, les faits : « ... avant tout... vous débarrasser des quelques préjugés relatifs à la langue française... »;*
  - *la deuxième, l'opinion : « ... ensuite, mesurer les bénéfices d'une rédaction claire... »;*
  - *la troisième, la recommandation : « ... enfin... choisir la formule d'apprentissage la mieux adaptée à vos besoins ».*

La conclusion :

- *résume le propos : « avoir le souci de rédiger des textes clairs... »;*
- *invite le lecteur à l'action : « ... encouragez-vous entre collègues... vous soumettre mutuellement vos textes... vous proposer... vous féliciter... Bonne rédaction ! »*

5e étape : rédiger un texte clair et convivial

En partant de mon brouillon, j'ai rédigé (dactylographié) mon texte, assez rapidement. J'ai pu mesurer, à ce moment-là, toute l'utilité d'un brouillon. En effet, là où je m'étais étendue dans mon brouillon, j'ai condensé mon propos dans ma rédaction au clavier.

6e étape : finaliser et valoriser le texte

Après l'avoir rédigé, j'ai donné à mon texte une structure visuelle claire, avec des paragraphes et des intertitres.

La mise en pages finale a été réalisée par les éditeurs de la revue : elle met bien le texte en valeur, car elle comprend des couleurs et trois photos.

Vous la verrez à l'adresse suivante, aux pages 14 et 15 :

http://ec.europa.eu/dgs/translation/publications/magazines/languagestranslation/documents/issue_01_en.pdf

7e étape : vérifier l'efficacité du texte

L'enjeu de ce texte étant important pour moi, je l'ai relu plusieurs fois, en espaçant mes relectures pour une meilleure efficacité. En outre, une consœur et un confrère l'ont relu et m'ont donné leurs conseils judicieux. Enfin, pour vérifier s'il était vraiment très lisible, je l'ai fait lire à un lecteur pas du tout spécialiste : mon fils, de 15 ans à l'époque. Il en a correctement résumé le message-clé, mais dans ses mots d'adolescent, en me disant : « Dans cet article, tu dis aux gens que s'ils font leur « dikke nek[300] » en écrivant leurs textes, y'a personne qui les comprendra ! ». Comme dit le proverbe, la vérité sort de la bouche des enfants…

L'article final

Voici le texte intégral de l'article, tel qu'il est paru dans la revue *Languages and Translation*[301] de la direction générale de la traduction de la Commission européenne.

Des formations pour rédiger clairement en français

« Don't waste my time » (ne me faites pas perdre mon temps) disait Madame Diana Wallis, vice-présidente du Parlement européen, en citant le lecteur lors de la conférence inaugurale de la semaine de la Rédaction claire, le 15 mars 2010. Et vous ? Êtes-vous parfois irrité de perdre le vôtre en étant obligé de relire deux ou trois fois une même phrase pour enfin la comprendre ? Mais qu'en est-il de vos textes : êtes-vous certain que vos lecteurs n'ont pas cette réaction en les lisant ?

[300] *Dikke nek* ou *dikkenek* est un terme bruxellois qui désigne une personne vantarde, qui fanfaronne. D'après *Dictionnaire des belgicismes*, op.cit.

[301] *Languages and translation*, septembre 2010, pp. 14 et 15. Tout ce numéro de la revue était consacré à la *Clear Writing Campaign* de la CE.

Si c'est le cas, vous devriez augmenter la lisibilité de vos textes. Plusieurs types de formations pourront vous y aider. Mais avant tout, vous devriez peut-être vous débarrasser de quelques préjugés relatifs à la rédaction en français. Vous pourrez ensuite mesurer les bénéfices d'une Rédaction claire. Cela vous permettra enfin de choisir la formule d'apprentissage la mieux adaptée à vos besoins.

Des barrières à faire sauter

Les raisons pour lesquelles certains textes communautaires manquent de clarté sont diverses et connues : auteurs multiples, rédacteurs souvent non francophones et habitudes difficiles à changer.

Il reste toutefois deux obstacles que l'on rencontre fréquemment auprès des participants aux formations en rédaction. Le premier est de penser que l'auteur se doit de montrer dans son texte l'étendue et la richesse de ses compétences linguistiques en français. Le second, conséquence naturelle du premier, est de croire qu'un texte professionnel en français doit forcément contenir un vocabulaire recherché, des phrases longues et des tournures sophistiquées.

Les apprentis rédacteurs oublient ainsi deux choses importantes : l'écrit professionnel n'est pas un texte littéraire que l'on déguste, entre autres, pour la beauté de la langue; l'écrit professionnel est avant tout un outil de travail. Son objectif majeur est de faire passer un message clair, qui puisse être lu rapidement, compris correctement et mémorisé aisément.

Rédiger clairement n'est donc nullement un appauvrissement de la langue. Bien au contraire : écrire un texte clair (donc efficace) demande une grande maîtrise du vocabulaire et de la syntaxe.

Des bénéfices à en retirer

Les avantages de textes communautaires clairs ont été largement exposés lors des diverses manifestations de la campagne de la Rédaction claire. Notamment, le souci de transparence et de facilité d'accès pour tous. Soulignons d'ailleurs que les administrations nationales francophones partagent avec les institutions européennes ce même souci démocratique. Ainsi, en novembre dernier, se tenait à Liège un colloque intitulé : « La communication avec le citoyen : efficace et accessible ? » auquel participaient des organismes linguistiques de Belgique francophone, France, Québec et Suisse romande.

Vos textes de travail doivent eux aussi être particulièrement clairs, puisque la plupart de leurs destinataires - vos collègues de l'administration multilingue et multiculturelle qu'est la Commission européenne - ne sont pas francophones.

Comme lecteur, des textes clairs vous permettront de travailler plus rapidement. Comme rédacteur, ils augmenteront vos chances d'obtenir une réponse rapide, correcte et complète à vos messages. Enfin, rédiger clairement, c'est plus facile et surtout, c'est plus gai !

Une formation qui vous convient

Vous trouverez à la Commission un éventail de formations qui vous aideront à rédiger plus clairement : une formation de 2 jours (Rédaction claire) qui passe en revue tout le processus de la rédaction d'un texte clair; des ateliers d'un demi-jour qui se concentrent sur une compétence (Rendre son texte lisible pour tout public, Structurer son texte, Trouver la bonne formule); un module de 90 minutes pour les managers qui souhaitent encourager leurs collaborateurs à rédiger clairement.

Le contenu de ces formations reprend et développe les bonnes pratiques présentées dans la brochure « Rédiger clairement ». Je voudrais toutefois insister sur la pratique qui me paraît la plus importante, après plus de 15 ans d'observation des textes communautaires : rédigez des phrases courtes ! Les non-francophones diminueront les risques d'écrire des phrases grammaticalement incorrectes. Tous augmenteront leurs chances de faire comprendre leur message.

La méthodologie adoptée lors des formations est dynamique et interactive : évaluation de textes authentiques, déduction de bonnes pratiques, application lors d'exercices de rédaction, évaluation et correction collectives de ces exercices. L'objectif pédagogique des formations est de vous rendre autonome, c'est-à-dire capable d'évaluer l'efficacité communicative de vos propres textes, de les corriger et ainsi d'améliorer vos compétences en Rédaction claire.

Rédiger clairement : un état d'esprit

Avoir le souci de rédiger des textes clairs, c'est une attitude que l'on peut partager. Je termine souvent mes formations par ce conseil aux participants : encouragez-vous entre collègues, n'hésitez pas à vous soumettre mutuellement vos textes, à vous proposer des tournures de phrases plus lisibles et à vous féliciter pour vos formulations claires.

Finalement, n'êtes-vous pas les premiers lecteurs et donc les premiers bénéficiaires de textes clairs ? Bonne rédaction !

Anne VERVIER
Anime depuis plus de 15 ans des formations en rédaction pour les institutions européennes.

2. Exemple d'un texte annoté selon le code d'indications pour la réécriture (BP 39)

Voici le texte présenté au chapitre I, pages 42-43.

Dans la colonne de droite, vous trouverez les indications qu'un manager pourrait donner au rédacteur pour le guider vers une réécriture plus efficace de ce texte.

Les mots qui sont commentés sont mis en gras[302].

Concerne : délais de paiement des cotisations *Madame, Monsieur,*	**Objet pas clair** : on a le thème, mais quel est le problème ?
***Nous** vous rappelons que les cotisations de sécurité sociale doivent être payées au (compte bancaire) de (nom de l'organisme) au plus tard le dernier jour du mois qui suit la fin du trimestre concerné.*	**Structure (introduction)** : trop vague : quelle est l'action attendue de la part du destinataire ? **Convivialité** : si vous commenciez par « vous » ?
De plus, l'employeur qui, au cours d'un trimestre déterminé (T), a déclaré des cotisations dont le montant dépasse 6.197,34 EUR est tenu de verser des provisions au trimestre T+2.	**Contenu** : quel est le lien entre ce 2e paragraphe et le 1er ?
Au plus tard le 5e jour des 2e et 3e mois du trimestre (T+2), la provision à verser doit être égale à 30 % du montant des cotisations dues pour le trimestre correspondant de l'année précédente; et, au plus tard le 5e jour du 1er mois qui suit ce trimestre (T+2), la provision à verser doit être égale à 25 % du montant des cotisations dues pour le trimestre correspondant de l'année précédente. Ces pourcentages sont d'application pour les 1er, 2e et 3e trimestres.	**Contenu/plan** : paragraphes 3 à 8 : trop détaillés et mal placés, car le lecteur ne sait toujours pas quel est le problème
Les provisions à verser pour le 4e trimestre doivent parvenir au plus tard à (nom de l'organisme) les 5 novembre, 5 décembre et 5 janvier et s'élèvent respectivement à 30 %, 35 % et 15 % du montant des cotisations dues pour le 4e trimestre de l'année précédente.	**Clarté phrases** : paragraphes 3, 6, 7, 8 : phrases beaucoup trop longues et compliquées : à couper en plusieurs phrases, qui respectent la structure : « qui fait quoi à qui + où/quand/comment/pourquoi »
Au cas où l'employeur n'était pas redevable de cotisations pour le trimestre correspondant de l'année précédente, le montant de la provision est fixé forfaitairement à 421,42 € par mois et par travailleur occupé au cours du mois précédent.	

[302] Lorsque j'annote un texte que j'évalue, j'entoure le ou les mot(s) concerné(s) par une remarque.

Lorsque le montant des pourcentages calculés par rapport aux cotisations dues pour le trimestre correspondant de l'année civile précédente excède le montant ***desdits*** *pourcentages appliqués aux cotisations probables du trimestre en cours, l'employeur est autorisé à réduire la provision à ce dernier montant.*

Style actuel : « desdits » cliché langue administrative : trouver formulation plus courante

Par dérogation à l'article ci-dessus, l'employeur ***ressortissant*** *à la Commission paritaire de la construction qui n'était pas redevable de cotisations aux trimestres T – 4 et/ou T – 2, est tenu de verser une provision de 700,00 EUR, au plus tard le 5 de chaque mois, à partir du troisième travailleur qu'il occupe à la fin du mois précédent et pour lequel la somme de 421,42 EUR, visée ci-dessus, n'est pas due.*

Clarté mot : « ressortissant » : êtes-vous sûr que votre destinataire comprendra ce mot ?

L'employeur ressortissant à la Commission Paritaire de la Construction qui est redevable de provisions ***procentuelles*** *en application de l'article 34, est tenu, en plus* ***desdites*** *provisions* ***procentuelles****, au paiement d'une provision mensuelle forfaitaire de 700,00 € par ouvrier supplémentaire à partir du 3e ouvrier lorsqu'il y a une augmentation du personnel ouvrier entre T–4 et T égale au moins à 3 ouvriers.*

Correction : « procentuelle » : êtes-vous sûr que ce mot existe ? Si oui, sera-t-il connu du lecteur ?

Lors de l'examen de votre compte, il est apparu que pour le (X)me trimestre (année) vous n'avez pas respecté les délais ***et/ou*** *les montants prévus par la loi pour le paiement des provisions mensuelles et/ou du solde des cotisations dont vous étiez redevables.*

Contenu/plan : ce paragraphe 9 contient le message essentiel pour le destinataire; or, il est perdu au milieu du texte : à placer au début du texte.

Contenu : « et/ou » : pas clair : quelle est l'erreur exacte du destinataire ?

Nous attirons votre attention sur le fait que les dispositions du règlement du (date) prévoient que seuls les employeurs payant habituellement leurs cotisations dans les délais légaux peuvent bénéficier d'un délai supplémentaire de deux mois pour payer les cotisations d'un trimestre déterminé sans qu'il soit fait application des sanctions civiles.

Il est donc de votre intérêt *que vous respectiez à l'avenir strictement ces principes, à défaut de quoi nous serons amenés à vous réclamer, sans nouvel avertissement préalable :*

1. *la majoration de 10 % et des intérêts calculés au taux de 7 % l'an pour le solde des cotisations impayé à l'échéance légale et/ou*
2. *une indemnité forfaitaire fixée comme indiqué dans le tableau ci-dessous, s'il s'agit de provisions.*

Convivialité : l'avantage pour le lecteur est souligné : bien !

Convaincus que vous ferez le nécessaire pour éviter l'application de telles mesures, et vous en remerciant par avance, nous vous prions de croire, Madame, Monsieur, à l'assurance de nos ***sentiments*** *distingués.*

Courtoisie : la formule avec « sentiments » n'est pas tout à fait appropriée à ce type de courrier : en trouver une plus adéquate

Commentaires :

Bravo :

- La **mise en pages** de votre texte est **claire** : vous avez fait des paragraphes pour vos différentes idées.
- Votre lettre est **correcte** linguistiquement parlant.
- Vous adoptez le **style formel** qui convient à ce type de courrier administratif.

À améliorer :

- Réorganisez votre **contenu** et votre **plan**, car le message essentiel pour le destinataire est tout à fait noyé dans le texte.
- Dites précisément au destinataire, et dès le début, **le message essentiel** : n'a-t-il pas payé assez de cotisations ? Quelle est la somme payée ? Quelle somme aurait-il dû payer ? A-t-il du retard dans le délai de paiement ? Quand aurait-il dû payer ?
- Placez ailleurs (un tableau en annexe ?) **le contenu** des paragraphes 3 à 8 : des calculs et détails qui ne sont pas clairs pour le lecteur.
- Coupez vos **phrases longue**s en plusieurs phrases courtes.

3. Exemple d'un texte annoté selon le code d'indications pour la réécriture (BP 39) et sa réécriture par l'auteur

Voici un exemple de texte[303] évalué selon le code d'indications pour la réécriture (BP 39) et la réécriture de ce texte, par l'auteur du texte.

Dans la colonne de droite, vous trouverez les indications qu'un manager pourrait donner au rédacteur pour le guider vers une réécriture plus efficace de ce texte.

Les mots qui sont commentés sont mis en gras.

Texte	Indications
De : (jeune architecte) *À : (son client)* *Objet : (référence dossier) suivi + commande dossier appel offre* *Bonjour Monsieur,*	**Plan** : texte bien structuré
***Je vous confirme bonne réception** de la copie du courrier de l'administration daté du 11-5-2011 et concernant la Performance Energétique du Bâtiment (PEB). Je souhaite attirer votre attention sur le fait que la mission PEB n'est pas reprise dans le cadre de notre convention. J'ai néanmoins **remplis** les documents nécessaires à la demande de permis d'urbanisme. Pour la **suite du suivi** PEB, vous pouvez soit désigner un conseiller PEB distinct soit me charger de cette mission. Je peux vous faire une proposition dans ce sens. Dans le cadre de rénovation simplifiée (cas de ce projet), les démarches sont relativement allégées.*	**Style** : formule clichée de la langue administrative : utiliser un langage plus courant **Mise en pages** : trop d'idées dans un même paragraphe : faire plusieurs paragraphes **Clarté mot** : « suite du suivi » : pléonasme **Orthographe** : erreur à « remplis » : à corriger
***D'autre part** je **prend** bonne note de votre demande de commencer dès à présent la constitution du dossier d'appel d'offre, demande pour laquelle je vous remercie.*	**Paragraphe** : mauvais emploi du « d'autre part » : trouver un autre mot de liaison **Orthographe** : erreurs à « je prend » et à « pourrais » : à corriger
***Je vous ai informé que** démarrer cette phase sans attendre le résultat de la procédure de demande de permis d'urbanisme **pourrais** impliquer un complément d'honoraire si j'étais amené à modifier le dossier d'appel d'offre suite à une demande de l'administration.*	**Grammaire** : « je vous ai informé que » : à corriger **Phrase longue et mal structurée** : à réécrire
*Afin de pouvoir établir les plans définitifs du noyau de circulations, **je dois avoir** dans un bref délai la confirmation ferme de votre part des dimensions de la <u>gaine d'ascenseur</u> et de la <u>trémie de l'escalier</u>. Les postes de l'ascenseur et de l'escalier sortant du cadre de ma mission, je vous recommande de contacter les entreprises devant les réaliser de manière à obtenir un accord signé de leur part sur ces 2 points.*	**Paragraphe** : ajouter mot de liaison au début paragraphes 3 et 4 **Convivialité** : formule un peu impérative : s'adresser au destinataire pour l'impliquer davantage.

303 Ce premier texte contient quelques fautes d'orthographe, que j'ai laissées, car elles sont signalées dans la colonne de droite, dans les « indications pour la réécriture ».

	*Comme je vous l'ai déjà expliqué, **une fois** les dessins établis, **il faudra faire viser** le projet par un ingénieur en stabilité afin de calculer les éléments de structure (charpente et planchers). Je peux vous recommander M. D établit à Louvain-La-Neuve.* *Vous devez également désigner un coordinateur sécurité-santé (CSS) avant le début des travaux. Je vous recommande, M. S, établit à Tongeren.*	**Registre** : « une fois » : langue orale : à changer **Phrase passive** : transformer en phrase active
	En restant à votre disposition pour toute information complémentaire, *bien cordialement, JN*	**Correction** : formule inadéquate : faire une phrase complète.

Commentaires :

Bravo :

- La **structure globale** (le plan) du texte est très logique .
- Le **ton** est très professionnel.

À améliorer :

- Revoir la répartition du premier **paragraphe**.
- Ajouter des **mots de liaison** pour introduire les paragraphes.
- Corriger la construction de certaines **phrases**.
- Corriger les **erreurs** signalées.

Voilà le texte réécrit par son auteur (conseillé par sa coach en rédaction professionnelle).

De : (jeune architecte)
À : (son client)
Objet : (référence dossier) suivi + commande dossier appel offre

Bonjour Monsieur,

J'ai bien reçu la copie du courrier de l'administration daté du 11-5-2011 concernant la Performance Energétique du Bâtiment (PEB).

Je souhaite attirer votre attention sur le fait que la mission PEB n'est pas reprise dans le cadre de notre convention. J'ai néanmoins rempli les documents nécessaires à la demande de permis d'urbanisme. Pour le suivi PEB, vous pouvez :

- *soit désigner un conseiller PEB distinct;*
- *soit me charger de cette mission, auquel cas je peux vous faire une proposition.*

Dans le cadre de rénovation simplifiée (cas de ce projet), les démarches sont relativement allégées.

Par ailleurs, je vous remercie de votre demande d'appel d'offres et je prends bonne note de votre souhait de commencer dès à présent la constitution du dossier.

Je vous rappelle que le fait de démarrer cette phase sans attendre le résultat de la procédure de demande de permis d'urbanisme pourrait impliquer un complément d'honoraires. En effet, une demande de l'administration pourrait amener des modifications dans le dossier.

En outre, afin de pouvoir établir les plans définitifs du noyau de circulations, pourriez-vous me confirmer par retour de courrier les dimensions de :

- *la gaine d'ascenseur;*
- *la trémie de l'escalier ?*

Les postes de l'ascenseur et de l'escalier sortant du cadre de ma mission, je vous recommande de contacter les entreprises devant les réaliser de manière à obtenir un accord signé de leur part sur ces deux points.

Enfin, comme je vous l'ai déjà expliqué, lorsque les dessins auront été établis, un ingénieur en stabilité devra viser le projet et calculer les éléments de structure (charpente et planchers). Je peux vous recommander M. D établi à Louvain-La-Neuve.

Vous devez également désigner un coordinateur sécurité-santé (CSS) avant le début des travaux. Je vous recommande M. S, établi à Tongeren.

Je reste à votre disposition pour toute information complémentaire.

Bien cordialement,

JN

4. Exemple de texte avant /après (test de la proportion des mots-clés)

Voici un texte déjà proposé lors de la bonne pratique consacrée à la concision (BP 18).

Pour apprendre aux rédacteurs à rédiger de manière concise, je leur propose l'exercice suivant :

- je leur distribue cet extrait de texte, qui contient 152 mots;
- je leur demande de souligner les 28 mots-clés de ce texte;
- je leur demande ensuite de réécrire le texte avec un tiers de mots en moins, mais en gardant tous les mots-clés.

En vue de réaliser ce premier objectif, je propose que le directeur général se rende sur place afin d'établir un premier contact avec les autorités locales pour se renseigner sur les modalités administratives d'établissement. Je suggère également que fassent partie de cette délégation les directeurs financier et des ressources humaines qui auront respectivement pour mission de prospecter dans le but de trouver un immeuble où l'unité pourrait s'installer et donc pouvoir fournir une estimation plus proche de la réalité quant au coût auquel l'établissement pourrait se chiffrer; et de rencontrer un représentant de l'ambassade de Belgique afin de glaner des informations pratiques et administratives qui pourront être transmises au personnel afin de faciliter l'insertion dans le pays d'accueil. Cette délégation sera également chargée de prendre des contacts avec des agences immobilières et de visiter des quartiers résidentiels dans lesquels le personnel pourrait être logé.

Total : 152 mots

Voilà une proposition de réécriture, avec un tiers de mots en moins : les 28 mots-clés (soulignés) ont été gardés.

Pour réaliser ce premier objectif, je propose que le directeur général, accompagné des directeurs financier et ressources humaines, se rende sur place en délégation.

1. *Le directeur général se renseignera auprès des autorités locales sur les modalités administratives d'établissement.*
2. *Le directeur financier trouvera un immeuble pour l'unité et estimera le coût de cet établissement.*
3. *Le directeur des ressources humaines rencontrera un représentant de l'ambassade de Belgique pour obtenir des informations pratiques et administratives utiles à l'insertion du personnel dans le pays d'accueil.*
4. *La délégation contactera des agences immobilières et visitera des quartiers résidentiels pour loger le personnel.*

Total : 100 mots

5. La lecture rapide : brève présentation[304]

En rédigeant des textes clairs, vous faciliterez la lecture rapide de vos textes.

Qu'est-ce que la lecture rapide ?

- Ce n'est pas une lecture bâclée ni superficielle.
- C'est une lecture qui adopte un rythme soutenu afin de garder le cerveau en alerte et l'empêcher de penser à autre chose.
- C'est une lecture à géométrie variable. Le bon lecteur est flexible et sa vitesse s'adapte à la difficulté du texte.
- C'est une lecture intelligente. Le lecteur va chercher dans le texte ce dont il a besoin.

En pratique, en quoi consiste la lecture rapide ?

La lecture rapide consiste à :

- élargir le champ visuel en s'appuyant sur la vision floue;
- photographier le plus de mots possible à chaque fixation;
- garder un rythme soutenu;
- éviter les régressions;
- faire des hypothèses sur le texte et chercher à les confirmer ou les infirmer.

Ces compétences s'acquièrent par un entraînement régulier et les lecteurs les plus lents parviennent facilement à doubler leur vitesse de lecture.

Comment lire rapidement ?

Mais la lecture rapide consiste également à :

- formuler un objectif : qu'est-ce que je veux ?
- survoler le texte en se basant sur les titres et les intertitres;
- repérer les passages qui correspondent à l'objectif à atteindre en recherchant les mots-clés;
- écrémer le texte en lisant la première et la dernière phrase de chaque paragraphe, les mots d'articulations;
- approfondir les parties utiles pour répondre à l'objectif initial.

[304] Je remercie Francine Dugué pour la rédaction de cette fiche.

Pourquoi la *Rédaction claire* aide-t-elle la lecture rapide ?

En suivant les principes de la *Rédaction claire*, notamment lorsque vous rédigez des documents volumineux, vous permettrez au lecteur :

- d'aller directement à l'objectif du texte;
- de se faire une idée du contenu en lisant des titres et intertitres parlants;
- de trouver l'idée principale en début et/ou en fin de paragraphe.

Références

- *Méthode de lecture rapide*, François RICHAUDEAU et M. et F. GAUQUELIN, Retz, 2004.
- *Lecture rapide*, Tony BUZAN, éd. D'organisation

B. Livres, articles et sites de référence

Les livres ou sites que j'apprécie particulièrement et que je vous recommande sont marqués du pictogramme :

Vous trouverez sur le site www.redaction-claire.be des références régulièrement mises à jour de sites, d'articles ou de livres autour de la *Rédaction claire*.

1. Sur la notion de lisibilité et les enjeux de la *Rédaction claire*

- « Clear Writing Campaign », *Languages and Translation*, direction générale de la traduction, Commision européenne, septembre 2010, numéro accessible à l'adresse suivante : http://ec.europa.eu/dgs/translation/publications/magazines/languages-translation/documents/issue_01_en.pdf
- COSLA, *Comité d'orientation pour la simplification du langage administratif.* Je vous recommande la lecture de leur brochure, accessible à l'adresse suivante : http://www.fonction-publique.gouv.fr/IMG/pdf/cosla_05mars02.pdf
- DUGUÉ F. et VERVIER A., « Communication écrite en français dans un milieu professionnel européen : une expérience », dans *Le Langage et l'Homme*, revue de l'Institut libre Marie Haps, volume XXXIII, n° 4, décembre 1998, pp. 415-436.
- DUGUÉ F. et VERVIER A., « Formations en rédaction administrative dans le cadre des institutions européennes », F. DUGUÉ et A. VERVIER, dans *Dialogues et cultures*, Actes du Xe congrès mondial des professeurs de français (juillet 2000); FIPF, n ° 45, Tome 2, 2001.
- LEYS M., *Écrire pour être lu*, Ministère de la Communauté française de Belgique et Ministère fédéral de la Fonction publique, 1998 (brochure disponible à l'adresse suivante : http://www.languefrancaise.cfwb.be/fileadmin/sites/sgll/upload/lf_super_editor/publicat/collection-guide/Ecrire_pour_etre_luOCR.pdf
- MARKEY D. et DECOO W., « Lire la correspondance professionnelle pour en mesurer la qualité : le cas des lettres types », dans *Enjeux*, revue de didactique du français des Facultés universitaires de Namur, n° 37/38, mars/juin 1996.
- Service de la langue française et Conseil de la langue française et de la politique linguistique, *La communication avec le citoyen : efficace et accessible ?*, Actes du colloque de Liège (2009), De Boeck-Duculot, 2011.
- STRAUVEN C., *La lisibilité des textes administratifs*, Français et Société, n° 7, Service de la langue française, Direction générale de la Culture et de la Communication, 1993.

- *Rédiger clairement*, Commission européenne; brochure accessible sur le site de l'Union européenne à l'adresse suivante : http://ec.europa.eu/translation (sur l'onglet : « How to write clearly »)

2. Sur les techniques de rédaction

- BRAHIC M., *Mieux rédiger ses écrits professionnels*, Eyrolles, 2009.
- FAYET M., *Rédiger sans complexes*, Eyrolles, 2003.
- FERRANDIS Y., *La rédaction administrative en pratique*, Eyrolles, 2010.
- GIRARD B., *La communication écrite dans l'entreprise*, De Boeck Université, 1997.
- GRISELIN M., CARPENTIER C., MAILLARDET J. et ORMAUX S., *Guide de la communication écrite*, Dunod, 1999.
- HACHE B., *Écrire et trouver ses lecteurs*, Leduc éditions, 2011.
- HAMONIC-MULLER I. *Écrire efficace*, De la simple lettre aux écrits spécifiques, les éditions Demos, 2002.
- HUMBERT J.-L. et VIAL P., *Bien rédiger*, Guides Bordas, 1992.
- LELLI I., *Les écrits professionnels : la méthode des 7 C*, Soyez correct, clair, concis, courtois, convivial, convaincant, compétent, Dunod, 2003.
- MARRET A., SIMONET R. et SALZER J., *Écrire pour agir*, Les Éditions d'Organisation, 1982.
- OURY P., *Rédiger en entreprise*, Pour une communication professionnelle efficace, De Boeck Université, 2006.
- PERRAT P., *Les règles d'or de l'écriture en entreprise*, letudiant.fr, 2009.
- PEYROUTET C., *La pratique de l'expression écrite*, Nathan, 2001.
- RENAUT, *Bien écrire au travail*, Eyrolles, 2011.
- SIMARD J.-P., *Guide du savoir-écrire*, Les éditions de l'homme, 2005.
- TAUPIN A., *Bien rédiger*, Eyrolles, 2008.
- TIMBAL-DUCLAUX L., *La méthode SPRI, Pour organiser ses idées et bien rédiger*, Retz Eds, 1994.
- Calliope, Centre d'écriture en ligne : http://www.calliope.be/french/res/FRmodules.html : vous y trouverez un module d'apprentissage pour la rédaction de lettres professionnelles.
- Langue française et rédaction : www.bienecrire.org/menu.php

Sur les cartes mentales

- BUZAN T. et B., *Dessine-moi l'intelligence*, Les Éditions d'Organisation, 1996.
- DELADRIÈRE J-L., LE BIHAN F., MONGIN P. et REBAUD D., *Organisez vos idées avec le Mind Mapping*, éd. Dunod, 2006.

3. Sur la langue française

- FOURNIER G. *Le style correct : clarté, concision, richesse*, Les éditions Demos, 2007.
- HANSE J. et BLAMPAIN D., *Nouveau dictionnaire des difficultés du français moderne*, De Boeck, 2005 (livre et CD-ROM). Cet ouvrage est LA toute première référence pour les questions compliquées que l'on peut se poser sur la langue française.
- GIRODET J., *Pièges et difficultés de la langue française*, Bordas, 2008.
- GREVISSE M., *Le français correct*, 6e édition revue par LENOBLE-PINSON M., De Boeck- Duculot, 2009. Cet ouvrage est la deuxième meilleure référence pour les questions compliquées que l'on peut se poser sur la langue française.
- Le site du Service de la langue française de la Communauté française de Belgique :
  http://www.languefrancaise.cfwb.be/. Vous y trouverez :
  - une aide linguistique en ligne;
  - des informations sur la nouvelle orthographe;
  - le guide de féminisation des noms de titres et de professions;
  - la brochure *Écrire pour être lu*, Comment rédiger des textes administratifs faciles à comprendre (suivez l'onglet « lisibilité »).
- *Antidote*, un des meilleurs logiciels d'aide en langue française (correcteur, dictionnaires et guides linguistiques). Voir références sur :
  http://www.druide.com/antidote.html
- La banque de dépannage linguistique de l'Office québécois de la langue française :
  http://www.oqlf.gouv.qc.ca/ressources/bdl.html
- « Le trésor de la langue française », version informatisée :
  http://atilf.atilf.fr/tlf.htm
- Un site de conseils et de corrections : http://orthonet.sdv.fr/

Construction du texte et argumentation

- DUFIEF A.-S., *S'exprimer avec logique*, Hatier, Profil pratique, n° 506, 2004.
- MORHANGE-BÉGUÉ C., *Mieux rédiger*, Hatier, Profil pratique, n° 507, 2000.

- NIQUET G., *Écrire avec logique et clarté*, Hatier, Profil pratique, n° 391, 2003.
- NIQUET G., *Du paragraphe à l'essai*, Hatier, Profil pratique, n° 424, 1996.
- VIGNER G., *Écrire pour convaincre*, Hachette, collection outils, 1996.

Lexique

- FRANCARD M., GERON G., WILMET R. et WIRTH A., *Dictionnaire des belgicismes*, De Boeck-Duculot, 2010.
- CATHERINE R., *Le style administratif*, Albin Michel, 1996.
- LEBRUN C., *1000 mots pour réussir*, Belin, Guides plus (francophones, niveau BAC et plus), 2008.
- LEBRUN C. et POUMARÈDE G., *800 mots pour réussir*, Belin, Guides plus (non francophones, niveau secondaire), 2008.
- LEYS M., *Dire le droit et être compris*, tome 1, Bruylant, 2003; Droit pénal, tome 2, Bruylant, 2010. Michel LEYS, l'ancien directeur du Bureau de conseil en lisibilité du Ministère de la fonction publique, a collaboré à ces deux brochures éditées par l'Association syndicale des magistrats (Belgique).
- *Lexique administratif*, Comité d'Orientation pour la Simplification du Langage Administratif (COSLA), et Dictionnaires Le Robert. Document accessible à l'adresse suivante : http://www.tradulex.org/seattle/LEXIQUE.pdf
- NIQUET G. et COULON R., *Enrichissez votre vocabulaire*, Hatier, Profil pratique, n° 415/416A, 2004.
- REY A. et REY-DEBOVE J., le *Petit Robert*.
- ROUGERIE, A., *Trouvez le mot juste*, Hatier, Profil pratique, n° 306, 1995.
- *Aguiche, 100 termes d'aujourd'hui*, brochure éditée par Service de la langue française de la Communauté française de Belgique. Cette brochure est consultable en ligne à l'adresse suivante : http://www.languefrancaise.cfwb.be/fileadmin/sites/sgll/upload/lf_super_editor/Images/Aguiche_en_pdf.pdf
- Banque de données de la Commission générale de terminologie et de néologie de la langue française. Accessible à l'adresse suivante : http://franceterme.culture.fr/FranceTerme/recherche.html
- Le dictionnaire de l'Académie française : http://www.academie-francaise.fr/dictionnaire/index.html

- *Mettre au féminin*, brochure éditée par le Service de la langue française de la Communauté française de Belgique. Cette brochure est consultable en ligne à l'adresse suivante : http://www.languefrancaise.cfwb.be/index.php?id=franca_feminisation

Orthographe

- CATACH N., *Les délires de l'orthographe*, Plon.
- FRIPIAT B., *Se réconcilier avec l'orthographe*, les éditions Demos, 1997.
- FRIPIAT B., *99 questions à mon coach d'orthographe*, les éditions Demos, 2008.
- GAIGNARD A.-M., *Coaching orthographique*, 9 défis pour écrire sans faute, Duculot, 2010.
- GREVISSE M., *La force de l'orthographe*, 300 dictées progressives commentées, Duculot, 2004.
- Orthoprof.fr : un site qui vous propose gratuitement des trucs et astuces pour améliorer votre orthographe : www.orthoprof.fr

Rectifications de l'orthographe

- HANSE J. et BLAMPAIN D., *Nouveau dictionnaire des difficultés du français moderne*, De Boeck, 2005 (livre et CD-ROM). Tout le détail des rectifications de l'orthographe se trouve aux pages 629 à 649.
- Deux sites qui vous diront tout sur la nouvelle orthographe : http://www.nouvelleorthographe.info/ et http://www.orthographe-recommandee.info/
- Un logiciel en ligne (gratuit), qui transformera instantanément votre texte en nouvelle orthographe : http://www.uclouvain.be/recto-verso/essaie-recto.html

Grammaire

- Bescherelle, *La conjugaison pour tous*, Didier Hatier.
- GAILLARD B., *Pratique du français de A à Z*, Hatier, 2004.
- GREVISSE M. et GOOSE A., *Le bon usage*, grammaire française, 15e édition, De Boeck-Duculot, 2011. Est également accessible en ligne (accès payant) sur www.lebonusage.com
- GREVISSE M., *Le petit Grevisse*, De Boeck-Duculot, 32e édition revue par M. LITS, 2010. Ma grammaire préférée : claire, complète, actuelle.
- GREVISSE N., *Quelle préposition ?*, Duculot, coll. Entre guillemets, 1996.

- La nouvelle collection « Les indispensables » chez Larousse : *Savoir rédiger, Difficultés du français, Conjugaison, Grammaire, Orthographe*
- Le site http://www.synapse-fr.com/francais.htm contient des informations sur la langue française, notamment sur la grammaire : http://www.synapse-fr.com/grammaire/GTM_0.htm
- Un site sur la conjugaison : http://www.leconjugueur.com/

Ponctuation

- NARJOUX C., *La ponctuation*, collection Grevisse langue française, De Boeck-Duculot, 2010.
- DOPPAGNE A., *La bonne ponctuation*, Duculot, coll. Entre guillemets, 1998.
- Un site sur la ponctuation : http://www.la-ponctuation.com/

Typographie

- DOPPAGNE A., *Majuscules, abréviations, symboles et sigles*, Duculot, 1998.
- MARTINI E., *Du caractère au paragraphe, Abrégé de typographie à l'intention des utilisateurs de micro-ordinateur*, Duculot, 1998.
- *Lexique des règles typographiques en usage à l'Imprimerie nationale*, Imprimerie nationale (FR). Voir le résumé de ces règles sur : http://j.poitou.free.fr/pro/html/typ/resume.html
- Office des publications de l'Union européenne, *Code de rédaction interinstitutionnel*. Ce document est accessible à l'adresse suivante : http://publications.europa.eu/code/fr/fr-000100.htm

Mise en pages

- L'*Information Mapping®*, une méthode de mise en pages présentée dans la bonne pratique 30. Voir sur : http://www.information-mapping.fr/

4. Sur les divers écrits professionnels

- FAURE D., *Guide de la communication écrite de l'entreprise* (journal d'entreprise, newsletter, e-mail), Laurent du Mesnil éditeur, 2002.
- KADYSS R. et NISHIMATA, A., *Rédiger avec succès lettres et documents administratifs* (lettre, note, procès-verbal, compte rendu de réunion, rapport, arrêté, circulaire, instruction), Gualino éditeur, 2002.

La lettre

- BARAKAT-NUQ M., *175 lettres pour résoudre vos litiges au quotidien*, Les Éditions d'Organisation, 2003.
- BERTHOD D. et PLOT A., *Maîtriser ses écrits professionnels*, des lettres efficaces pour mieux communiquer, les éditions Demos.
- DELACOURT F., *Le français des affaires*, De Vecchi, 1996.
- FAYET M. et NISHIMATA A., *Savoir rédiger le courrier d'entreprise*, Éditions d'Organisation, 1998.
- GÉRARD S., LIÉVREMONT P. et LADKA V., *La correspondance*, Nathan, 2002
- GRAND-CLÉMENT MIKLES O., *La correspondance*, Cle international, 1991
- Un site et un logiciel pour la rédaction d'un courrier professionnel : http://www.maildesigner.com/index.html
- http://www.calliope.be/french/res/FRmodules.html : vous y trouverez un module d'apprentissage pour la rédaction de lettres professionnelles.

La note

- DUEZ J., *Note administrative, note de synthèse*, les éditions Demos.
- *La note administrative (catégorie A et B)*, Formation Administration Concours, La documentation française.

Le rapport

- FAYET M. et COUMEIGNES J.-D., *Rédiger des rapports efficaces*, Dunod, 1999.

La prise de note et le compte rendu de réunion

- BROILLIARD A., *Prendre vite des notes utiles*, les éditions Demos, 2006.
- GIRAUDY M. –A. et GUÉRIN P., *De la prise de notes au compte rendu efficace*, éd. Chiron, 1999.
- HOFFBECK G. et WALTER J., *Prendre des notes vite et bien*, Dunod, 2002.
- SIMONET R. et J. , *La Prise de notes intelligente*, Les Éditions d'Organisation, 1988.
- TIMBAL DUCLAUX L. , *La prise de notes efficace*, ESF, 1991.

Le résumé et la synthèse

- BOUCHARD-LESPINGAL M. et RÉAUTÉ B., *Le résumé de texte*, Hachette éducation, 1993.
- CHARNET C. et ROBIN-NIPI J., *Rédiger un résumé, un compte rendu, une synthèse*, Hachette, français langue étrangère, 1997.
- *Le résumé de texte (catégorie A et B)*, Formation Administration Concours, La documentation française, 1998.
- *La note de synthèse (catégories A et B)*, Formation Administration Concours, La documentation française, 1998.

Le courriel

- CONGIU C., *La correspondance par mail*, éditions De Vecchi, 2005.
- MANIEZ D., *Courrier électronique : savoir-vivre et savoir-faire*, Microsoft Press, 2001.
- PAGE M., *L'e-mail futé, Guide du parfait utilisateur*, Éditions d'Organisation, 2000.
- PLOUVIER V., *La correspondance sur Internet*, éditions De Vecchi, 2001.

Les pages web

- CANIVET I., *Bien rédiger pour le web*, Eyrolles, 2010.
- HARDY J.-M. et PALERMO G., *Réussir son site web en 60 fiches*, Dunod, 2010.
- Le site de la rédaction claire de pages web : http://www.redaction.be/
- CANIVET I. et HARDY J.-M., *30 outils pour vos contenus web*, e-book disponible à l'adresse suivante : www.tools4webcontent.com

Les réseaux sociaux et autres médias en ligne

- COLANTONIO F., *Communication professionnelle en ligne, Comprendre et exploiter les médias et réseaux sociaux*, Edi.pro, 2011 (www.reseauxsociaux-lelivre.com).
- GANY D., *Nouveaux Medias – Mode d'emploi*, Edi.pro, 2009.
- MARTY N., *Informatique et nouvelles pratiques d'écriture*, Nathan, 2005.
- MEULEMAN F., *Community management, Ecrire sur les réseaux sociaux*, Edi.pro, 2011.

5. Sur la communication[305] en général

- COBUT E., *Communication publique et incertitude*, Edi.pro, 2011.
- DEMBOUR M., *Qui a peur des journalistes ?*, Edi.pro, 2008.
- DONJEAN C., *La communication interne*, Edi.pro, 2006.
- GUILBERT P., *Le B.A.-BA de la communication*, Edi.pro, 2007.
- JADOT L., *Bonnes pratiques de communication*, Edi.pro, 2011.
- LIBAERT T., *La communication externe des entreprises*, Dunod.

Communication multiculturelle

- HALL E.T., *La dimension cachée, La danse de la vie* et *Le langage silencieux*, Éditions du Seuil, Point, Essais.
- HOFSTEDE G., *Vivre dans un monde multiculturel*, Les Éditions d'Organisation. Voir aussi une présentation des travaux de HOFSTEDE sur son site (en anglais) : http://www.geert-hofstede.com/index.shtml

Communication non violente

- ROSENBERG M.B., *Les mots sont des fenêtres (ou bien des murs), Initiation à la communication non violente*, éd. La découverte, 2002.
- D'ANSEMBOURG T., *Cessez d'être gentil soyez vrai, Être avec les autres en restant soi-même*, Les éditions de l'homme, 2011.

[305] Ce livre ne traite pas de **ce que** vous direz dans vos communications écrites, mais de **comment** vous le direz. Il m'a toutefois semblé utile de vous donner quelques références sur ce sujet.

Prendre la parole avec plaisir et passionner son auditoire, c'est un rêve que beaucoup d'entre nous caressent. La plupart du temps, ce moment est stressant.
Devant la prise de parole, nous sommes très inégaux. De cet exercice ô combien périlleux, certains sortent victorieux, car ils sont capables d'enflammer leur auditoire; pour d'autres, par contre, c'est un véritable supplice.

Pourtant, devenir un orateur captivant n'est pas un rêve inaccessible : à force d'entraînement, comme le pianiste faisant ses gammes, chacun sera en mesure d'adopter la prestance et le sens de l'argumentation des grands orateurs.

Ce livre va vous aider à acquérir toutes les techniques et astuces qui feront de vous un excellent orateur. Vous découvrirez ainsi, toute une série d'exercices qui ont fait leurs preuves. Vous aimerez lire aussi quelques récits relatant des prises de parole particulières, des exemples de présentations, et de nombreuses anecdotes aussi cocasses qu'émouvantes.

Que vous ayez à prendre la parole devant votre patron, ou votre conseil d'administration, devant 20, 100 ou 1.000 personnes, ce livre vous mettra en contact avec la confiance, l'audace et le sens du verbe qui ont l'habitude de vous abandonner traitreusement au moment crucial.

L'auteure

Geneviève SMAL est une allumeuse. Son expérience dans la formation en communication verbale et non verbale a développé chez elle le don d'allumer cette étincelle mystérieuse chez un orateur qui aura l'heur de captiver son public. Diplômée en Communication et Management, l'auteure met son Premier Prix de Conservatoire en Arts de la Parole au service de celles et ceux qui veulent franchir le mur du trac et explorer les contrées lointaines de l'aisance absolue dans la prise de parole en public.
www.si-trouille.com

non-marchand
Marketing non-marchand - TOME 4
COMMUNITY MANAGEMENT
Ecrire sur les réseaux sociaux
Abrégé de la Méthode des Mondes :
✓ Rédiger sur FACEBOOK
✓ Ecrire ses TWEETS
✓ Animer son réseau LINKEDIN
✓ Convaincre, sensibiliser, INFORMER & VENDRE
✓ Être lu, être vu… ÊTRE AIMÉ
François Meuleman
edipro

Tout paraît simple, mais rien n'est facile : la majorité des murs FaceBook sont mal gérés.

Professionnels, associatifs ou persos, ils sont généralement de mauvais carnets de bord ou les équivalents de folders des années 80. Le même constat s'impose pour LinkedIn et Tweeter : il n'est pas aisé d'écrire sur soi, sur ses produits ou sur sa cause. Trop sérieux, trop informatif, pas assez sexy et surtout pas vendeur pour un sou !

Parce qu'il faut accepter de se vendre pour être lu, il va falloir donner l'envie d'être partagé, commenté ou retweeté. Être lu impose des codes et des techniques.

Ce guide pratique reprend l'ensemble des méthodes et astuces proposées par la « Méthode des Mondes ». Celle-ci, entre psycho, marketing et narration, développe une approche orientée résultats. L'objectif reste « Le chiffre » : plus d'amis, de partages, de commentaires, de J'aime et de plus 1.

Les pros du Community Management trouveront ici de quoi faire vendre, les associations auront accès aux techniques les plus pointues, et « Monsieur et Madame Tout-le-monde » (et leur fils de 18 ans) vont découvrir une autre façon d'être présents en ligne…

Tout ce que vous ne devriez pas savoir sur les réseaux sociaux et que vous serez ravi d'utiliser se trouve dans ces pages…

À vos claviers ;o)

L' auteur

Meuleman François est un polytechnicien atypique, formé aux sciences psychologiques et commerciales (Faculté de psychologie de Mons et Ecole de Solvay). D'abord chercheur à l'Université Libre de Bruxelles, il exerce ensuite en tant que consultant et formateur. Sa société, TAMTAM Technologies, s'est spécialisée dans la communication et la gestion des technologies WEB. Sa vision du community management est plus directe, plus simple et plus pratique : loin des dogmes des experts et des théories complexes, elle se veut résultat.
Plus d'info : www.Tobee.Biz

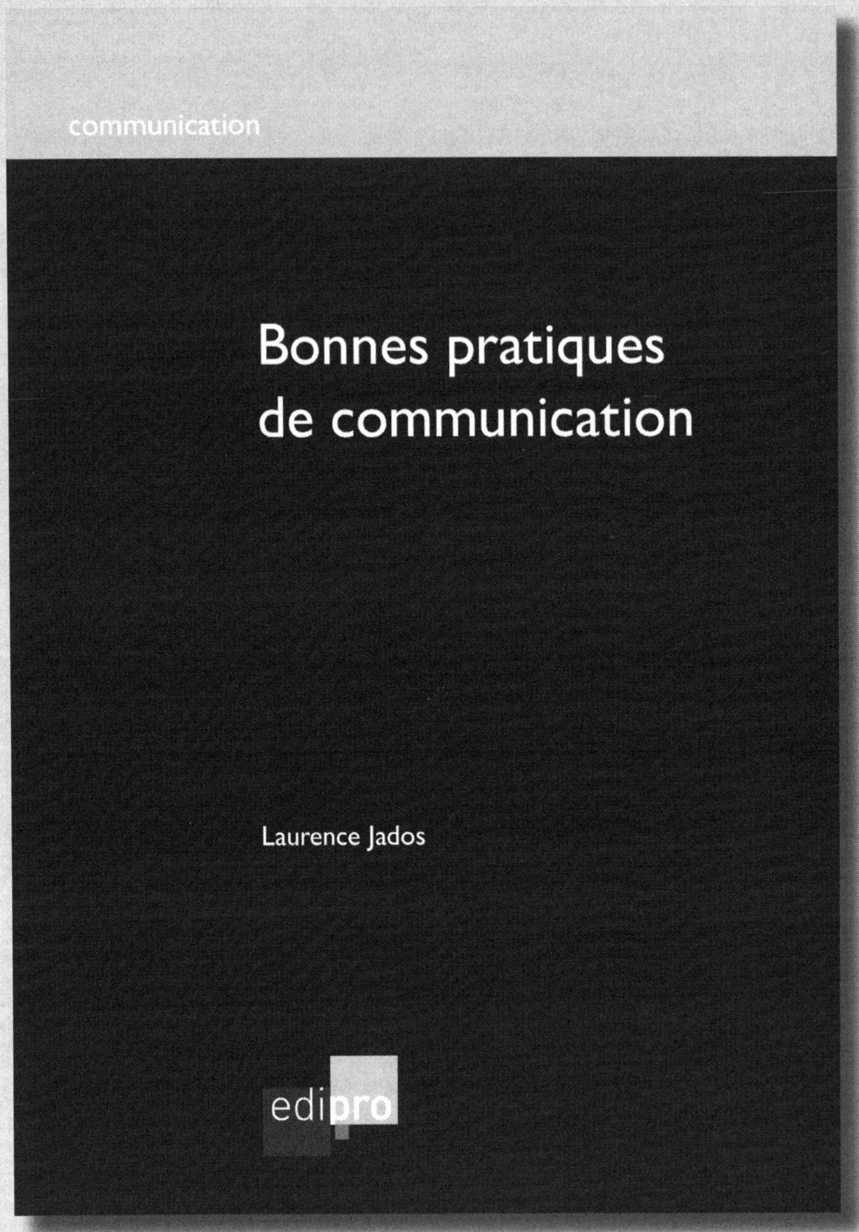
communication
Bonnes pratiques de communication
Laurence Jados
edipro

Vous souhaitez développer des actions de communication efficaces, sans commettre d'impair et en gagnant du temps ? Ce livre vous est destiné ! Il vous propose de bonnes pratiques de communication d'entreprise afin de communiquer « au plus juste » dans des contextes délicats ainsi que vers des acteurs clés de votre entreprise.

Résolument concret, il regorge de témoignages d'experts belges et étrangers, de conseils sur ce qu'il faut faire, ou surtout ne jamais faire, et d'astuces afin de savoir comment :

- épauler vos managers dans leurs communications ;
- collaborer avec votre direction et vos délégués syndicaux pour mieux communiquer;
- communiquer efficacement vers votre personnel ouvrier ;
- gérer votre communication interne sur plusieurs implantations ;
- communiquer en période de restructuration ;
- informer et sensibiliser votre personnel en matière de sécurité ;
- gérer les rumeurs ;
- optimiser vos présentations PowerPoint et trouver des alternatives à cet outil de communication.

L'auteur

Son diplôme de Journalisme et Communication en poche, **Laurence Jados** découvre la communication d'entreprise chez Winterthur. Elle a, depuis, exploré toutes les facettes de la communication interne et externe à La Poste et chez Elia. Elle exerce aujourd'hui la fonction de responsable de la communication externe et interne chez Thales Alenia Space Belgique. Elle fait en outre partie du comité de direction de l'ABCI, l'Association Belge de la Communication Interne. Depuis 2009, elle forme et coache également à la communication d'entreprise et interpersonnelle, sous le nom « Communiquons ! ».